조국의
승리

조국의 승리

끝이 아닌 시작!

3년은 너무 길다!
조국의 예언은 현실이 될 것이다

조국 대표가 직접 만든 총선 슬로건 "3년은 너무 길다!"는 우리를 설레게 했다. 부산 서면 연설에서 터져 나온 "이제 고마 치아라 마"의 포효는 동남풍을 타고 서울 용산에 내리꽂히며 '3년이나 임기가 남은' 윤석열 대통령을 직격했다. 국민들은 '정치인 조국'의 포효에 환호했다. "내 마음을, 내 생각을 대신 말해줘서 후련하다."

22대 총선이 민주진보진영의 압도적 승리로 끝났다. 쇄빙선을 자임한 조국혁신당이 선봉에 서서 검찰독재의 방어선을 곳곳에서 무너뜨렸고, 항공모함 본대인 더불어민주당이 영남권 일부만 제외한 전국의 대다수 지역구를 접수했다. 조국 대표가 2월 13일 창당 선언에서 밝힌 목표대로 조국혁신당은 12척 조국함대를 보유한 강소정당으로 우뚝 섰다. 민주당은 이재명 대표가 겸손하게 제시했던 목표인 '단독 과반 151석'를 훌쩍 넘는 171석의 항공모함 대선단이 되었다. '야당 심판, 운동권 심판, 이·조 심판'을 내걸고 '윤석열정권 심판' 민심에 오만하게 맞섰던 국민의힘은 108석으로 참패했다. 개헌선·탄핵선·거부권거부선 '매직넘버 200'만 넘어서지 못했을 뿐 오롯이 국민의 승리였다.

필자가 꼽는 22대 총선의 4대 키워드는 "심판, 대파, 런종섭, 조국"이다. '심판'은 선거의 기본구도(프레임)를 상징한다. '정권 심판 프레임'이 '야당 심판 프레임'을 압도했다. '대파'와 '런종섭'은 선거의 핵심이슈를 상징한다. '875원 대파'와 '런종섭 도주대사' 이슈는 윤석열정권에 대한 국민의 공분을 증폭시키는데 충분했다.

정치인 조국, 선거판을 뒤흔들다

'조국'은 선거의 인물을 상징한다. '정치인 조국'이 등장하지 않았다면 '이재명 대 윤석열'이라는 대선연장전의 식상한 대립 구도가 선거판을 지배했을 가능성이 높았다. 조국이 윤석열정권에 맞서 목숨을 건 투쟁을 시작하자 '정권 심판' 총선 구도가 선명하게 부각되기 시작했다. 단기필마의 조국이 싸움을 시작하자 국민들의 입도 열리기 시작했다. 정치인 조국의 등장은 1983년 5.18 3주년에 즈음한 김영삼의 단식투쟁, 1985년 2.12 총선 직전 김대중의 목숨을 건 귀국이 국민들의 반독재 민주화 투쟁의지를 증폭시킨 것에 비견되는 사건이었다.

조국혁신당과 더불어민주당이 펼친 '학익진'은 민주진보진영 총선 압승의 원동력이었다. 1592년 한산대첩을 이뤄낸 이순신장군의 학익진 전략이 2024년 총선 압승의 기본전략으로 선거 기간 내내 작동했다. 조국은 2.13 창당 선언부터 '본진' 민주당과 '망치선' 조국혁신당의 연대를 천명했다. 민주당이 2월 내내 공천 내홍에 시달릴 때 '망치선' 조국신당은 민주당 몫까지 투쟁하며 대여 투쟁 전선을 사수했다. 3월 5일 이재명 대표가 조국 대표의 예방을 수락한 것은 이에 대한 답례이자 향후 양당이 학익진을 펼쳐 3월 총공세를 함께하자는 연대를 공식화하는 계기가 됐다. 그 흔한 양당 합의문조차 없이 이렇게 학익진은 구축됐다. 조국혁신당과 더불어민주연합이 비례대표 선거에서 경쟁하는 상황임에도 불구하고 이재명 대표는 조국혁신당을 '우군'으로 예우함으로써 민주진보진영 내부 분열의 싹을 미리 잘라내는 정치지도자의 품격을 보여주었다.

조국혁신당과 민주당의 학익진

이재명 대표는 총선 후 조국 대표와의 4.25 회동에 앞서 기자들에게 "제가 먼저 만나자고 연락했다. 이번 선거도 사실 역할을 나눠 치렀기 때문에 앞으로 정국 상황에 대해 교감할 것도 있어서 대화해볼 필요가 있다고 생각했다"고 말했다. 민주당과 조국혁신당의 '양당 합의문' 없는 학익진 맹약은 두 대표의 인간적 신뢰에 기반해서 굳건하게 지켜졌다. 인간적 신뢰에 기반한 '랑만의 정치'를 통해 사상 초유의 압승을 이끌어낸 두 정치지도자 덕분에 대한민국의 미래가 더 밝으리라 확신한다.

조국혁신당의 유세장은 축제마당이었다. 지지자들은 확성기를 쓸 수 없는 기자회견 방식의 '재미없는 유세'를 '신명나는 축제'로 변화시켜냈다. 저마다 손수 만든 손팻말을 들고 나와 흔들었다. 875원 대파가 이슈가 되자 시장에서 사온 대파 한 단을 흔들었다. 대파와 디올백 조형물을 만들어 유세장에 달려온 분들도 있었다.

기호9번이 결정되자 수천 건 이상의 예술적 밈과 짤이 제작되어 인터넷세상을 달궜다. 연설과 구호 제창을 하지 못하는 후보들을 대신해 시민 연사들이 연설을 하고 목청 좋은 시민들이 구호를 제창했다.

선거를 민주주의의 축제로 만든 시민들이 조국혁신당과 민주진보진영 승리의 주역이었다.

지식인 조국은 어떻게 정치인 조국으로 단련되었는가. 조국 대표는 정치인 조국으로의 극적인 변신을 전 국민들이 보는 앞에서 이뤄냈다. 단기필마 출마 선언과 대통령실 앞 기자회견, 창당 초 광주·부산을 포효하는 연설, DJ만이 아닌 YS까지 포용하는 광폭 행보, 한동훈의 도발을 제압하는 단칼 논평, 진보정당 대표로는 이례적인 고향 행보, 국민의 생각을 대변하는 '부산말 호령'과 촌철의 정치유머, 응징 투어와 대파 투표…. 조국 대표는 짧은 정치 여정에도 불구하고 대한민국 정치사에 이름을 아로새길만한 승부사의 모습을 보여주는데 성공했다.

승부사의 진면목 드러낸 정치인 조국

창녕 조씨인 조국 대표는 '칼을 찬 선비' 남명 조식 선생의 후예다. 그의 제자들은 임진왜란이 발발하자 의병을 일으켰다. 경상도 3대 의병장 홍의장군 곽재우, 합천의병장 정인홍, 고령의병장 김면을 비롯해 수십여 명의 제자들이 의병을 일으켰다.

조국 대표는 학자 시절 나라의 현안에 대해 소신 있게 발언하는 실천하는 지식인의 표상, 즉 의병장이었다. 임란 후 의병장들은 선조의 정치를 혐오하며 산속에 은거했지만 조국은 정치인으로 변신하며 현실정치에 참여하기 시작했다. 학자로 돌아갈 다리를 불사르고 정치인이 된 조국의 무운장구를 기원한다.

필자는 조국혁신당 당원 가입이 시작되자마자 입당했다. 1990년 민중당 창당 때 당원이 된 이후 34년만이다. 나뿐만 아니라 전상훈TV 시청자 수천 명과 함께 동반 입당했다. 입당의 변이다. "1992년 백기완 민중대통령 후보의 수행비서 전상훈이 2024년 새로운 진보정당으로 창당한 조국신당에 입당하여 조국 동지와 함께, 신장식 동지와 함께, 십만 당원 동지들과 함께, 백기완 선생님의 유업인 노나메기 세상 만들기를 향해 나아갑니다. 시민 동지들, 함께 갑시다!" 필자는 조국 대표가 범민주당 인사임에도 그의 경제 및 사회 정책이 민주당보다 더 진보적이라는 점을 주목해왔다. 그는 자신의 저서인 《가불 선진국》에서 '사회권 선진국'을 국가목표로 제시했다. 그가 창당한다면 '진보정당'을 창당할 것임을 예상하고 있었다. 2.13 창당 선언 기자회견에서 그는 "민주당보다 더 진보적인 정당"을 창당하겠다고 천명했다. 2월 20일 MBC 뉴스하이킥 인터뷰에서 "정의당을 대신하는 진보정당"을 천명했다. 진보주의자 전상훈은 이렇게 조국혁신당 당원이 되었다.

조국혁신당 지지자들이 느낀 정치 효능감

조국혁신당의 당원과 지지자들은 입을 모아 말한다. 조국 대표가 꼭 필요한 곳에 가서 꼭 필요한 말을 해줘서 선거 기간 내내 시원했다고. 내가 하고 싶은 말을 해줘서 속이 후련했다고. 조국혁신당과 함께한 주권자들이 정치의 높은 효능감을 느낀 총선 여정이었다. 당원 전상훈도 당대표 조국과의 높은 씽크로율을 선거 기간 내내 체험했다. 필자는 페이스북과 전상훈TV를 통해 당에 이런저런 제안들을 쏟아냈었다. "정의당을 대체하는 진보정당",

"창당 선언 후 조국신당의 첫 선전포고는 대통령실 앞 단기필마 출격", "이순신의 명량대첩 12척이 조선을 구했다. 국민이 조국 혁신당에게 조국함대 12척을 준다면 대한민국을 구할 것이다", "비례대표 후보단 확정 후 첫 유세지는 대통령실 앞과 이태원 참사 현장", "대파 혁명, 대파 총선" 등등. 22대 국회 의정활동에서도 조국혁신당 의원단과 지지자들의 호흡이 척척 맞기를 바란다. 당원이 된 보람, 투표한 보람을 느끼게 해주는 정당과 국회의원이 더 크게 성장한다.

필자가 '875원 대파'에 영감을 받아 전망한 국민의힘 87.5석은 결국 빗나갔다. 투표 마감 직후 발표된 3대 지상파 방송사 출구조사 결과는 나의 전망과 거의 일치하고 있었다. MBC 85~99석, KBS 87~105석, SBS 85~100석. 전상훈TV의 실시간 개표방송을 시청하던 시민들은 "87.5석 전망이 들어맞아 전상훈TV가 성지가 되는 것 아니냐"는 탄성을 쏟아냈다. 월드컵 문어와 같은 반열에 등극할 뻔했으나 개표 결과 국민의힘은 나의 전망치보다 20석 내외를 더 얻어 108석의 '기염'을 토했다. 선거 막판 보수 지지층의 결집이 있었던 것은 확실해 보인다. '매직넘버 200'을 달성하지 못했다고 실망해선 안 된다. 선거 후 펼쳐질 정치에서 108석이란 숫자를 정치적 영향력 '10.8석'으로 만들어 가면 된다. 조국 대표가 언명한 "레임덕을 데드덕으로" 만드는 정치다. 2016년 박근혜 탄핵

소추안 국회 표결에서 122석의 새누리당 의원 중 불과 56명만이 탄핵반대 표결에 가담했음을 기억해야 한다. 찬성 234, 반대 56, 기권 2, 무효 7.

총선 결과에도 반성 없는 윤석열, 그 끝은?

5월 15일에 '서문'을 쓰고 있다. "3년은 너무 길다! 검찰독재 조기종식"이란 조국혁신당의 예언적 슬로건이 현실이 될 수 있을까라는 질문을 던져놓고 스스로 답변을 써보고자 한다.

우리 국민은 4월 총선을 통해 윤석열정권을 단호하게 심판했다. 탄핵 저지 명목상 숫자인 100석만 넘어섰을 뿐 윤석열 대통령과 국민의힘은 국민으로부터 사실상 불신임당했다. 국민은 윤 대통령에게 지난 2년의 실정을 반성하고 국정기조를 전환할 것을 명령했다. 대통령이 국민의 명령에 복종하면 남은 임기를 채울 수 있겠지만, 불복하면 남은 임기를 채울 수 없다. 우리 현대사는 반성 없는 정권은 모두 망했음을 알려준다. 총선 및 대선 패배에도 반성 없이 국정을 농단한 이승만, 박정희, 전두환, 박근혜정권은 국민의 심판으로 막을 내렸다.

투표로 심판했는데도 정권이 반성을 하지 않으면 우리 국민들은 시민혁명을 일으켜 정권을 심판했다. 박근혜 탄핵 이후의 국론 분열과 혼란 때문에 다시는 대통령 탄핵이 일어나지 않아야 한다는 의견도 많다. 그러나 투표를 통한 1차 심판을 권력자가 무시할 경우에는 나라를 구하기 위해서라도 다시 시민혁명의 깃발을 높이 올릴 수밖에 없다.

윤 대통령이 총선 이후 한 달 간 보여준 행보에서 '반성하는 대통령'의 모습을 전혀 보여주지 않고 있다. 2년 만의 첫 알맹이 없는 영수회담. 1년 9개월 만의 반성 없는 기자회견, 해병 특검 거부권 행사 확실, 아내를 보호하기 위한 월요일의 검사학살 인사 단행, 네이버 라인 사태에 대한 친일적 태도 등등에서 윤 대통령의 '반성 없는' 위험한 도박을 본다.

이 책이 출간된 후인 5월 28일 21대 국회의 마지막 본회의에서 '해병 특검'의 재의 표결 결과가 '시민혁명' 격랑의 출발점이 될 것이다. 부결되면 더 빠르고 더 높은 격랑이, 가결되면 60일 후 특검 수사 결과 발표에서 거대한 해일이 불어닥칠 것이다. 대한민국이 더 이상 파괴되지 않기 위해서라도, 국민들이 살아남기 위해서라도 총선에서 표출된 민의를 받들어 윤석열정권을 하루라도 빨리 종식시켜야 한다. 이것이 국민의 명령이다.

이 책이 출간되기까지 많은 분들이 도움을 주셨다. 초고 정리에 도움을 주신 이밀, 이소연, 송하훈 님에게 감사의 인사를 드린다. 성원을 보내주신 시민나팔부대 동지들과 전상훈TV 애청자들에게도 감사의 인사를 드린다. 난삽한 원고를 일목요연하게 편집해 주신 도서출판 깊은샘 편집부 가족들과 박성기 대표에게 감사의 인사를 드린다. 민주 진보진영의 총선 승리를 이뤄낸 대한민국 주권자 시민 모두에게 축하와 감사의 인사를 드린다.

2024. 5. 18. 광주민중항쟁 44주년 기념일에
전상훈(K정치혁신연구소 소장. 전상훈TV)

2장 조국신당, 윤석열정권 종식을 위한 선봉에 서서

3장 조국혁신당, 사회적 약자, 중산층의 희망의 비상구

4장 700만 시민과 함께한 조국혁신당의 승리

I장
조국, 정치 참여를 예고하다

2023.11.6.~2024.2.12.

조국, 출사표 던지다

2023. 11. 06.

조국, 비법률적인
명예회복의 길을 모색해

조국 전 장관이 오늘 김어준의 뉴스공장을 통해 총선에 출마하겠다는 사실상의 출사표를 던졌다. 나는 조국 장관의 정치 입문에 전적으로 찬성한다. 바야흐로 정치의 계절이 돌아왔다. 총선 시즌이 다가오면서 우리나라의 이름 있는 정치예비군들이 속속 출격의 출사표를 던지고 있다.

조국 장관은 지난 주말에 김어준 씨를 만나 뉴스공장 월요일 아침 인터뷰를 미리 사전녹화를 했고 그 내용이 오늘 30분 분량으로 보도되었다. 조국 장관이 김어준의 뉴스공장(과거 TBS 시절)부터 현재 유튜브로 운영되는 뉴스공장까지 '뉴스공장'에 출연한 것은 이번이 처음이다. 조 장관은 얼마 전 유사한 포맷의 정치시사채널인 다스뵈이다에 출연하기는 했다. 김어준 씨가 오늘 조국 장관에게 "총선에 출마할 거냐?"고 질문하자 조국 장관은 "비법률적인 명예회복의 길도 생각하고 있다"면서 사실상 총선 출마 의사를 공식화했다

다음은 오늘 방송된 뉴스공장 관련 인터뷰 전문이다.

▶ 김어준 : 총선 출마 안 하십니까?

▷ 조국 : 또 이렇게 질문하실 거라고 생각을 했는데 이렇게 답변드리겠습니다. 저희 가족 전체가 이제 도륙이 났다라고 생각합니다. 그런 과정에서 뭐 저든 저희 가족이든 법률적인 차원에서 여러 가지 해명과 소명과 호소를 했는데 받아들여지지 않은 게 많은 거 같습니다.

▶ 김어준 : 대부분 안 받아들여졌죠.

▷ 조국 : 그 점에서 매우 안타깝고 아쉬운데, 그 대법원의 판결에 대해서는 당연히 존중하고 이제 감수한다는 말씀을 드리고요. 현행 법 체계 내에서 어떤 한 사람이 자신의 소명과 해명이 전혀 받아들여지지 않았을 때 그 사람은 문화적 방식, 사회적 방식 같은 비법률적 방식이나 또는 정치적 방식으로 자신을 소명하고 해명해야 될 본능이 있을 거 같고, 그러한 것이 또 시민의 권리라고 생각하고 있습니다. 저도 지금 재판을 받고 있는데 최대한 법률적으로 해명하고 소명하기 위해서 노력을 할 것이고, 이것이 안 받아들여진다면 저는 비법률적 방식으로 저희 명예를 회복하는 길을 찾아야 되지 않나 생각하고 있습니다.

▶ 김어준 : 하실 수도 있다는 얘기네요. 거기까지만 얘기할까요?

▷ 조국 : 네, 그렇게 하시죠.

법무부장관, 민정수석을 역임한 조국이라는 자연인이 뉴스공장을 통해서 정치적인 해법 즉 총선 출마를 통해 국회의원이 되는 정치적인 방법을 모색할 수 있다고 밝힌 것이다. 그동안 정치 참여 문제에 대해서 우유부단한 태도를 보여 왔던 조국 장관이 4년 동안 굳게 입을 닫고 있다가 최근에 가장 진전된 발언을 한 것이다. 나는 이를 조국의 사실상의 총선 출마 선언이라고 본다. 총선 출마를 명백하게 밝히지 않았기 때문에 출마 선언이라고 보기는 어렵다고 해석하는 분들에게 말씀드린다. 조국 장관이 이런 말을 뱉어놓고 출마를 하지 않으면 조국이 얼마나 우스운 사람이 되느냐를 생각해 보기 바란다. 그런 점에서 오늘의 이 발언은 조국 장관이 총선에 출마하겠다는 취지의 발언에 다름 아니다. 조국 장관 나름대로 최초의 출마메시지를 선별해서 준비한 것이라고 볼 수 있다. 오늘 이 발언은 총선 출마도 가능하다는 정도로 해석하면 안 된다. 오히려 반드시 총선에 출마한다는 전향적인 선언이라고 해석하는 게 타당하다. 공식적인 총선 출마 선언식은 별도의 장소에서 별도의 기자 회견 방식으로 진행하겠지만 사실상 출사표를 던진 것이다. 99.9999999… 순환소수 사실상 100% 총선 출마를 선언한 것이다.

오늘의 총선 출마 선언은 총선국면에서 조국 장관이 자신이 해야 될 일을 하겠다는 의지의 표현이며 존중받아 마땅한 선언이다. 나는 조국 장관이 본격적으로 정치 참여를 선언할 때에는 멋지게, 시쳇말로 뽀대나게 하기를 바란다.

조국, 윤석열정권 심판에 야당세력이 연대하자

조국 장관은 김어준과의 인터뷰 앞단에서 몇 가지 중요한 사건에 대해 형법학자로서의 법률적 해석을 내놨다. 이동관 방송통신위원장 탄핵, 방송통신심의위원회의 불법 민원 사주 등에 대한 이야기는 정치 참여 본론을 이끌어내기 위한 에피타이저였다고 볼 수 있다. 특히 이재명 대표에게 들씌워지고 있는 검찰의 전방위적 수사에 대한 형법학자 조국의 방어논리는 역시 조국이라는 찬탄이 절로 나오는 훌륭한 법리적 논거였다. 이재명 대표가 현재 제3자 뇌물죄 형식으로 대북 송금을 했다는 논지의 윤석열 검찰식 기소 의견에 대해 조국 장관의 형법학자로서의 적절한 대응논리와 방어는 정치적으로 의미심장한 사안이 아닐 수 없다.

나의 해석은 민주당 대표이자 야권의 대주주인 이재명 대표에게 조국 장관이 "나는 이재명 대표에 대해서 아무런 구원(舊怨)이 없고, 이재명 대표가 조국과 조국 가족에 대해 부정적인 입장을 여러 차례 피력해 온 것에 대해서 깊은 유감을 표할 이유도 없으며, 윤석열정권 심판이라는 대의를 위해서 야당세력이 연대하자"는 강력한 정치메시지였다고 본다.

국민의힘 진영에서는 구주류를 대표하는 이준석 씨가 신흥

대주주 윤석열 대통령에게 정면으로 맞서는 양상이다. 이와 달리 민주진보진영에서는 조국 장관이 이재명 대표에게 연대하자는 제안을 내놨다. 조국의 오늘 선언으로 총선 기간 중 여야 진영 간 콘트라스트 효과가 극대화될 수 있게 됐다.

나는 조국 장관이 지난 4년 동안 홀로 외롭게 싸워왔던 것처럼 이번 총선에도 독립적으로 광야에 나서서 싸워야 한다는 의견을 제시한다. 조국 장관이 만약 민주당에 입당한다고 하면 민주당 내에서 도움이 되느냐 마느냐로 논란만 가열될 뿐이다. 조국 장관은 이러한 소모적인 논란을 불러일으키지 않고 홀로 광야에 선 초인이 되겠다는 자세로 정치에 뛰어드는 것이 맞다.

조국 장관이 민주당에 입당해서 정치하라는 의견을 제시하는 분들도 꽤 있다. 그러나 그것은 불가능한 시나리오이다. 조국 장관이 민주당에 공천 신청을 하더라도 결국 민주당은 조국을 공천할 수 없을 것이다. '조국 리스크'를 들먹이는 민주당 내 세력들이 차고 넘치기 때문이다. 만약 공천을 신청했다가 팽 당하고 나면 조국 장관은 갈 데가 없다.

가장 치열한 전쟁터로 달려나가는 조국을 기다린다

2023. 11. 9.

조국이 선택할 정치인의 길은?

조국신당이 순수 비례정당이 될지, 지역구에도 출마하는 당이 될지는 지금으로선 알 수가 없다. 이준석이 이준석 신당을 창당해 대구에 출마한다는 소식이 전해온다. 조국신당이 지역구에도 출마하는 당이 된다면 조국 장관은 고향 부산에서 출마하는 게 좋을 것이다. 조국과 이준석이 적대적 관계이지만, 선거판에서는 공동으로 이슈를 만드는 셈이 될 것이기 때문이다.

그렇다면 조국의 지역구는 어디가 좋을까? 윤석열정권 심판의 선봉장을 자임한 조국이 출마할 지역구는 당연히 윤핵관 지역구가 되어야 한다. 제1차 타깃은 윤핵관 중의 핵심인 장제원의 지역구인 사상구가 분명한 전선이 될 수 있다. 두 번째 지역구 후보지는 윤핵관 박수영의 지역구인 남구갑이 제2차 타깃이 될 수 있다. 조국 장관이 사상구를 선택하게 되면 장제원에게 2연패를 한 배재정 후보와의 의리 문제가 대두될 수 있다. 두 사람은 문재인정부에서 청와대와 총리실에서 함께 일했던 사이였다. 그러나 대의를 위해 어쩔 수 없는 사적인 인연을 묻어둬야 할 때도 있다.

조국 장관의 고향은 현재 지역구 상 중구. 영도구이다. 여기에는 황보승희라는 여자 국회의원이 있는데, 불륜 문제 등으로 국민의힘에서 공천이 안 되고 다른 자가 공천될 것으로 점쳐진다. 이곳의 민주당 후보는 김비오 후보인데, 몇 차례 도전했지만 번번이 낙선했었다. 조국 장관이 마음먹고 이곳을 파고든다면 김비오 후보도 이해해 주리라 본다.

윤석열의 40년 친구라는 석동현 민주평통 사무총장이 공천받을 것으로 유력한 해운대갑도 도전할 만한 후보지이다. 다만 이곳은 서울 강남과 같은 부산의 대표적 부촌이어서 당선 가능성 면에서 부담이 되기는 한다. 그러나 이리 재고 저리 재고 나면 답이 없다.

전쟁을 치르는 장수의 가장 기본적인 입장은 "가장 치열한 전쟁터로 나가 싸우겠다"이다. 2차 대전에서 무공을 떨친 미국의 조지 스미스 패튼 장군의 좌우명이다.

가장 치열한 전쟁터로 달려나가는 조국을 기대한다.

조국, 윤석열정권 심판을 전면에 내걸다

2023. 11. 22.

조국, 윤석열정권 심판을 위해 길 없는 길을 가겠다

　　　　　오늘 아침 조국 장관이 SNS를 통해서 공지사항이라는 글을 올렸다.

[공지사항]

많은 언론에서 확인 연락이 오고 있기에 일괄 답변드립니다.

1. 저는 송영길 전 민주당 대표님과 '신당' 관련한 의논을 한 적이 없습니다.

2. 저는 특정인에게 '신당'을 위한 실무 작업을 맡긴 적이 없습니다.

이미 밝힌 대로 저는 다가오는 총선에서 민주당을 필두로 민주진보진영이 연대하여 무도하고 무능한 윤석열정권을 심판해야 하고, 이를 위해서는 무엇이든 하겠다는 마음으로 "길 없는 길"을 걸어가고 있습니다. 도중 만나는 시민들의 비판, 격려, 성원에 깊이 감사드립니다.

조국 장관이 윤석열정권 심판을 최우선 과제로 내건 것은 옳다. 조국 장관 개인의 명예회복을 위해서가 아니라 정권을 심판하기 위해서 길 없는 길을 가겠다고 이야기한 것은 올바른 태도이다. 김어준의 뉴스공장 인터뷰에서의 '개인의 명예회복'에서 '윤석열정권 심판'으로 정치활동의 목표를 바꾼 것은 매우 적절한 결정이다.

조국 장관은 길 없는 길을 계속 가겠다고 이야기했다. 윤석열정권의 심판을 위해 본인의 개인 출마도 있을 수 있고, 신당 창당도 할 수 있다는 이야기일 것이다. "특정인에게 '신당'을 위한 실무 작업을 맡긴 적이 없습니다"는 언명은 측근에게 창당 작업을 지시한 것이 아니라고 말한 것일 뿐이다. 이 말은 곧 조국 장관 본인이 창당 준비를 하고 있다는 것을 부인하지 않은 것으로 봐야 한다.

조국 장관, 이준석 신당의 창당로드맵 참고해야

창당을 하려면 다섯 개 광역시도에서 각각 1천 명 이상, 총 5천 명 이상의 당원의 가입이 필수적이다. 종이 서류로 보자면 5천 장 이상을 모아야 한다. 그래서 평범한 시민이 정당을 창당하는 건 어려운 일이다.

그러나 현재 대한민국에서 정당 창당은 매우 쉬운 일이 되었다. 특히 조국 장관과 같은 분에게 있어서 창당은 그리 어려운 일이 아니다. 내가 장담한다. 조국 장관이 신당 창당을 선언하면 창당까지 1주일 정도 안에 해낼 것이다. 이준석 씨가 먼저 그 길을 열었기 때문이다. 신당 창당에 나선 이준석 씨는 어떤 방식으로 신당을 창당하는 것이 가장 효율적이고 가장 비용이 적게 들며 시간을 단축할 수 있는지를 확실하게 보여줬다. 새 시대의 창당 로드맵을 멋지게 제시한 것이다. 쉽게 말하면 조국 장관이 신당 창당을 선언할 경우, 이준석 씨가 지금 하고 있는 길을 벤치마킹하면 큰 도움을 얻게 될 것이다. 물론 필요한 개선점을 적용해야 한다. 그러면 이준석 신당의 속도를 뛰어넘으며 창당할 수 있을 것이다.

조국 장관의 창당을 준비하는데 핵심포인트는 다음과 같다. 지금 이준석 씨가 온라인 구글 폼을 이용해 수천 명의 초동 지지자 연락망 구축을 이뤄냈고, 이를 기반으로 4만 명 이상의 연락망을 단시간 내 확보했다. 이준석 씨는 자기 인생 최대 승부처에서 신당 창당에 들어가는 비용과 시간과 인력을 최대한 줄이는 가장 효율적인 방법을 제시하고 실현했다. 이준석 씨는 이번 신당 창당 과정을 통해 자신이 하버드 대학을 허투루 다니지 않았고, 12년의 정치활동도 잘 갈무리하고 있다는 것을 보여주었다.

조국 장관이든 송영길 전 대표든 창당을 하려고 마음먹는다면 이준석의 방법을 벤치마킹하고 더 좋게 개선하면 1주일 이내에 창당 작업을 마무리할 수 있다. 조국 장관의 정치 참여, 신당 창당 선언을 기다려본다. 내년 2월 8일 2심 선고일이 조국의 정치 참여 분수령이 될 것이다.

이낙연, 심상정이 퇴장하고 조국이 뜬다

2024. 1. 5.

이낙연, 신당 창당해
분열의 길로 나가다

다음 주 월요일(1월 8일)에 이낙연 민주당
전 대표가 5.18 국립민주묘지를 방문한 이후에 탈당 선언을 할
예정이라고 한다. 이낙연 전 대표는 원래는 1월 4일 발표할 예
정이었으나 이재명 대표의 피습 사건 때문에 며칠 미뤄져서 1
월 8일 월요일에 5.18 묘지를 가서 민주영령들께 고(告)한 후
탈당하고 신당 창당을 선언한다고 소식이 흘러나오고 있다.
선거 공학적으로는 통합할 수 있을 때 계속 통합적인 자세를
취하는 것이 훨씬 더 좋은 선거전술일 텐데 불행하게도 이낙
연 씨는 분열의 길로 들어설 것 같다. 그것도 김대중정신과 광
주정신을 들먹이면서 분열의 길로 들어서겠다고 하니 뭐 아무
리 옆에서 이야기해도 옹고집만 부리는 노인처럼 결국은 분
열의 길로 들어선다고 한다. 그저 딱하다는 마음만 들 뿐이다.
김대중정신을 이어 받았던 사람이 그리고 민주당에서 국회의
원으로 5선을 하고 전남 도지사를 하다가 국무총리로까지 발

탁되고 민주당의 당 대표까지 역임한 분의 처신치고는 참으로 얕고 좁은 수가 아닐 수 없다. 주변의 수많은 사람들의 반대에도 불구하고 당 대표까지 하고 이제 남은 건 대통령 하나밖에는 없다고 할 정도로 누릴 건 다 누린 사람이 민주당에서 탈당한다는 이 소식은 불행한 소식이고 민주당 진영에게 좋은 일만은 아닐 거라고 본다. 왜냐하면 이낙연이 탈당한 민주당은 얻는 것보다 잃는 것이 더 많을 것이기 때문이다. 그럼에도 불구하고 뜻있는 분들이 그렇게 막아섰는데도 결국은 스스로 나가겠다고 하니 이를 어찌 막을 수 있겠는가.

양대 진영의 신당 창당과 합종연횡 전망

민주진보진영의 신당 창당 흐름은 크게 용혜인 의원이 주도하는 '개혁연합신당'과 조국 장관이 주도하는 신당으로 나눠볼 수 있다. 개혁연합신당은 준연동형 선거법을 전제로 창당하는 기본소득당, 사회민주당, 열린민주당 등의 진보세력 연합정당으로서 민주당과 비례정당을 함께할 것이 확실시된다.

중도 및 보수진영의 제3지대 신당에는 이준석 신당, 금태섭 신당, 양향자 신당, 이낙연 신당 등 4개 정당이 모습을 드러내고 있다. 이들은 어느 순간 통합의 길로 들어설 것으로 전망된다.

오늘 이준석 신당의 영입인사들이 국회 정론관에서 기자회견을 했다. 노무현정부 시절 여당이었던 열린우리당 출신의 1957

년생, 1958년생의 전 국회의원 두 사람과 국민의힘 당협위원장 등이었다. 창당 초기 세몰이가 필요하지만 이런 구시대 정치인들을 영입하는 게 이준석 신당의 정체성에 부합하는지 의구심이 든다. 그동안 이준석 신당의 정론관 기자회견 예약을 담당했던 허은아 씨가 탈당으로 의원직을 상실했다. 오늘은 양향자 국회의원이 기자회견 예약을 해줬다고 한다. 이준석을 중심으로 양향자, 금태섭이 먼저 뭉친 후 민주당 탈당 후 창당하는 이낙연의 신당과 다시 합당하는 수순이 예상된다. 양대 정당의 당대표를 지낸 이준석과 이낙연의 연합이 아예 불가능하다는 전망도 있으나 양대 정당의 틈바구니에서 생존하려면 덩치를 키워야한다는 절박함이 양자의 통합을 강제할 것이다.

정의당이 건강성을 회복할 수 있는 유일한 길은

생존을 위한 안간힘을 쓰고 있는 정의당이 건강성을 회복하는 길은 류호정의 의원직을 하루빨리 사퇴시키는 것이다. 그러면 정의당을 민주진보진영에서 일정한 영향력을 유지할 수 있게 될 것이다. 지금 김준우 비대위원장이나 비대위원들, 김종대 전 국회의원 등이 눈물나게 안간힘을 쓰는 걸 보고 있노라면 정의당의 지금의 초라한 위상이 참 안타깝고 눈물이 날 지경이다. 하지만 정당이라고 하는 것이 노력만 해서는 될 일이 아니고 실력을 보여야 되는데, 류호정을 정의당에서 1월 안에 탈당시키고 의원직을 상실하게 만들어 주는 일을 하면 정의당이 이번 총선에서 예전만큼의 위력은 아니더라도 뭔가 비빌 언덕이 생길 수 있을 것이다. 하지만 류호정을 결국 떨궈내지 못한 채 젊은 국회의원 한 명의 횡포를 막아내지 못한다면 이번에 정의당은 3%컷을 넘어서기 어려울 것이다. 이번 총선에서 제3신당에 워낙 강자들이 많이 출현했기 때문이다. 류호정을 쫓아내고 그다음으로 김준우 같은 사람들이 나서면 3% 가능성이 생길텐데, 제3신당의 등장이 이어지면서 신선도가 떨어진 정의당은 3%를 넘어서기 어려울 것으로 전망된다. 그래서 나는 요즘 정의당 멤버들에게 '류호정을 쫓아내라'고 말한다. '누가 쫓아낼 수 있는가?' 물으면 '심상정이 해야 된다'고 말한다. 심상정 씨가 논개가 돼서 류호정과 같이 떨어져 나가면 된다. 이 방법만이 정의당이 3%컷을 뚫고 당을 연명시킬 수 있는 유일한 길이다. 그것도 못한다면 이번 총선에서 안타깝게도 정의당의 자리는 없을 것이다. 제3신당의 가장 큰 피해자가 될 정당은 정의당일 수밖에 없을 것이다

심상정 의원이 지금 현실정치에서 제일 비겁한 정치인이다. 천하의 비겁쟁이. 심상정은 결자해지할 줄 모르는 사람이다.

"윤석열 임기 단축!", 조국·이준석 한목소리

2024. 1. 25.

민주진보진영 200석이면
대통령 임기 단축 개헌 가능

우리나라 최고의 형법학자 중 한 사람으로 평가받는 조국 장관이 오늘 장윤선의 취재편의점과의 인터뷰에서 "이번 총선에서 민주진보진영이 200석 이상을 확보하게 되면 대통령 임기 단축 개헌을 할 수 있다"는 '학문적 주장'을 내놨다.

조국 장관은 "헌법개정안 부칙 조항에 제20대 대한민국 윤석열 대통령의 임기는 가령 10월 1일까지로 한다. 그때까지 새로운 대통령을 선출한다"는 부칙 조항을 넣어 통과시키자는 주장을 내놓았다. 이러한 조국 장관의 의견에 상당수 헌법연구자들도 동의한다는 입장을 표명하고 있다. 2월 8일 2심 선고 이후 정치 참여를 본격화할 준비를 하고 있는 조국 장관이 윤석열정권에게 선전포고를 날렸다. 윤석열정권 심판에 학문적 주장을 적절히 활용한 셈이다.

조국, 대통령 파면 개헌 주장

최근 가속화되는 윤석열정권의 폭정과 실정, 윤석열과 한동훈의 갈등으로 상징되는 여권의 분열, 민심의 대규모 이반을 '대통령 임기 단축 개헌'이란 묘수로 담아낸 지극히 정치·전략적인 문제제기라고 평가할 수 있다. 조국 장관은 임기 단축 개헌 즉 사실상 대통령 파면 개헌을 하자는 주장을 용감하게 펼치고 있다. 조국 장관의 용감한 주장에 뜨거운 박수를 보낸다. 민주진보진영의 200석 이상의 의석 확보라는 우리의 목표가 오늘 조국 장관의 주장으로 더욱 선명해졌다.

조국 전 장관이 오늘 임기 단축 개헌을 주장하는 것에 발맞춰 JTBC의 유튜브방송 '장르만 여의도'라는 프로그램은 이준석 개혁신당 대표의 인터뷰 내용 중 "야권의 임기 단축 개헌 공세"를 말한 부분만을 발췌해 게시했다. 이준석 대표는 이 방송에서 조국 장관을 직접 거명하지는 않았지만, 이번 총선에서 국민의힘이 100석 이하의 대패를 당하면 야권진영에서 윤석열 대통령 임기 단축 개헌 주장이 터져나올 것이라고 말했다. JTBC는 조국과 이준석의 각각의 인터뷰 내용을 염두에 두고 이준석의 주장을 크게 띄워 올린 것이다.

이준석 대표는 이 주장을 통해서 개혁신당이 캐스팅보트를 행사해야 한다고 말하며 개혁신당의 보수정당 성격을 강조했다. 즉 이준석은 개헌저지선을 개혁신당이 담당하고 민주진보진영과 윤석열정권 사이를 오가면서 큰 이익을 챙기는 제3세력이 되겠다는 야심을 드러낸 것이다.

오늘은 조국과 이준석이 따로 또 같이 윤석열정권에 분노한 민심을 대변한 날이었다. 윤석열정권 심판 민심은 이로 인해 오늘도 1도 이상 뜨겁게 가열됐다.

이재명의 연동형 고수에 조국이 화답하라

2024. 2. 5.

이재명, 광주 선언에서
연동형 비례대표제 선택

정치 몰라요, 정치 정말 몰라요. 이재명 대표가 병립형을 선택하지 않고 연동형을 선택했는데, 이재명을 비판하는 사람이 단 한 명도 없다. 병립형을 목놓아 주장하던 그 많던 정치인들은 다 어디에 숨었을까. 어디로 사라지셨나. 연동형을 주창하던 이탄희, 용혜인을 죽일 듯이 공격하던 병립형 주창자들은 다 어디로 숨었나. 병립형 신봉자인 정청래 최고위원, 전 당원 투표 주장은 왜 그렇게 쉽게 포기하는 건가.

오늘 이재명 대표의 광주 선언은 참 시의적절한 선언이었다. 민주당의 입장에서는 자신의 본산이자, 대한민국 민주화의 성지인 광주에서, 그것도 5.18 국립묘지를 참배하면서 이재명의 선언이 발표된 것은 이재명과 민주당에게는 천운이라고 할 수 있었다. 서울의 최고위원회 회의에서 이재명 대표가 발표했으면 감동의 드라마는 약했을 것 아닌가. 지난 1월 2일 피습을 당한 이후에 서울에만 있던 이재명 대표가 이제 전국을 돌면서 각 지역별로 최고위원회 회의를 개최하기 시작했는데, 오늘 그 첫 일정으로 광주를 방문하는 현장에서 이렇게 멋진 선언을 했으니 앞으로 민주당의 총선 승리에 진보정당이라는 큰 지원세력을 얻을 것으로 전망할 수 있다.

오늘을 계기로 민주당의 총선 공천은 지역구는 물론이요 비례대표까지 전적으로 이재명 대표가 책임 전권을 떠안게 되었다. 이게 바로 책임정치이다. 승리와 패배, 모두 이재명 대표의 책임 아래 있게 된 것이다.

2월 8일, 2심 재판을 받은 후 조국 장관이 이재명 대표에게 화답하면 민주진보진영의 총선 준비 태세는 완성이 된다.

•• ● 이재명 대표 광주 기자회견문 ● ••

존경하는 광주 시민 여러분, 그리고 국민 여러분, 오월 영령 앞에서 국민과 국가를, 민주주의를 생각합니다. 우리의 민주주의는 단 한 번도 저절로 온 적이 없습니다. 국민의 피와 생명을 바쳐 만들고 지켜온 것입니다. 우리에겐 믿음이 있습니다. '국민은 언제나 옳았고, 더디지만 역사는 진보한다'. 바로 그 믿음입니다. 국민과 역사에 대한 이 신념은 어떠한 난관도 헤쳐 나온 민주당정신의 정수입니다.

이번 총선의 과제는 분명합니다. 무능하고 무도하며 무책임한 윤석열정권을 심판해야 합니다. 민주주의와 평화, 민생과 경제를 되살려야 합니다. 국가의 품격과 따스함을, 희망과 미래를 되찾아야 합니다.

국정을 감시하고 국가 법질서를 창조 변화시키는 국회는 민주공화정의 최후 보루입니다. 2년도 안 돼 나라를 이렇게 망친 정권이 국회까지 장악하면 국가시스템까지 망가뜨릴까 두렵습니다.

이번 총선에 적용할 비례선출제도가 논란입니다. 지난 총선부터 병립형을 준연동형으로 바꾸었으나 국민의힘이 위성정당을 창당하고, 민주당이 맞대응함으로써 그 목적을 이루지 못했습니다.

위성정당을 금지시키라는 국민적 요구에 따라 민주당은 위성정당 금지 입법에 노력했지만 여당의 반대로 실패했습니다.

거대양당 한쪽이 위성정당을 만들면, 패배를 각오하지 않는 한 다른 쪽도 맞대응할 수밖에 없습니다. 칼을 들고 덤비는데 맨주먹으로 상대할 수는 없습니다. 선거 때마다 반복될 위성정당 논란을 없애고, 준연동제는 사실상 껍데기만 남는 이 악순환을 피하려면 위성정당을 금지시켜야 하지만, 여당이 반대합니다. 그렇다고 병립형 회귀를 민주당이 수용할 수도 없습니다.

그래서 민주당은 제3의 길을 추진했습니다. 국민의힘이 요구하는 병립형 비례를 채택하되, 민주당의 오랜 당론인 권역별 비례에 이중등록을 허용하고, 소수정당을 위한 의석 30% 할당 또는 권역별 최소득표율 3%에 1석 우선배정 방안이었습니다. 그렇게 되면 3권역에 3%씩 고루 득표하는 소수정당은 3석을 확보할 수 있기 때문에 소수정당 배제 문제는 상당히 완화할 수 있다고 봤습니다.

그러나 여당은 소수정당 보호 그리고 민주당이 요구한 이중등록을 끝까지 반대했습니다. 이제 민주당은 권역별 병립형으로 회귀하거나, 준연동제 하에서 여당의 반칙에 대응책을 마련하거나, 양자택일을 해야 될 상황이 됐습니다. 권역별 병립형은 지역주의 완화와 민주당에 유리한 점이 있지만 소수정당이 피해를 입습니다. 여당의 위성정당 창당에 맞대응해서 민주당의 위성정당을 창당하는 것은 반칙에 반칙으로 대응하는 것이어서 정당방위지만 결론은 준연동제가 껍데기만 남습니다. 이런 어려운 상황에서 다시 한 번 새겨봅니다. 이 나라의 주인은 국민입니다. 정치는 정치인들이 하는 것 같아도 결국은 국민이 합니다.

존경하는 국민 여러분! 준연동제는 비록 '불완전하지만 한 걸음 진척된 소중한 성취'입니다. 과거로의 회귀가 아닌, 준연동제 안에서 승리의 길을 찾겠습니다. 깨어 행동하는 국민들께서 '멋지게 이기는 길'을 제시해줄 것으로 믿습니다. 위성정당금지법을 거부한 여당은 이미 아시는 것처럼 위성정당을 창당하고 총선 승리를 탈취하려 합니다. 안타깝지만 여당의 이 위성정당을 막을 방법은 전혀 없습니다. 서생적 문제의식과 상인적 현실 감각으로, 이상을 추구하되 현실을 외면하지 않겠습니다. 정권 심판과 역사의 전진에 동의하는 모든 세력과 함께 위성정당 반칙에 대응하면서 준연동제의 취지를 살리는 통합형 비례정당을 추진하겠습니다. '민주개혁선거대연합'을 구축해서 민주당의 승리, 국민의 승리를 이끌겠습니다. 민주개혁세력의 맏형으로서, 더불어민주당이 주도적으로 그 책임을 이행하겠습니다.

존경하고 사랑하는 국민 여러분. 반칙이 가능하도록 불완전한 입법을 한 것에 대해서 사과드립니다. 국민께 약속드렸던 위성정당 금지 입법을 하지 못한 점을 사과드립니다. 그리고 결국 위성정당에 준하는 준(準) 위성정당을 창당하게 된 점을 깊이 사과드립니다. 같이 칼을 들 수는 없지만 방패라도 들어야 하는 불가피함을 조금이나마 이해하여 주시기를 바랍니다.

저와 생각이 다른 분도 많으실 것입니다. 어떤 결정도, 모두 저에게 책임이 있습니다. 대의를 따라, 국민만을 믿고 가겠습니다.

죽기를 각오하고 반드시 승리하겠습니다. 민주개혁세력의 총단결로 대한민국의 퇴행을 막고, 총선 승리로 새로운 희망의 길을 열어가겠습니다. 죄송합니다. 그리고 고맙습니다.

조국, 정치 선언 발표
ㅡ 총선은 민주주의 퇴행과 한국의 후진국화를 막는 시작이어야

2024. 2. 8.

조국, 고등법원서 징역 2년 판결, 정치 선언 발표

　　　　　조국 장관이 오늘 2시 서울고등법원에서 1심과 같이 유죄 판결을 받았다. 징역 2년에 벌금 600만 원. 다만 법정 구속은 되지 않았다. 천운이다.

　대법원 판결에 마감 시간이 있는 것은 아니지만 조국 장관은 언제든 최종 판결을 받을 수 있는 살얼음판 같은 상황에 처하게 됐다. 이런 상황에도 불구하고 조국 장관은 재판정을 나서는 즉시 입장문을 담담하게 발표했다. 우리가 그토록 기다려왔던 조국의 정치 선언이었다.

조국, 고등법원 판결 후 정치 선언 발표

··•◆ 조국 전 장관 입장문 ◆•··

두려운 마음으로 새로운 길을 가려고 합니다.

모든 것이 후퇴하고 있는 윤석열정권 아래에서 고통받고 있는 국민의 삶을 외면할 수 없었습니다. 무거운 마음으로 제가 가고자 하는 길을 말씀드립니다.

지금 저는 5년 전 법무부장관 후보자로 지명받았을 때보다 더 큰 책임감을 느낍니다. 후보자로 지명받은 이후 저로 인해 국민들이 받은 상처에 대한 책임감만큼이나, 뭐라도 해야 한다는 의무감에 다시 국민들 앞에 섰습니다. 오직 그 책임감과 의무감으로, 새로운 길을 만들어 가겠습니다. 윤석열정권의 일방적인 폭주와 무능, 무책임을 바로잡는 데 제 모든 힘을 보태는 것으로 국민들께 끝없는 사과를 하려 합니다.

'검찰독재시대', 우리가 살아가는 2024년 오늘을 많은 사람들이 부르는 말입니다. 군사 쿠데타로부터 40여 년이 흘렀습니다. 그 사이 수많은 이들의 피와 눈물, 땀으로 우리는 민주주의를 이뤘습니다. 그런데 군부독재가 물러간 그 자리를, 한 줌 검찰집단이 다시 총성 없는 쿠데타로 장악하고 온갖 전횡을 휘두르고 있습니다. 군부독재정권은 총과 칼, 몽둥이로 국민을 겁주고 때리고 괴롭혔다면, 검찰독재정권은 국민이 부여한 수사권을 가지고 자기 마음에 안 드는 모든 이들을 괴롭히는 데 쓰고 있습니다. 야당 대표도, 여야 국회의원도, 언론사도, 전직 대통령 주변도, 상상을 뛰어넘는 폭력적인 수사와 불법적인 겁박으로 고통받고 있습니다. 내 편은 모든 걸 눈감아 주고, 상대편은 없는 잘못도 만들어내는 것이 검찰독재정권의 민낯입니다.

대체 누가 윤석열 대통령에게 그런 권한까지 주었습니까. 단언컨대 국민은 아닐 것입니다. 여전히 본인이 검찰총장인 줄 아는 대통령이 정적들을 괴롭히는 데만 골몰하는 사이 국민은 외환위기보다, 코로나 팬데믹 때보다도 먹고살기가 힘들다고 매일 한숨입니다.

한때 '자고 일어나니 선진국'이라는 말이 유행한 적이 있었습니다. 현 정권이 들어선 이후에는 '자고 났더니 후진국'이라는 말이 유행하다 요즘은 전쟁, 위기, 명퇴, 부도, 폐업과 같은 살벌한 말들이 연일 뉴스를 도배합니다. 대체 정부는 무엇을 하고 있는 것입니까. 이 정부에게 국민은 무엇입니까.

오는 4월 10일은 민주주의 퇴행과 대한민국의 후진국화를 막는 시작이 되어야 합니다. 그 목표에 동의하는 누구라도 나서 힘을 보태야 합니다. 작지만 간절한 손들이 모여 큰 산을 옮기고 작은 물방울이 모여 큰 강을 이뤄 마침내 바다로 나아가듯이, 그 어느 때보다 지금은 작은 힘이라도 모아내는 것이 중요하다 믿습니다. 저의 작은 힘도 이제 그 길에 보태려 합니다.

저 자신의 부족함을 잘 알고 있습니다. 흠집 있고, 상처 많은 그 힘이라도 국민이 명령하시는 곳에 쓰겠습니다. 제가 무엇이 되려 하지 않겠습니다. 오직 국민만 보고, 국민의 목소리만 듣고, 국민이 가라 하시는 길로 가겠습니다. 큰 불을 일으키기 위한 불쏘시개가 되라 하시면 그리하겠습니다. 퇴행하는 역사의 수레바퀴 아래 몸을 던져 막으라 하시면 그리하겠습니다.

검찰집단의 횡포를 누구보다 온몸으로 겪은 사람으로, 어떤 어려움과 고난이 닥쳐온다 해도 회피하거나 숨지 않겠습니다. 저를 응원해주시는 마음뿐 아니라, 저에 대한 실망과 비판도 겸허히 듣겠습니다.

정치가 국민에 의해 움직일 수 있도록, 정부가 국민을 위해 일할 수 있도록, 저의 모든 힘을 다 바치겠습니다. 감사합니다.

조국은 현실정치에 어떻게 참가할 것인가

이제 국민의 관심은 조국 장관이 현실정치에 어떤 방식으로 참가할 것인가에 쏠릴 것이다. 나름 조국 전문가로 자처하는 필자가 독자들의 궁금증을 다소나마 해소시켜 드릴 해설을 해 드리도록 하겠다.

나는 지금까지 수많은 정치인들의 정치 선언을 봤지만 정치 참여 선언을 하면서 사과까지 하는 선언문은 처음 접했다. 그간 조국 장관을 아끼는 많은 분들은 조국 장관에게 도의적 잘못조차도 사죄를 하는 방식이 적절하겠다는 의견을 심심찮게 전해주었다. 이를 조국 장관이 수용한 것으로 보인다. "저를 응원해주시는 마음뿐 아니라, 저에 대한 실망과 비판도 겸허히 듣겠습니다"라는 문장이 바로 사죄를 담은 선언 내용을 표현한 부분이다.

　정치 선언 발표 이후의 조국 장관의 향후 정치 진로에 대해 내 나름의 전망을 해보겠다. 앞으로 조국 장관이 나아갈 정치 방향으로는 세 갈래 길이 있다. 창당, 입당, 무소속이다.

　창당의 길은 조국 장관이 주도하여 결성한 단체인 '리셋코리아행동'을 기반으로 해서 신당을 창당하는 것이다.

　입당의 길은 민주당 또는 새진보연합에 입당하는 것을 의미한다. 민주당 주도의 비례정당 창당을 준비하고 있는 용혜인 대표의 새진보연합에 입당해 비례대표로 출마하거나 민주당에 입당해 지역구에 출마할 수 있다. 그러나 이 길은 현실가능성이 희박해 보인다. 민주당이 사실상 조국 장관의 입당과 출마를 거절했기 때문에 이 길은 가능성이 전혀 없다고 볼 수 있다. 민주당과 새진보연합에는 이미 눈이 터질 만큼 빵빵하게 수많은 공천 희망자들이 모여드는 상황인데, 조국이라는 거물을 들일 만큼 여유가 없다고 봐야 한다. 게다가 조국 장관 입당과 출마에 대한 찬반 논쟁이 당내에서 거세게 발생하는 것이 불가피하기 때문에 총선국면에 의도치 않은 변수에 시달리게 될 것을 민주당 측은 우려하고 있을 것이다.

　다른 방식으로 무소속 지역구 출마의 길도 있다. 하지만 조국 장관이 민주당 간판을 내걸지 않고 당적이 없는 상태에서 출마할 수 있는 여건이 될 수 있는 경우는 민주당 후보가 출마하지 않는 지역일 뿐이다. 민주당 후보와 지역구에서 겨루는 것은 상상할 수 없는 일이다. 하지만 민주당은 전국 모든 지역구에 후보를 출마시킬 것이고, 민주당이 조국 장관을 위해 지역구를 양보해 줄 리도 없을 것이다. 지역구를 양보할 경우라면 아예 민주당 입당을 받아들이는 것이 더 정정당당하지 않겠는가.

결국은 독자 창당, 즉 '조국신당'을 창당하는 길뿐이다.

나는 이 지점에서 진심을 다해 조국을 응원할 것이다. 조국 힘내라! 조국 힘내라! 조국 장관이 반드시 국회의원이 되도록 응원할 것이다. 설날 이후 조국 장관의 다음 정치 행보가 기대된다.

조국신당, 민주진보진영 비례 득표의 새 저수지

2024. 2. 9.

조국, 민주당 입장을 우선시하겠다

용혜인 의원은 민주당과의 연합비례정당을 만들자는 노선을 결정했다. 어떤 경우에도 그걸 깨기는 어려울 것이다. 가령 민주당의 연합비례정당에서 20명을 비례대표 당선권으로 예상했을 때, 용혜인을 대표선수로 해서 추천하는 시민사회와 진보정당 추천이 10명, 민주당 추천이 10명으로 나올 것이다. 민주당 측에서 공식입장 표명은 어렵겠지만 비공식적으로 조국 장관을 이 비례정당에 영입하는 것이 전체 판세에 마이너스 효과가 크다고 판단하고 있기 때문에 우리는 용혜인과 조국이 같은 정당에서 후보로 나서는 것을 볼 수 없게 될 것이다.

조국 장관도 주변 사람들에게 민주당의 입장을 우선시하겠다는 뜻을 분명히 밝혔다. 조국 장관은 자신에게 씌어진 악마적 이미지 때문에 민주당의 본진이 지역구 선거에 악영향을 미쳐서는 안 된다고 판단하고 있다. 민주당은 조국 장관을 영입할 경우 전체 총선판이 민주당에 유리한 '윤석열 심판 프레임'에서 민주당에 불리한 '조국 심판 프레임'으로 요동치는 것을 우려하고 있다. 이는 과반수 의석 이상을 목표하는 민주당의 입장에서는 적절한 리스크 매니지먼트라고 할 수 있다.

결국 조국 장관은 민주당에 기대지 않고 독자적인 정당을 창당하게 되리라 전망된다. 바로 '조국신당'이다. 조국신당의 모체는 정책가그룹인 '리셋코리아행동'이 될 것이다. 필자가 확정적으로 단언하는 것은 아니고 그저 내 나름의 해석임을 이 지면에서 분명히 해두고 싶다. 현재 진보진영에선 녹색정의당이 만들어졌는데, 조국 장관과 녹색정의당의 의견이 서로 맞으면 함께하는 길도 있겠지만, 녹색정의당은 조국이라면 질색하는 정치세력인지라 가능성은 전혀 없다고 본다. 녹색정의당은 민주당과 용혜인이 주도하는 비례정당에도 불참할 가능성이 대단히 높다. 워낙에 '위성정당'을 반대한 정당이었으니 그럴 만도 하다.

조국신당은 순수 비례정당으로 갈 것

이준석의 개혁신당은 지역구 선거도 출마하고, 비례후보도 출마시키는 전술을 펼 것이다. 비례정당으로만 머무르지 않을 것이다. 이준석은 국민의힘의 당권 탈환을 목표로 하기 때문에 TK, PK 등 국민의힘 우세지역과 수도권의 양당 접전지에 개혁신당 후보를 출마시켜 국민의힘을 압박하는 선거전략을 취할 것이다. 지역구 출마를 공언한 이준석만 지역구에서 당선될 가능성이 있지만, 지역구의 대거 출마를 활용해 비례득표율을 높이려는 전략을 짜고 있다고 보인다.

 '조국신당'은 순수 비례정당이 될 것으로 전망된다. 어제 조국 장관이 재판 직후 정치 선언을 발표했기 때문에 총선의 급박한 일정을 감안하면 설날 연휴 직후에 창당 선언을 할 것으로 보인다. 속도전만이 조국신당 승리의 유일한 길이다.

 우리 사회에는 민주당과 국민의힘 지지자들만 있는 게 아니다. 우리공화당 같은 극우정당 지지자들도 있고, 허경영의 국가혁명당도 지난 총선에서 비례에서 1% 득표를 기록했다. 민주진보진영을 지지하는 국민들의 표심을 민주당과 용혜인이 합작한 비례정당이 모두 흡수하지는 못할 것이다. 2020년 총선에서 민주당의 공식 위성정당이던 더불어시민당은 33.4%만 득표했다. 민주당의 지역구 후보에 투표한 49.9% 국민 가운데 16.5%가 열린민주당(5.4%), 정의당(9.7%)에게 표를 던졌다. 비례정당인 '조국신당'은 바로 이 지점에서 표를 모으는 전략으로 나가야 될 것이다.

 이준석의 창당 초기 '이준석 신당'으로 불린 것처럼 조국 장관이 창당을 선언하면 언론들은 '조국신당'으로 부를 것이다. 조국 장관도 아마 '조국신당'이라고 부를 것 같다. 과거 선관위는 '안철수 신당'의 정식 당명을 불허한 바 있다. 특정인의 이름을 넣은 정당명이라고 불허한 것이다. 그렇다면 '조국신당'은 선관위가 허락해줄까? 방법이 있다. 조국은 조국 장관의 이름이기 이전에 우리나라를 의미하는 조국(祖國)이 아닌가. 그래서 이걸 계속 강조하면 선관위도 통과될 가능성이 높을 것으로 추측된다. 신당을 창당할 경우 당명의 인지도 제고가 어려운데, 조국신당은 조국이라는 이름 덕분에 인지도 높일 걱정만큼은 사라졌다고 할 수 있다.

최근 조국 장관은 여러 매체와의 인터뷰에서 민주당이 민주진보진영의 '본진'이라는 입장을 명확하게 밝혔다. 즉 '조국신당'은 '본진'인 민주당과 충돌하는 것이 아니라는 점을 분명히 한 것이다. 이 말은 결국 조국신당이 본진보다 앞장서서 싸우는 '선봉대' 정당임을 밝히는 것이다.

2020년 총선을 보면, 지역구에서 민주당 후보를 지지한 49.9% 유권자 가운데 약 10% 정도가 정의당에 투표한 것으로 조사됐다. 지역구는 민주당이지만, 비례는 진보정당에 투표하는 유권자가 전체 유권자의 10%는 반드시 나온다. 이번 총선에서 민주당 지지자 대다수가 녹색정의당에는 절대 투표하지 않겠다고 한다. 그래서 조국신당은 유용하다. 녹색정의당에 가지 못하고 방향을 잃은 전체 유권자의 10% 표를 받아들이는 저수지를 만들 수 있게 될 테니까. 조국신당의 출현으로 녹색정의당은 비례의석을 확보할 수 있는 3% 상한선을 뚫지 못하고 사라질 운명이 되리라 전망된다.

조국, 노무현 앞에서 검찰독재 조기 종식 다짐

2024. 2. 12.

민주공화국 가치회복을 위한
불쏘시개가 되겠다

내일 고향 부산에서 정치 참여 선언을 앞두고 오늘 조국 장관이 아침에는 노무현 전 대통령 묘소를 참배하고, 오후 늦게는 양산 평산책방으로 문재인 전 대통령을 만나러 갔다. 조국 장관은 민주당계열의 정치인이다. 그래서 노무현과 문재인의 뒤를 잇는 정치인이 되겠다고 나선 것이다. 엄밀한 의미에서 보자면 경제정책, 사회정책에서는 민주당보다 좀 더 진보적인 입장에 있다. 조국 장관의 저서인 《가불 선진국》에서 내세운 '사회권 선진국'의 주장이 그 맥락이다. 조국 장관의 정치적 뿌리는 노무현과 문재인이다. 백기완과 노회찬에 뿌리를 둔 전상훈과 조국 장관은 엄밀하게 보면 같은 뿌리라고 볼 수는 없다. 하지만 전상훈은 '사회권 선진국'을 주장하는 조국을 지지하고 함께할 것이다.

〈조국 장관 봉하마을 방문 후 기자 문답〉
법무부장관 후보가 되고 법무부장관에 임명됐을 때 제 역할
은 검찰 개혁을 위한 불쏘시개가 되고자 하는 것이었습니
다. 이제 저는 무도하고 무능한 윤석열 검찰독재정권의 조
기 종식과 민주공화국의 가치를 회복하기 위한 불쏘시개가
되겠습니다. 어떠한 난관도 꺼리지 않고 걸어갈 생각입니
다. 불쏘시개가 되어서 제가 하얗게 타더라도 걸어가겠습니다.

　조국 장관은 온몸이 하얗게 재가 되어 탈 때까지 이번 싸움
에 목숨을 걸겠다고 말했다. 후배 전상훈은 목숨을 걸겠다고
용맹하게 외치지 못하고 있는데, 선배 조국이 목숨을 걸고 싸
우겠다고 하시니 후배는 조국을 지키기 위해 그의 곁에 서 있
을 것이다. 박수치며 응원하고 지원할 것이다. 2심까지 유죄
를 받고 대법원에서도 유죄가 거의 확실시되는 사람의 행보라
고 믿기지 않을 정도로, 조국 장관 본인 말씀대로 민주의 제단
에 자신의 한몸을 불사하겠다는 각오로, 압제를 불사르겠다는
각오로 검찰독재에 맞서 분골쇄신하겠다는 용맹한 결기에 지
지의 박수를 보내지 않을 수 없다.
　조국 장관 힘내라! 조국 형님 힘내! 전상훈은 조국과 함께할
것이다.

노무현 전 대통령 묘소 참배

문재인 전 대통령 예방

2장
조국신당, 윤석열정권 종식을 위한
선봉에 서서

2024.2.13.~3.2.

조국, 부산에서 조국신당 창당 선언

2024. 2. 13.

지금과 완전히 다른 대한민국을 만들기 위해
시민과 함께 나서자

오늘 조국 장관이 부산 민주공원 민주항쟁 기념관 앞에서 민주영령들을 먼저 참배한 후에 기자회견을 했다. 기자회견 시간은 짧았다. 창당선언문 발표가 3분 여 이어졌고 기자들의 문답이 예닐곱 개 정도 이어지면서 깔끔하게 마무리되었다.

조국, 부산 민주공원 민주항쟁기념관에서 기자회견

••● 조국신당 창당선언문 ●••

국민 여러분 조국입니다. 떨리는 마음으로 새로운 정당을 만들겠다는 뜻을 국민들께 밝힙니다. 혼자서는 엄두도 내지 못할 결정이었지만 손을 잡아주신 시민들이 계셨기에 이 자리에 섰습니다.

대한민국은 지금 외교, 안보, 경제 등 모든 분야에서 위기에 처해 있습니다. 위기를 극복하고 다시 도약하느냐, 이대로 주저앉느냐 하는 기로에 서 있습니다. 초저출산과 고령화로 인한 국가 소멸 위기는 눈앞에 닥친 현실입니다. 국민은 저성장과 양극화에 신음하고 있고, 자영업자와 서민의 삶은 낭떠러지로 내몰리고 있습니다. 우리가 힘들게 관리해온 한반도 평화가 위협받고 있습니다. 해외 투자자들은 한반도에서의 전쟁을 우려하여 투자를 회피하고 있습니다. 급변하는 산업 생태계와 기후위기의 변화에 선제적으로 대응하지 못한다면 대한민국은 생존을 걱정해야 합니다. 윤석열정부는 어디에서 무엇을 하고 있습니까?

답답하다 못해 숨이 막힙니다.

정부 스스로 우리 평화를 위협하고 과학기술 경쟁력을 저하시키고 있습니다. 비판하는 언론을 통제하고 정적 제거와 정치

혐오만 부추기는 검찰독재 정치, 민생을 외면하는 무능한 정권을 심판해야 합니다. 4월 10일은 무도하고 무능한 윤석열정권을 심판할 뿐만 아니라 복합 위기에 직면한 대한민국을 다시 일으켜 세우는 계기가 되어야 합니다.

완전히 다른 대한민국을 만들기 위해 시민들과 함께 행동하고자 합니다. 지역 갈등, 세대 갈등, 남녀 갈등을 조장하고 이용하는 정치, 국가적 위기는 외면한 채 오로지 선거 유불리만 생각하는 정치는 이제 끝장내야 합니다.

무능한 검찰독재정권 종식을 위해 맨 앞에서 싸우겠습니다. 인기에 연연하지 않고 국가 위기 극복, 국가 위기를 극복할 대안을 한 발 앞서 제시하는 정당을 만들겠습니다. 갈등을 이용하는 정치가 아니라 갈등을 조정하고 문제를 해결하는 정당을 만들겠습니다. 대한민국의 변화를 이끌어내는 강소정당으로 자리매김하겠습니다.

저의 힘은 미약하지만 국민들과 함께 큰 돌을 들겠습니다. 그 길에 함께해 주시면 반드시 해내겠습니다. 많은 참여와 응원 부탁드립니다. 감사합니다.

이어진 기자들과의 문답에서 조국 장관의 답변 요지는 별면과 같다. 전국 지역구 모두에서 여야 1대 1 대결 구도를 만들자는 게 요지이다. 즉 야당의 본진인 민주당의 주도성을 인정하고 존중하되 비례대표 선거에서는 민주진보진영의 여러 정당들이 윤석열정권과의 싸움에서 누가 가장 잘 싸우느냐로 경쟁하자는 주장인 것이다.

··◉ 조국 장관 답변 요지 ◉··

민주당에서 저에 대해서 또는 제가 만들 정당에 대해서 여러 가지 입장이 있는 걸로 알고 있습니다. 저는 입장 차이를 다 존중하고 현재 저는 그 민주당에서 어떤 결정을 할 것인가를 신경 쓰면서 제가 저의 행보를 결정하지 않을 생각입니다. 어떤 일이 이루어질지는 제가 알 수가 없습니다. 지금 저는 일관되게 말씀드렸던 대로 이번 선거는 윤석열정권을 심판하고 그래서 그걸 조기 종식하는 계기를 만들고, 그래서 민생을 회복하고 경제를 회복해야 되는데 그러기 위해서 모두 힘을 모아야 한다 생각합니다. 그 중심에 민주당이 본진으로, 큰집으로 존재하고 있는 걸 아무도 부인하지 못할 것입니다. 저 역시 그렇게 생각하고 있습니다. 제가 왜 별도로 정당을 만드는지 말씀드려야 될 것 같습니다. 저는 민주당보다 더 진보적인 정당, 민주당보다 더 빨리 행동하는 정당, 민주당보다 더 강하게 싸우는 정당을 만들고자 합니다. 그런 과정에서 당연히 민주당과 협력할 것입니다.

제가 만들 정당이 지역 정당은 아닙니다. 당연히 전국 정당을 만드는 것입니다. 전국 정당의 관점에서 저희가 만들려고 한 정당이 목표하는 바를 이루기 위해서 뭘 할 것인가가 매우 중요합니다. 제 고향이 부산이고 저희 부모님과 저희 선산이 여기 있기 때문에 부산에 대한 애정이 있다는 것은 더 이상 말씀드릴 필요가 없을 겁니다. 지금 시점에서 제가 부산에 출마를 한다 안 한다 이런 말씀을 드리는 것은 좀 빠른 거 같습니다. 저는 이번 4월 총선에서 윤석열정권을 심판하려면 부산을 포함한 전 지역구에서 1대 1 구도를 만들어야 한다고 생각합니다. 비례는 말고 말입니다. 전 지역구에서 가능하면 윤석열정권 대 반윤석열정권 세력의 1대 1 구도를 만드는 것이 매우 중요합니다. 그러기 위해 저도, 제가 만들 정당도 노력할 생각입니다.

그 과정에서 지역구에 출마하거나 비례 문제라거나 비례연합 정당이나 등등의 문제는 오히려 부차적일 수 있다고 생각하고 있습니다. 정권을 심판하고 거기에 누가 더 윤석열정권을 심판하는데 더 선봉에 서 있고 더 잘 싸우는가를 가지고 경쟁해야 될 때가 아닌가 생각하고 있습니다.

중도층의 이반에 대해 민주당 일각에서 우려한다는 질문에 대해서는 저는 이렇게 말씀드리겠습니다. 전 지역구에서 1대 1 구도로 만들어내면 중도층 이반 우려 문제는 해소될 것이라고 보고 있습니다. 그 작업을 통해서 해결을 해야 되는 것이지 작지만 진보적이고 보다 진보성향이 강한 강소정당의 출현을 막는 방식으로 그 문제가 해결되진 않는다라고 생각합니다. 각 정당이 연대하고 손을 잡아 전국 지역구에서 1대 1 구도를 만드는 것! 그것으로 문제를 해결할 수 있다고 생각합니다.

조국의 창당 선언이 못마땅한 사람들

조국 장관의 창당 선언이 발표되자 얼마 안 돼 유튜브와 SNS에 "조국 때문에 민주당 이재명이 피해를 입게 됐다"는 글이 급속도로 확산되고 있다. 암흑세력 누군가가 이런 논지를 뿌리고, 앞뒤 가리지 않고 따르는 일부 시민들이 부화뇌동하는 행태라 아니할 수 없다.

일부 온건한 분들은 이런 말씀도 한다.

"조국의 딱한 처지가 이해가 된다. 하지만 조국은 2심까지 유죄받고 부인은 유죄 확정, 아이들도 기소된 상황 아니냐. 조국이 민주당원은 아니지만 조국이 정치한다고 나서면 민주당의 이미지도 함께 실추되며 총선에서 불리해질 것 아니냐. 억울한 점이 있어도 민주당을 위해서 정치 참여 하지 말고 조용히 있어 주면 좋겠다."

일부 시민들의 이러한 주장에 대한 나의 반론은 이렇다. 이재명 대표도 지난 2년간 검찰에 탈탈 털리면서 재판을 4개씩이나 받고 있다. 만약 이재명 대표가 향후 3년간 법원에서 유죄 선고를 받고 언론들이 이재명을 죄인 취급을 하면 이재명 대표에게 민주당을 위해서 정치일선에서 물러나라고 말할 수 있겠는가? 이재명이 그런 환난에 처했을 때 이재명을 버리겠는가? 지금 조국을 버리자고 하는 사람들은 만약 이재명이 그런 처지에 빠지면 이재명도 버리자고 할 신의 없는 사람들 아닌가.

조국신당의 속도전이야말로
민주진보진영의 승리의 길 열어

하나를 보면 열을 안다고 했다. 오로지 어떤 정치인에 대한 팬심에 사로잡혀 정적을 집단린치하는 사회파시즘에 동원된 군중, 괴벨스의 공작으로 "하이 히틀러"를 외치는 것이 자연스러운 군중으로 설치고 돌아다니는 광기에 참담함을 느끼지 않을 수 없다. 지금 당장 내가 지지하는 정파 또는 정치지도자의 눈앞에 보이는 이익만 좇을 뿐, 그 다음에 벌어질 상황에 대해서는 전혀 알고 싶어 하지 않는 단견에 사로잡혀 있는 모습이 부끄럽지 않은가.

만일 조국 장관이 이재명과 민주당, 문재인 대통령과 문재인 정부 인사들에 대해 억하심정이 있었다면 오늘 어떻게 했을 건지 한번 생각해보라. "내가 비록 2심까지 유죄판결 받았지만 피선거권이 살아 있기 때문에 민주당에 입당 신청을 했는데 민주당이 불허해서 할 수 없이 창당하게 됐다"고 몰인정한 민주당을 비난했을 거 아닌가.

진보는 분열로 망한다는 속설이 있다. 아니다. 뇌 주름이 쫙 펴져서 망하는 것이다. 뇌의 주름이 있어야지 그게 수축했다 펴졌다 하면서 샘솟는 지혜가 나오는 것이다. 사회파시즘에 동원된 군중들의 특성은 뇌에 주름이 없다는 것이다. 뇌의 주름이 없으니 창의성도 없고, 지혜도 샘솟지 않는 것이다. 오늘 누군가가 "조국을 공격하는 날"이라고 논지를 내리면 그들은 아무런 의심 없이 이 논지를 뿌려댄다. 내일 누군가가 "비례의석 욕심내는 용혜인을 공격하는 날"이라고 논지를 내리면 어제와 똑같이 행동할 것이다. 윤석열을 따르는 자들이 2년 내내 이렇게 이준석을 공격해서 내몰았지 않은가. 그런데 오늘 민주진보진영에서도 비슷한 일이 벌어지고 있다. 개탄스럽다.

조국 장관은 오늘 창당 선언에서 검찰독재에 맞서 맨 앞에서 싸우는 강소정당을 건설하겠다는 입장을 분명히 밝혔다. 이어진 기자들과의 문답에서 총선에 임하는 전략은 창당 동지들과 의견을 모아서 발표하겠다고 했다. 지역구로 출마할지 비례대표로 출마할 지도 동지들과 상의해서 발표하겠다고 했다.

이제부터는 조국신당 창당 속도전이 펼쳐져야 한다. 정당 창당은 어려운 일이다. 창당이라는 것이 몇몇 사람들이 모여 서클을 결성하는 게 아니지 않은가. 당원 5천 명 이상을 법률규정에 따라 모집해야 한다. 이 어려운 일을 얼마 전 해낸 사람이 있다. 이준석이다. 온라인당원 모집이라는 새로운 방식으로 순식간에 당원 5만 명을 모았다. 조국신당도 같은 경로를 밟으며 속도전을 펼칠 것이다. 오늘내일 중 발기인 가입 구글폼이 돌기 시작할 것이다. 필자는 당연히 가장 빨리 가입할 것이다. 여러분들도 신속히 가입해주기 바란다. 전상훈TV 구독자 가운데 5천 명 이상은 가입해주시리라 믿어의심치 않는다. 3일 내 당원 1만 명 이상 가입시키고, 창당의 기본요건인 전국 다섯 개 광역시도당 창당에 5천 명 가입을 이뤄내야 한다. 이준석 개혁신당의 속도보다 더 빨라야 한다. 이준석이 신당 창당 바람을 일으킬 때 나는 솔직히 부럽고 질투도 났었다. 이제 그 시샘과 질투를 갚아줄 때가 왔다. 조국신당, 첫날부터 선풍적인 기세를 끌어모아 이번 총선판에 기선 제압을 해야 한다.

조국, 광주 시민에게 돌아갈 다리를 불살랐음을 선언하다

2024. 2. 14.

민주의 성지 광주에서 결사 각오 다져

　　　　오늘 조국 장관은 광주 망월동 국립묘역, 목포 김대중대통령 노벨상수상기념관을 찾았다. 이로써 조국 장관은 조국신당 창당의 출발점이 된 3일간의 일정을 마쳤다. 그리고 이번 주말 즈음 창당준비위원회 발족을 할 것으로 예상된다. 창준위를 발족함과 동시에 온라인 당원 모집이 시작된다. 목표는 딱 하나다. 이준석의 개혁신당 당원 모집 속도를 뛰어넘는 속도로 예를 들면 일주일 이내에 10만 명 당원 모집을 이뤄내는 것이다. 결사의 각오로, 비장하게 신당 창당의 깃발을 든 조국과 그의 동지들의 용맹한 진군에 여러분들이 당원 가입으로 화답해주시면 물 흐르듯 창당은 이뤄질 것이다. 이번 총선에서 윤석열정권 심판을 위한 우리의 학익진이 비로소 펼쳐지게 될 것이다. 학익진의 중심에는 민주당이 있고, 좌우에 진보정당들과 시민세력이 포진하여 전진할 것이다. 우리

목포 김대중대통령 노벨상수상기념관 방문

광주 망월동 국립묘역 참배

의 학익진은 듬성듬성한 그물이 아니라 촘촘한 그물이 되어서
마지막 단 한 표까지 의석으로 연결시켜야 한다.

망월동 묘역에서 예전의 조국으로 돌아갈 다리를 불살랐습니다

•••◀ 조국의 광주 시민에게 드리는 약속 ▶•••

존경하는 광주 시민 여러분, 반갑습니다. 조국입니다.

어제 오후 늦게 광주에 도착해서 많은 시민분들을 뵙고 인
사드렸습니다. 좋은 말씀들 듣고, 나눴습니다. 충분치 않은 시
간이었지만, 그만큼 밀도 높은 이야기들이 오고 갔습니다. 따
뜻한 격려와 지혜로운 조언, 감사드립니다.

오늘 망월묘역을 찾아, 먼저 가신 분들께 인사를 올렸습니
다. 망월묘역은 이전에도 여러 차례 찾아뵈었습니다만, 그때
의 마음과 오늘의 마음이 조금은 다른 것도 사실입니다.

5.18항쟁, 광주의 역사는 제 삶의 가장 중요한 이정표 중 하
나입니다. 그 역사가 오늘 아침 저에게 조금은 다르게 다가옵
니다. 무척 무겁게 느껴집니다. 40여 년이 흘렀지만 5.18항쟁
은 여전히 진행 중이구나라는 생각을 합니다. 광주 시민들께
서 끝내 불사르고자 했던 낡고 썩은 것들이 모양만 바꿔 다시

활개치고 있다는 점을 처절하게 느낍니다. 그래서 여기 5.18묘역이 품고 있는 이야기들이 지나간 역사가 아니라 진행 중인 현재라는 점을 뼈저리게 느끼고 있습니다.

또 하나는 광주 시민들께서 40년을 훌쩍 넘는 세월 동안 겪은 고통의 깊이, 분노의 크기가 훨씬 더 절절하게 다가옵니다. 그동안 세상을 대하는 저의 의지는 추상적이고 막연했습니다. 지금은 달라졌습니다. 저와 제 가족, 함께했던 주변 분들이 죽음 같은 수사의 대상이 되면서 뒤늦게 그 고통과 분노를 피부로, 몸으로 이해하게 되었습니다.

여기 묘역에 누워계신 분들, 그리고 살아남아 40여 년 동안 항쟁의 정신을 이어오고 계신 광주 시민들의 고통과 분노, 좋은 세상을 바라는 열망을 온몸으로 느낍니다. 이곳 광주 시민을 생각하며 저와 제 가족이 겪은 고통을 다시금 떠올렸습니다. 어쩌면 위로를 받았을지도 모르겠습니다. 죄송합니다, 감사합니다.

여기 망월묘역에 계신, 먼저 가신 분들을 생각하면서 고통과 분노조차도 좋은 세상을 위한 열망의 에너지로 바꿔야겠다는 용기를 한 번 더 낼 수 있었습니다. 마침내 이 자리에서, 감히 이렇게 말씀드립니다.

존경하는 광주 시민 여러분, 저는 오늘 예전의 조국으로 돌아갈 다리를 불살랐습니다. 예전의 대한민국으로 후퇴하는 낡은 세력, 나쁜 집단에 맞서 싸우겠다고 광주 시민 여러분께 분명하게 말씀 드립니다. 광주 시민의 정의로운 열망을 가슴에 품겠습니다. 그렇습니다. 무도하고 무능한 검찰독재정권과의 싸움에 맨 앞에 서겠습니다. 윤석열정권을 하루라도 빨리 종식시키는 것이 국리민복의 길입니다. 광주 시민, 대한민국 주권자 앞에서는 한없이 낮추고 광주 시민, 대한민국 주권자를 유린하는 세력에게는 한 치도 타협하지 않고 싸우겠습니다.

오늘 이곳, 광주에서 약속드립니다. 감사합니다.

민주진보진영의 첫 번째 비례정당은 민주당 주도의 비례연합정당이다. 여기에 녹색정의당은 불참할 것이 확실시되고 있다. 민주당과의 연합파인 배진교 녹색정의당 원내대표가 자신의 연합 주장이 관철되지 않자 사임한 것으로 알려졌다. 녹색정의당의 최대주주인 심상정 의원이 최종 결정을 하게 될 텐데 결국 불참을 선언할 것으로 전망된다. 정의당과 합당한 녹색당의 지도부도 위성정당 참여를 절대 반대하고 있다. 정의당 또는 옛 민주노동당에서 스스로의 힘으로 얻은 표가 100이라면 민주당 지지자들이 비례 투표에서 정의당에 투표한 사람이 300 이상이 된다는 사실을 정의당도 잘 알고 있을 텐데도 불구하고 고집스럽게 독자 돌파를 몰아붙이고 있다. 이 상황에서 조국신당이 출현했다. 지역구에서 민주당 후보에게 투표한 유권자 가운데 위성정당에 투표하지 않겠다는 사람들에게 녹색정의당이 아닌 조국신당이라는 새로운 선택지가 나타난 것이다. 그래서 녹색정의당의 3%컷 돌파는 더욱 요원해졌다.

조국에 투표, 지지표만 1표가 아니라 동정표도 1표다

조국신당의 미래는 어떨까? 2020 총선에서 발생한 열린민주당에 대한 민주당 측의 파상공세를 독자 여러분들도 기억할 것이다. 열린민주당은 이해찬 대표와 열혈 지지자들에 의해 거의 역적 취급을 받으며 겨우 3석만을 얻었다. 지금 일부 민주당 인사들이 조국신당 출범에 대해 거리를 두는 것에 대해 나는 향후 선거 막판 조국신당을 열린민주당처럼 공격하는 것에 대한 알리바이를 만들고 있는 것이라고 생각한다. 나는 민주당 주도의 연합비례정당으로 갈 투표의 상당수가 조국신당으로 몰릴 가능성이 높다고 보고 있다. 일부 민주당 지지자들은 심지어 조국신당을 금치산자 또는 범죄자 취급을 한다. 나는 민주당 주류와 과격파들의 이런 협량한 태도가 오히려 조국신당에 대한 동정 여론을 높일 수 있다고 본다. 오늘 당장 민주진보진영 비례투표에 몰릴 투표를 전체 유권자의 50%로

상정한다면, 비례연합신당은 40% 내외, 조국신당은 7%, 녹색정의당은 3% 내외의 득표율을 기록할 것으로 전망된다. 물론 정치는 생물이어서 득표율은 상황에 따라 등락할 것이다.

조중동은 물론 한겨레와 경향신문도 조국신당을 공격하는 사설과 칼럼을 싣고 있다. 유튜브 세계에서도 전상훈TV가 전폭적으로 지지한다는 입장을 밝혔을 뿐, 수많은 민주진보진영 유튜버들이 입장표명을 유보하며 관망하고 있다. 벌써부터 독침을 쏟아내는 자들도 심심찮게 등장하고 있다. 조국신당의 창당 선언 이후 사회 분위기를 보자면 스파르타쿠스 노예반란으로 취급당하는 느낌이다. 앞으로 끊임없이 언론들은 민주당과 이재명 대표에게 조국신당에 대한 부정적 답변을 유도하는 질문을 할 것으로 예상된다. 언론들의 갈라치기 공세에 민주당 측이 넘어간다면 어떤 일이 벌어질 것인지 자문해본다. 나는 모든 정치세력이 조국과 분리의 선을 명확하게 하면 할수록 조국에 대한 동정표는 더 늘어날 것이라고 전망하고 있다. 나의 판단으로는 조국의 표가 절반은 조국을 지지하는 표이고, 절반은 조국을 동정하는 표가 될 것이라고 보고 있다. 정치가 원래 이런 것이다. 지지표만 1표가 아니라 동정표도 1표인 것이다.

조국신당의 쾌속 항진을 기원한다.

창당 선언 이틀 만에 조국신당 창당준비위 출범

2024. 2. 15.

창당준비위원회 결성식,
숨 가쁘게 달려가는 윤정권 심판 열차

조국 장관이 숨 가쁘게 달려가고 있다. 오늘 바로 창당준비위원회를 결성하고 2월 안에 창당 절차를 완료하는 속도전을 펼치기 시작했다. 오늘 오전 10시 서울에서 창당준비위원회 결성식을 가진 뒤 대전으로 가서 현충원 참배를 했는데, 참배 일정 중에 홍범도 장군 묘역, 해병대 채수근 상병 묘역도 찾아 참배했다. 조국 장관은 이를 위해 일부러 서울현충원이 아닌 대전현충원을 택한 것으로 보인다. 창당 과정 전체가 윤석열정권 심판이라는 정해진 궤도를 따라 움직이고 있는 것이다.

예상대로 당명은 가칭 '조국신당'으로 정해졌다. 조국신당의 창당을 주도한 조국 장관은 인재영입위원장의 역할을 맡았다. 윤석열정권의 조기 종식, 민주당보다 더 강한 야당, 민주당보다 더 급진적인 야당, 근본적 사회개혁을 더 강하게 주장하고

창당준비위원회 결성식

실천하는 야당 그리고 그 결과로서 제3당의 입지를 구축하겠다는 야무진 목표를 밝혔다. 정치란 무릇 이렇게 씩씩하게 해야 하는 것이다.

인사말에서 그는 "원내 제3당이 되어서 제대로 캐스팅보트 역할을 할 수 있는, 눈치 보지 않는 당당한 원내 제3당이 됩시다"라며 원내 제3당이라는 선거 승리의 목표를 제시했다. 현재로서는 매우 버거워 보이지만 "함께 꿈꾸고 행동하면 기적이 일어난다고 믿습니다"며 각오를 다졌다.

••◉ 조국신당 조국 인재영입위원장 인사말 ◉••

안녕하십니까. 조국입니다.
제가 인재영입위원장 역할을 맡게 됐습니다. 중책을 맡겨주신 것에 대한 큰 책임감과 믿어주신 것에 대해서는 감사함을 느낍니다. 열심히 하겠습니다. 뜻을 같이 하는 좋은 사람을 영입하겠습니다.

윤석열정권과 그 정부의 사람들을 보며, 그리고 윤석열 검찰독재시대를 살아가는 한 사람으로서, '좋은 사람'이란 어떤 사람일까를 생각해봤습니다.

좋은 사람의 기준은 모두가 다르겠지만, 윤석열 대통령과 그의 사람들을 보면, 좋은 사람의 기준이란 무엇보다 '신의'를 지키는 사람이라고 생각합니다.

한 사람을 판단하는 기준 중의 하나가 그 사람의 친구를 보는 겁니다. 그리고 뜻을 같이 하는 주변 사람, 동지를 보는 것입니다.

윤석열 대통령 주변에 있는 사람들 어떻습니까? 하나같이 윤석열 대통령 본인과 잘 어울리는 사람들 같습니다.

정치를 하는 사람들은 무엇보다 '신의'가 있어야 한다고 생각합니다. 정치하는 사람들끼리의 동업자의식이 아닌 국민께 대한 신의가 있어야 합니다.

인재영입위원장으로서 국민께 신의를 지키는 사람, 국민과 약속을 지키는 사람, 그런 좋은 분을 모셔오겠습니다.

마침내 창당준비위원회가 출범합니다. 두 달 정도 전, 광주 북콘서트에서 정치 참여하라는 객석의 외침에 '돌 하나는 들어야겠다'라고 말씀드렸습니다. 그리고 그 다음 날 '5.18정신을 생각하며 스스로를 돌아보고 한 걸음을 내딛겠다'라고 다짐했습니다. 정치에 참여하겠다는 제 결심은 '돌 하나', '한 걸음'에서 시작되었습니다.

어떻게 보면 짧은 시간으로 보일 수 있지만, 어느 때보다 깊이 고민했습니다. 그리고 저는 창당을 결심했고, 국민께 말씀드렸습니다.

오늘은 어떤 정당을 만들겠다는 것인지 말씀드리려 합니다. 더 좋은 사람들과 함께 검찰독재를 심판하기 위해 필요하기 때문입니다. 대한민국 민주주의의 역사에 부끄럽지 않은 정당 만들겠습니다.

이번 총선의 시대정신은 검찰독재정권 심판입니다. 전국의 모든 지역구에서 윤석열정부에 대한 심판이냐, 지지냐를 두고 1 : 1 구도를 반드시 만들어내야 합니다. 저희 당도 역할을 하겠습니다.

원내 압도적 의석을 가진 제1당이 가장 중요하지만 현실적으로 쉬운 일은 아닙니다. 스펙트럼을 좀 더 넓게 가져가야 할 것입니다. 즉, 원내 3당의 역할도 중요합니다. 압도적 의석을 가지고도 의안을 통과시키기 위해 위장탈당이란 오명까지 써야 했던 21대 국회를 기억해야 합니다.

선거를 앞두고 이합집산하여 정체성이 불분명한 당이 만들어지고 있습니다. 어느 정당이 원내 3당으로 제대로 된 역할을 하겠습니까? 우리가 원내 제3당이 되어서 제대로 캐스팅보트 역할을 할 수 있는, 눈치 보지 않는 당당한 원내 제3당이 됩시다.

이번 총선에서 국민 여러분께서 지역구 외에 비례대표 선거도 민주당과 연합하라 하시면 그리 노력하겠습니다.

반대로 지역구에서는 정확한 1 : 1 정권심판 구도를 만들고 비례에서는 경쟁하라 하시면 그리 따르겠습니다.

저는 이미 수만 개 화살을 맞은 몸입니다. 상처도 많고 흉터도 깊은 사람입니다. 아무것도 하지 말고 그대로 있으라는 말씀만 아니시라면 수십만 개의 화살이 비 오듯 쏟아지는 전쟁터라 해도 두려움 없이 당당히 맞서겠습니다.

선거가 끝난 이후에도 민주당 발목을 잡거나 지지해주신 국민의 뜻을 거스르는 정당이 되지 않겠습니다. 오히려 민주당보다 더 구체적으로 고민하고 한발 더 빨리 행동하는 정당이 되겠습니다.

선거가 두 달도 남지 않은 상황에 이미 늦었다, 총선은 고사하고 신당 창당도 못할 거란 시선이 있다는 것도 알고 있습니다. 저는 함께 꿈꾸고 행동하면 기적이 일어난다고 믿습니다.
감사합니다.

　현재 시점의 여론조사 추이를 살펴보면 원내 제3당의 의석
수는 12~15석 내외로 예상된다. 오늘 조국 인재영입위원장은
원내 제3당의 목표를 제시하며 민주당과 국민의힘 사이의 캐
스팅보트 역할을 마다하지 않겠다고 밝혔다. 명량대첩 당시
조선의 바다를 지킨 이순신 장군의 12척 전함처럼 조국신당의
혁신파 국회의원 12명이 대한민국을 지켜내겠다고 국민들에
게 알리면 된다. 조국과 12명의 혁신파 국회의원들이 매직넘
버 200의 분수령 꼭짓점에서 캐스팅보트 역할을 하게 된다면
대한민국의 정치는 크게 요동칠 것이다.
　조국신당은 우리나라 헌정 사상 가장 빠른 시간 내에 온라인
정당을 구축한 개혁신당의 속도보다 빠르게 창당하는 것을 목
표로 삼고 있다. 내일부터 시작될 온라인 당원 가입을 서둘러
야 할 것이다. 기네스북에 등재될 기록을 힘을 모아 세워가도
록 하자.
　개혁신당은 6억 원의 국고보조금을 타내려고 더불어시민당
으로 당선됐다가 재산 문제 혐의로 제명되어 4년간 무소속으

로 지내던 양정숙 의원을 영입해 5명의 국회의원을 채웠다.
이준석, 정치 참 찌질하게 한다.

조국신당은 진보정당의 새로운 중흥의 기수가 돼야

조국신당은 지난 20여 년간 진보정당의 명맥을 이어왔던 민
주노동당, 통합진보당 그리고 현재의 정의당을 이은 진보정
당의 새로운 중흥의 기수가 되어야 한다. 이번 총선은 녹색정
의당으로 이름을 바꾼 정의당의 25년간의 진보정당의 역사가
막을 내리느냐, 아니면 간신히 명맥을 이어가느냐가 판가름될
것이다. 정의당의 생존 여부와 별개로 오늘부터 역사가 시작
된 조국신당이 진보정당의 새 역사를 쓰게 되리라 예상한다.
노회찬의 동지였던 조국이 진보정당의 역사를 이어가게 될 것
이다. 조국신당이 진보정당운동의 또 하나의 새로운 맥을 개
척한다는 것은 조국신당이 민주당의 2중대 또는 아류정당이
아니라 민주당보다 더 급진적이고 진보적인 정당이 된다는 것
을 의미한다.
나도 조국신당을 사실상 정치적 사형선고를 받아놓은 상황
인 정의당을 대체하는 진보정당으로 성장시키고자 노력할 것
이다. 쩨쩨하게 노동자와 사회적 약자의 권리 확대만을 주장
하는 것을 넘어서 진보적인 국가개조, 진보적인 국가경영 등
을 담대하게 제시하는 실력을 키워 20~30년 뒤에는 보수진영

양당의 대체 정당으로 성장시키고 싶다. 다시 말해 유럽의 사회민주당 같은 진보정당으로 성장시키는 것이다. 전상훈은 조국신당의 제일 왼쪽 편에 서서 좌익을 담당하며 당의 진보성을 추동하는 역할을 하고 싶다는 말씀을 드린다.

카이스트 입틀막 만행 발생

2024. 2. 16.

국회, 카이스트 졸업식장서
충격의 입틀막 사건 벌어져

지난 1월 진보당 강성희 국회의원이 국회에서 입틀막을 당해서 끌려가더니만, 오늘은 카이스트 졸업식장에서 대학원 졸업생이 윤석열 대통령의 축사 중에 일어나 소형 펼침막을 들고 "연구개발예산 복원하라"고 외치다가 경호원들에게 입틀막을 당한 채 사지가 들려 졸업식장 밖으로 끌려나갔다. 그 영상을 보고 있노라니 왈칵 눈물이 쏟아졌다. 내가 20대에 경험했던 군사독재 전두환정권보다 더 폭력적인 정권이라는 생각이 불쑥 들었기 때문이다. 정말 참담했다. 이 용맹한 청년은 녹색정의당 대전시당의 신민기 대변인이라고 한다.

벼룩도 낯짝이 있는 법인데, 윤석열은 연구개발예산을 5.2조 원이나 깎아놓은 주제에 무슨 낯으로 카이스트 졸업식에 참석한다 말인가. 게다가 축사를 하면서는 버젓이 연구개발예산을 획기적으로 늘리겠다는 헛공약을 마구 쏟아놓았다. 깎아놓고 늘리고, 도대체 빤스 고무줄도 아니고….

윤석열 대통령은 MBC-국회의원-대학원생에 이어
누구를 입틀막할 것인가

졸업식장에서 함께 있었던 동료 졸업생들과 교직원들을 비난하지 않기 바란다. 동료 학생을 보호해주지 못한 것에 대해 아쉬움을 표할 수는 있지만 비난까지 하는 건 너무 나가는 것이다. 권력이 칼을 휘두르면 일반인들은 숨을 죽이고 가만히 있게 마련이다. 대통령 경호원들의 폭압적인 처사에 분노하는 건 이해하지만 분노에는 여러 가지가 있다. 그 자리에서 즉각적인 분노가 표출되기도 하고, 속으로 꽉꽉 누르고 있다가 어느 순간엔가 대폭발하기도 한다. 심판의 날은 착착 다가오고 있다. 박근혜 탄핵처럼. 머지않아 우리는 윤석열 김건희 부부가 동반으로 감옥 가게 되는 장면을 목격하게 될 것이다. 내가 장담한다. 아니 반드시 처벌하여 감옥 보내야 한다. 언론의 입을 틀어막고, 국회의원의 입을 틀어막더니 급기야 대학생 대학원생까지 그 입을 틀어막아 버렸다. 윤석열 대통령에게 묻는다. 그 다음엔 누구 입을 틀어막을 것인가. 시민 모두의 입을 틀어막을 것인가. 대통령이 어떻게 국민의 입을 틀어막는다 말인가. 국민이 외치는 불만의 목소리에 귀를 기울이기는 커녕 입을 틀어막다니.

민주공화국에서 표현의 자유, 언론의 자유는 가장 중요한 가치이다. 이는 곧 인류의 보편적 가치이다. 심지어 왕정시대에도 제왕은 신하들의 쓴소리를 경청하는 것이 중요한 군주의 덕목이었다.

이런 후안무치한 정권에 대한 민주공화국 주권자 시민들의 응답은 딱 한 가지밖에 없다. 정권 심판! 권력이 무서워 싸우는 것을 주저하면 안 된다. 언론인, 국회의원, 대학원생, 박정훈 해병대령, 이태원 참사 유가족들의 입을 틀어막는 이 정권에게 가장 가혹한 심판을 내려줘야 한다.

조국신당 조국 인재영입위원장이 자신의 SNS에 카이스트 입틀막 만행에 대해 다음과 같은 분노의 글을 게시했다.

> "지역 방문 중 이 사진을 보고 경악, 분노했다. KAIST 졸업생이 천문학적 대통령실 이전과 성과 없는 사치 외유를 위한 예산은 늘리면서 국가의 미래양식인 과학기술예산의 대폭 삭감에 항의하는 것은 당연하다. 그런데 윤석열 독재 정권은 항의하는 학생을 폭력으로 진압했다. "입틀막 정권"! 무도한 폭정을 일삼는 희대의 폭군의 행태를 더 이상 놔둘 수 없다."

언론인, 국회의원, 해병군인, 대학원생으로 이어지는 입틀막 사태는 이번 총선의 최대 쟁점 중 하나가 될 것이다. 이제 윤석열정권에 남은 건 총선에서의 참패밖에 없다.

조국신당, 정의당을 대체하는 진보정당이 되라

2024. 2. 17.

조국은
사회권 선진국을 꿈꾼다

조국 위원장의 저서인 《가불 선진국》에 담긴 내용을 짧게 요약해보겠다.

조국은 사회권 선진국을 꿈꾼다, 이것이 핵심이다. 유럽식 사회민주주의 국가를 꿈꾼다는 뜻이다. 조국은 윤석열정권 치하에서 뒷걸음질치고 있는 자유권을 지켜내는 한편 이를 바탕으로 사회권 선진국으로 전진하는 힘을 모아야 한다고 주장한다. 눈부신 성장 이면의 사회적 경제적 약자의 희생을 직시하고 연대와 공존을 통한 모두가 더불어 잘사는 사회로 나아가도록 하자고 제안한다. 우리 사회가 나아가야 할 방향은 사회권 보장을 통해 지속가능한 선진국 즉 복지국가의 길이다. 조국은 정치적으로만 민주화된 나라만 꿈꾸는 것이 아니라 세계적으로 자랑할 만한 사회권 선진국을 우리나라의 미래로 제시한다. 미완의 재조산하라는 정치적 민주화 과제 다음에 주거권, 지방분권, 경제민주화, 노동권 강화, 소수자에 대한 혐오와

차별 배제 등 사회권 선진국으로 나아가기 위한 정책 제안이 책속에 빼곡히 담겨 있다. 이 책에 담긴 정책만 내세우더라도 정의당을 대체하는 진보정당의 길을 제시할 수 있다. 현재의 정의당은 의제 설정 능력이 사실상 사라진 정당이 되었다. 이번 총선에서는 조국의 개인 이미지가 조국신당에게 굉장히 큰 힘이 되겠지만, 떴다방 선거정당이 아닌 영속적인 진보정당으로 발전시키려면 이런 진보적 정책들을 우리 사회의 주요의제로 등장시켜야 한다. 조국에 이어 40대가 당의 주력이 되고, 2030세대들도 연이어 당을 이끌어가는 한국판 사회민주당으로 가는 길을 한발 두발 착실히 디뎌가야 한다.

조국신당은 민주당의 대체재가 아니라 진보정당의 미래가 되어야

나는 조국신당을 정의당을 대체하는 진보정당, 사회민주당으로 만들고 싶다. 노동능력이 남아있는 향후 20년 정도 은퇴할 때까지 조국신당의 맨 왼쪽에서 열심히 활동할 것이다. 조국신당이 민주당의 대체재가 아니라 진보정당의 미래가 되기를 원한다. 조국신당의 정강정책이 아직 나오지 않았기에 최종적으로 조국신당의 정체성을 온전히 확인하기는 어렵다. 다만 조국 위원장이 나와 같은 입장이라는 것은 여러 인터뷰를 통해 밝힌 바 있다. 민주당의 대체재보다 더 최악의 선택은 조국 위원장 개인의 정치적 명예회복의 수단으로 삼는 것이다. 이럴 가능성은 전무하다고 자신 있게 말할 수 있다. 조국신당이 민주당과 정체성이 동일한 정당이 된다는 것은 열린민주당의 사례처럼 민주당과 합당하는 길이 최종적인 선택지가 된다. 그러나 이 또한 조국 위원장은 명시적으로 부정한 바 있다. 조국신당이 진보정당의 정체성을 가진 채 민주당과 연립정부를 구성하는 길은 열려 있다. 나는 이 길을 적극적으로 지지한다. 조국신당의 단독집권이 불가능한 상황에서 민주당과 공동집권을 하여 진보적 의제를 국가정책으로 채택하여 실행하면 사회권 선진국을 향한 대한민국의 발전 속도는 더 빨라질 수 있을 것이다. 조국신당은 큰 꿈을 꿔야 한다.

이번 총선의 주요 의제로 개헌이 떠오르고 있다. 선거 판세 때문이다. 윤석열 국민의힘의 지지율이 떡락해 100석 이하가 될 가능성이 높기 때문이다. 대한민국에서 개헌선은 국회의석 200석 이상이다. 200석 이상은 대통령 탄핵선이기도 하다. 이번 총선에서 민주당과 진보정당이 합쳐서 200석 이상을 이뤄내면 개헌과 대통령 탄핵, 대통령의 거부권행사를 거부할 수 있다. 일단 개헌 문제에 집중해보자.

이번 총선에서도 민주진보 정당들이 200석 이상을 확보하지 못하면 1987년 개정된 제6공화국 헌법을 개정하기 어렵다. 200석 이상을 확보하면 해병대 특검, 김건희 특검 등을 통해 윤석열정권을 몰아붙여 대통령 탄핵에까지 이를 수 있다. 그 다음은 헌법 개정이다. 특히 대통령 5년 단임제를 4년 중임제로 개헌하자는 것이 민주당과 조국 위원장의 공식적인 입장이기 때문에 그대로 개헌이 이뤄지면 대한민국은 제7공화국 시대로 나아가게 된다. 강산이 세 번 넘게 바뀐 37년 만에 개헌하게 되는 것이다. 급변하는 현대에 대한민국이 제6공화국에 37년에 머물러 있는 것은 국가적 낭비이다.

200석 이상 확보해 제7공화국을 여는 개헌까지 가야

그렇다면 헌법을 개정할 때 대통령선거제도의 변경은 권력구조만 개편하면 될 것인가? 절대로 안 될 말이다. 경제체제, 사회체제, 복지체제 전반을 시대 변화에 맞춰 선진국 수준으로 개혁해야 한다. 그래야 명실상부하게 제7공화국으로 나아갈 수 있게 된다. 사회권 선진국, 복지국가로 나아간다는 큰그림을 그려본다. 제7공화국은 시대의 대전환을 상징한다. 이번 총선에서 민주진보정당들이 200석 이상을 확보하여 제7공화국을 여는 개헌까지 해내길 기대한다. 이번이 절호의 기회가 될 것이다.

일부 시민들이 "나는 조국에게 빚을 졌다"고 말씀하는 분들이 있다. "지켜주지 못했다"는 의미일 것이다. 우리 시민들 가운데 조국에게 빚을 진 사람은 아무도 없다. 조국 장관을 지켜줄 힘과 책임이 있던 문재인 대통령은 "조국에게 빚을 졌다"고 말했지만 우리 시민들은 조국에게 빚진 것은 없다.

어제 카이스트 졸업식에서 '입틀막' 만행이 벌어졌다. 나는 윤석열정권을 규탄한다. 필자의 SNS에 대학 졸업식과 관련된 현대사의 일화를 정리해 올렸다.

1988년 서울대 제42회 졸업식 (1988. 2. 25.)
박종철 열사의 동기인 84학번들이 졸업하는 날, 졸업생 5백여 명과 재학생 1백여 명은 박종철의 대형 영정을 앞세우고 졸업식장에 줄지어 들어갔다. 85학번인 나도 재학생의 한 사람으로서 함께했었다. 우리는 한목소리로 살인마 전두환의 처단과 박종철 명예졸업장 수여를 외쳤다.

1987년 서울대 제41회 졸업식 (1987. 2. 26.)
1월 14일 박종철 학생이 경찰의 고문에 죽은 소식에 분노한 서울대 졸업생들은 전두환의 국보위에 참여한 경력에 빛나는 박봉식 서울대 총장의 졸업식사가 시작되자 일제히 야유를 보내며 돌아앉아 '친구2'와 '아침이슬'을 부르기 시작했다. 박 총장이 계속 졸업식사를 이어가자 힘찬 노래인 '농민가'

와 '님을 위한 행진곡'을 불렀다. 뒤이어 손제석 문교부장관이 등단해 치사를 시작하자 졸업생 거의 대부분이 전두환정권 규탄 구호를 외치며 좌석에서 일어나 일제히 퇴장했다.

2024. 2.16. 카이스트 졸업식
전두환정권 시절에도 없었던 참혹한 사건이 윤석열정권 치하에서 일어났다. 윤정권 스스로 제 무덤을 팠다.

정치인 조국의 행보, YS 묘역 참배의 정치학

2024. 2. 18.

조국, 첫 일정은 김대중 대통령과
김영삼 대통령 묘소 참배

조국 위원장이 정치인으로서 첫발을 내디뎠다. 첫 일정은 서울 국립현충원 참배였다. 정치인이 현충원

김대중 대통령, 김영삼 대통령 묘소 참배

에 가면 보수진영의 정치인들은 으레 박정희를 찾는다. 민주당 진영의 정치인들은 김대중 대통령을 찾아 참배한다. 문재인 대통령 후보도, 이재명 대통령 후보도 김대중 대통령만 참배했다. 그러나 오늘 조국 위원장의 전직 대통령 묘소 참배는 기존의 방식과는 사뭇 달랐다. 김대중 대통령뿐만

아니라 김영삼 대통령 묘소도 참배했다.

부산 대표 정치인 김영삼을 찾아 민주진보진영 시각의 리셋 시도해

여기서 우리는 조국 위원장의 정치 첫 행보가 보여주는 신호를 잘 알아채야 한다. 정치를 좀 안다고 자처하는 정치평론가들이나 정치에 관심이 깊은 시민들은 조국 위원장의 YS 참배가 어떤 신호인지 알아채야 한다. 조국 위원장이 가장 치열한 현실정치판인 선거정치에 뛰어들며 정치를 시작한 기본태세를 이해해야 한다.

소위 민주진영 평론가들과 유튜버들은 그냥 원칙론만 반복해서 이야기한다. 김대중 대통령은 훌륭했지만, 김영삼 대통령은 엉터리였다고. 하지만 정치인은 현실정치에 뛰어드는 순간부터는 근본적으로 자기의 본질적 가치를 훼손하지 않는 범위 내에서 확장성을 추구해야 한다. 조국 위원장이 오늘 김영삼 대통령도 참배한 것을 직관한 젊은 정치부기자들은 이게 무엇을 의미하는지 깨닫기보다 그냥 의례적인 참배로만 생각했던 모양이다. 여기에 대한 기사가 별로 없었다.

조국 위원장이 김영삼 전 대통령을 찾은 이유는 두 가지이다. 첫째, 조국은 부산의 아들이다. 그런 조국 위원장이 부산의 대표적인 정치인인 김영삼을 찾는 것은 당연한 일이다. 둘째, 민주진보진영에서는 김영삼을 김대중에 비해 너무 저평가하는데 조국 위원장이 오늘을 계기로 김영삼의 업적에 대한 제대로 된 평가를 하겠다는 신호를 보낸 것이다. 민주진보진영의 시각을 리셋해보겠다는 뜻이다.

나는 예전부터 김영삼이 노태우, 김종필과 손을 잡고 민자당으로 합당해 보수정권을 창출하고 호남을 고립시킨 것은 비판받아 마땅한 김영삼의 과오라고 평가한다. 하지만, 하나회 척결과 금융실명제 실시와 같은 중차대한 민주개혁 정책과 입법을 한 공로는 그 자체로 높이 평가해야한다고 주장해왔다. 조국 위원장의 입장도 나와 별반 다르지 않으리라 본다.

오늘 조국 위원장은 정치인으로서 아주 훌륭한 현충원 참배의 정치학을 보여주었다. 자신의 본질적 가치를 훼손하지 않는 범위 내에서 확장성을 추구하는 차원에서 김영삼 대통령을 찾아 참배하는 용기를 보여준 것이다. 그러면서도 박정희와 이승만의 묘역을 참배하지 않았다. 확장성의 범위를 분명하게 보여준 것이다. 오늘의 행보를 통해 조국 위원장은 현실정치에 적응력이 대단히 뛰어난 사람이라는 것을 증명해보였다.

조국 위원장을 보좌하는 참모진조차도 김영삼 대통령 참배의 정치학에 대해 잘 이해하지 못한 듯 보였다. 참배가 끝난 후 기자들과의 문답에서 기자들이 "YS 참배 소식은 없었는데 왜 갑자기 YS 참배를 하셨나요?"라고 질문했다. 이 질문에 조국 위원장은 "어제 김대중, 김영삼 두 분 대통령님을 참배한다는 언론공지를 하라고 지시했는데 전달이 제대로 되지 않은 것 같습니다"라고 답한 것에서 그 문제가 드러나고 있다. 조국 위원장을 보좌하는 당직자들보다 조국 위원장이 한 발 앞서는 정치감각을 갖고 있다는 의미이다. 조국신당 당직자들의 분발을 촉구한다.

조국 위원장은 "김영삼 대통령에게 많은 과가 있겠지만 오늘 같은 자리에서 제가 그 과에 대해서 말씀드리기는 어색한 자리이고, 금융실명제 등의 경제민주화 조치와 군부 하나회 척결 등의 정치민주화 조치를 단행함으로써 대한민국의 민주주의를 반석에 올려놓는데 크게 기여하셨다는 점을 부인할 수 없다"라고 김영삼 대통령 참배 이유를 명쾌하게 설명했다.

나는 오늘 아침 조국 위원장이 김영삼도 참배하고 김대중도 참배하는 모습을 보며 마치 내가 마음이 뿌듯해지는 느낌을 받았다. 특히 오늘의 참배로 조국 위원장의 고향인 부산 시민들 사이에서 조국에 대한 호감이 크게 높아졌으리라 본다. 선거라는 현실정치에서 이런 행보는 수십만표를 추가로 당겨오는 힘이 되는 것이다.

노회찬 참배로 진보정당 정통성 배턴터치 의지 드러내

조국 위원장은 현충원 참배 후 모란공원 민족민주열사를 찾아 노회찬 전 의원을 비롯한 여러 열사들을 참배했다. 모란공원 참배를 수행한 사람은 노회찬의 오랜 동지인 윤영상 박사였다. 조국 위원장이 자신이 후원회장을 맡았던 노회찬 전 의원을 참배한 것은 어제 필자가 해설한 것처럼 조국신당을 정의당을 대체하는 진보정당으로 만들어가겠다는 의지를 공개 행보를 통해 표현한 것으로 볼 수 있다. 즉 진보정치인의 대표인 노회찬의 정치적 정통성을 담아내는 조국신당을 만들겠다는 의미이다. 진보정당의 정통성을 현재는 정의당이 보유하고 있지만 이번 총선을 계기로 해서 조국신당이 진보정당 정통성 배턴 터치를 하겠다는 깊은 뜻을 담고 있는 것이다.

민주당 뿌리에서 나온 조국이라는 정치인이 노회찬을 이어받은 진보정당운동을 하겠다고 나서는 현재의 상황이 심상정을 비롯한 정의당 멤버들에게는 달갑지 않은 소식일 것이다. 조국신당 출범에 정의당 측의 격렬한 반발이 있겠지만 정의당의 스피커가 약화되었기 때문에 큰 분란과 정쟁 없이 정의당의 비난은 찻잔 속의 비난으로 사그라들 것으로 예상된다.

오늘 조국 위원장의 세 번째 행보는 사회민주당 창당보고대회에 참석해 축사를 한 것이었다. 사회민주당 창당은 이미 완료된 상태에서 창당보고대회라는 형식으로 작은 행사를 치른 것인데, 여기에 조국 위원장이 일부러 축사를 하기 위해 나타난 것이다. 민주당 주도 연합비례정당에 사민당과 함께 참여하는 기본소득당 용혜인 의원도 참석했다. 조국 위원장이 여기에 참석한 것은 진보정당들의 연대를 강화하는 포석으로 읽힌다. 총선 기간 중에는 윤석열정권 심판을 위해 공동보조를

정의당 노회찬 후보의 '즉문즉답 번개토크'에 참석(2014.7.20)

해나가는 한편 총선 후에는 진보정당들의 정책연대를 통해 진보정치의 영역을 확장해나갈 수 있을 것이다. 특히 사회민주당과는 조국신당의 사회권 선진국 이념과 일치하는 측면이 있기 때문에 총선 이후 합당도 고려할 수 있을 것으로 전망된다. 기본소득당과 조국신당의 경우는 기본소득에 대한 입장 차이가 있기 때문에 합당은 쉽지 않을 것이다.

조국을 지지하는 분들 중 소수에서 조국신당과 송영길 신당의 합당을 주장하는 분들이 일부 있다. 이에 대해 나는 다음과 같이 말씀드리고 싶다. 송영길 신당의 정강정책은 더불어민주당과 동류의 정강정책 이념인가? 진보정당, 사회민주당의 정강정책 이념인가? 그보다는 민주당과 100% 오버랩 된다고 본다. 본질적으로 동일한 정강정책이다. 다만 검찰독재 청산, 언론개혁 등 정치개혁 분야에서 민주당보다 강하고 속도감 있는 방안을 제시한다는 점에서 차이가 있을 뿐이다. 하지만 조국신당은 진보정당을 지향하고 있다.

조국신당은 북유럽 사회민주주의 모델을 지향하고 있다. 정의당을 대체하는 진보정당으로 나아가고자 한다. 총선 후 송영길 신당은 민주당에서 받아준다면 민주당과 합당 절차에 들어갈 정당인데 반해서 조국신당은 민주당이 합당하자고 하더라고 "민주당의 배려에는 감사하지만 100년 사회민주주의 진보정당으로 독자생존하겠습니다"라고 할 정당이라고 본다.

조국신당에서 영입해야 할 인재는?

조국신당이 지금 당장 해야 할 일은 인재 영입이다. 조국 인재영입위원장이 삼고초려하여 모셔올 인재들은 어떤 분들이어야 할까? 민주당의 인재 영입을 보면 대부분 지역구 또는 비례에 출마할 분들이다. 민주당의 정강정책과 선거공약은 기존의 당에서 다 준비하고 있으니, 영입된 인재들은 당이 지정한 곳에 가서 열심히 선거운동을 해서 당선되는 것이 주임무이다. 이에 비해 조국신당의 영입 인재는 크게 두 역할을 나눠 맡게 되리라 본다. 출마할 사람과 정강정책을 만들 사람.

아직 조국신당은 정강정책을 제시하지 않았다. 조만간 열릴 창당대회에서 발표될 것이다. 이를 준비하는 정책가들이 당의 인재로 영입되는 것은 당연하다. 지역구 또는 비례대표 후보로 출마할 인재들도 많이 영입해야 한다. 선거의 출발은 인지도 싸움이니까 유명세가 높은 인재들을 많이 영입해야 한다. 앞으로 영입할 인재들의 면면과 색깔을 보시면서 민주당의 영입 인재 및 기존 정치인들과 어떤 차이가 있는지 살펴보시기 바란다. 결국 인재들을 통해 그 당의 색깔을 파악할 수 있을 것이기 때문이다. 두근두근 기대하면서 기다려보자.

　조국신당이 이렇게 힘차게 출발하는 시점에 제3지대 빅텐트로 원내 제3당을 노리던 이준석의 개혁신당이 자중지란에 빠졌다. 이낙연과 이준석의 연대, 즉 '낙석연대'를 주축으로 한 지붕 네 가족의 임시가설 텐트가 무너질 상황으로 치닫고 있는 것이다. 결국 이 텐트는 무너질 게 자명하다. 조국신당이 개혁신당을 제치고 원내 제3당을 향한 유리한 고지를 점령할 수 있는 여건이 마련된 셈이다. 이준석, 이낙연, 김종민. 고마워요~

조국신당, 윤석열정권 조기 종식을 위한 거보를 내딛다

2024. 2. 20.

조국신당, 윤석열정권과 가장 선명하게 싸우는 정당 표방

"민주진보연대로 총선압승의 길을 열어라. 조국신당 당원 온라인 가입 시작, 열흘 내 10만 명 가입 목표."

조국신당의 조국 인재영입위원장이 2월 13일 부산에서 창당 선언을 한 후 엄청나게 바쁜 일정을 소화하며 창당의 기운을 모으고 있다. 부산 창당 선언, 광주 5.18묘역 참배, 목포 김대중 기념관 방문, 전주 방문, 서울과 대전 현충원 참배, 창당준비위원회 결성식 등 10여 개 이상의 행사를 일주일 만에 숨 가쁘게 치렀다. 언론 인터뷰도 10여 차례 진행했다. MBC뉴스하이킥, 뉴스공장, 전주MBC 등등. 사전 당원가입 신청도 1만 명이 넘었다고 한다. 폭풍 같은 행보가 아닐 수 없다.

그럼 다음 행보는 어떻게 진행해야 할까. 지금까지 조국 위원장의 행보는 당 관련 행사와 인터뷰로 요약할 수 있다. 이제 다음 행보는 윤석열정권과의 투쟁을 선언하는 것이어야 한다.

조국신당은 윤석열정권과 가장 선명하게 싸우는 정당을 표방했다. 민주당보다 더 강력한 기동타격대, 특공대처럼 싸우겠다고 밝혔다. 창당 선언 후 1주일간 전열을 정비한 만큼 싸움의 전선으로 달려가는 것이 당연하다.

조국신당의 타깃은 당연히 윤석열 대통령이어야

그렇다면 조국 위원장과 조국신당은 누구를 타깃으로 삼아 싸워야 할까? 윤석열? 김건희? 한동훈? 당연히 윤석열 대통령이다. 그럼 조국신당의 첫 번째 전장은 어디일까? 당연히 용산 대통령실 앞이 되어야 한다.

나는 조국 위원장의 앞으로의 행보를 이렇게 예상한다. 하루 이틀 내에 조국 위원장이 용산 대통령실 앞으로 달려가 윤석열 대통령에게 선전포고를 할 것이라고. 단기필마로 용산으로 달려가 윤석열 대통령에게 호령하는 조국 위원장의 용맹한 모습을 하루 이틀 새 보게 될 것이다.

그렇다면 조국 위원장이 용산 대통령실에 가서 던질 의제는 무엇일까? 해병 특검 이슈, 카이스트 입틀막 이슈 등의 당면 현안을 포함해 윤석열 대통령의 2년 학정에 대한 비판을 담을 것이다. 집회신고 필요 없다. 긴급기자회견 방식으로 진행하면 된다. 금요일 카이스트 입틀막 사태를 항의하기 위해 카이스트 동문들이 토요일에 용산 대통령실 앞에서 긴급 항의기자회견을 열었다.

2019년 검찰쿠데타 이후 윤석열에게 일방적으로 당하던 조국 위원장이 용산으로 출전해 윤석열 대통령을 공격하는 것은 조국의 대반격의 시작을 알리는 선전포고가 될 것이다. 이게 바로 정당의 정치투쟁이다. 국회 의석을 가진 원내정당이라면 국회 내의 투쟁이 주무대고, 원외 장외투쟁은 보조적 수단이다. 하지만 이제 갓 창당한 조국신당은 원내 의석이 없기 때문에 장외투쟁이 주무대가 될 수밖에 없다.

내가 만약 조국신당의 전략팀장이라면 조국신당의 첫 번째 장외투쟁 장소를 용산 대통령실 앞으로 정할 것이다. 이것이 조국신당다운 선택이다.

한동훈 따위는 나중에 봐도 된다. 조국신당에겐 국정혼란과 민생파탄의 원흉인 윤석열 대통령을 전쟁터로 소환해 선전포고를 하는 일이 가장 시급한 과제이다.

조국 위원장은 어제 저녁 MBC 뉴스하이킥에서 조국신당의 총선목표를 10석 이상의 원내 제3당으로 천명했다. 조국신당은 현재의 대표적 진보정당인 정의당을 대체하는 진보정당이 되겠다는 포부도 밝혔다. "정의당을 대체하는 진보정당으로서의 조국신당" MBC는 조국 위원장 인터뷰 영상의 썸네일 제목으로 이것을 채택했다. 조국 위원장과 인터뷰하던 권순표 앵커는 조 위원장의 이 발언에 눈이 동그래지며 가장 인상적인 발언이라고 평했다. 필자의 최근 방송을 보신 분들은 알고 계시지만 필자는 조국신당 창당 선언 직후부터 "조국신당은 정의당을 대체하는 진보정당"이라고 정의해왔다. 어제 조국 위원장이 뉴스하이킥 인터뷰에서 전상훈의 조국신당에 대한 정의를 본인의 입으로 천명했다. 당대표와 당원이 통하였다.

조국신당의 천운, 이준석 신당과 이낙연 신당의 결렬

조국 위원장에게는 국민들을 통쾌하게 만드는 능력이 있다. 어제 인터뷰에서 조국 위원장은 권순표 앵커에게 자신과 한동훈 위원장을 함께 불러서 토론하게 해달라고 했다. "한동훈 너 이리 와!"라고 제대로 먹여준 것이다.

조국 위원장은 어제 언론 인터뷰에서 창당대회 시점까지 10만 명의 당원 가입을 목표로 한다고 천명한 바 있다. 이준석의 개혁신당이 창당 이후 6만 명의 당원을 온라인으로 가입시켰잖은가. 조국신당은 개혁신당을 뛰어넘는 10만 명을 목표로 삼았다. 이제부터는 하나하나씩 표를 모아야 할 타이밍이다. 창당에 참여한 10만 명의 선도 당원이 온오프라인에서 자원봉사 등으로 선거운동을 진행해간다면 4월 10일 승리의 기쁨을 나눌 수 있을 것이다.

천운도 조국신당으로 몰리고 있다. 연말연초 제3지대의 대표격이었던 이준석의 개혁신당이 설날 직전 이낙연의 새로운미래와 급하게 합당을 했다가 오늘 공식적으로 결별했다. 합당 후 단 열흘 만에 당이 쪼개진 것은 우리나라 정당사의 신기록이다. 이준석과 이낙연 양측 모두 깊은 상처를 입게 됐다. 우리나라 정치 지형에서 중도무당층은 평상시에는 40%, 선거가 임박한 현재 시점에는 25% 정도로 조사되고 있다. 이를 기반으로 세를 넓혀나가던 이준석의 세가 크게 꺾이면서 설날 직후 창당을 선언하며 세몰이를 하는 조국신당에게는 하늘이 도왔다고밖에 할 수 없는 세 확장의 호조건이 열린 것이다.

이낙연의 새로운미래는 비례투표에서 3%컷을 넘어서기 어렵게 됐다. 이낙연 씨의 정치적 고향인 호남에서 보수정치인 이준석과 합당하려다가 팽 당했다는 악평이 확산되고 있기 때문에 이낙연 씨는 이번 총선에서 사실상 정치적 생명이 다하게 될 것으로 보인다. 이준석의 개혁신당도 굉장히 큰 타격을 입었다. 차세대 리더로 각광받던 이준석 씨는 이번 분당 사태로 인해 그 이미지가 크게 훼손됐다. 문제없다고 여기던 비례투표에서도 3%컷을 걱정해야 하는 처지가 됐다. 특히 이낙연 측에서 이준석의 되바라진 인성까지 비난하고 나섰기 때문에 이준석 씨는 향후 정치인생에서 지우기 어려운 큰 흉터, 큰 짐을 지게 됐다. 안철수 씨가 제3지대에서 10여 년 동안 허우적대다가 대선에서 윤석열 후보에게 꼬리를 내리고 투항하며 제3지대 행보를 끝냈다. 이준석 씨는 제3지대에서뿐만 아니라 정치인생 전체가 큰 위기에 봉착했다. 오죽하면 팔순의 김종인 씨가 이준석의 핀치히터로 등판하는 것을 고려하고 있다는 소문이 돌겠는가. 이준석 씨의 정치하는 외형은 매우 스마트해 보인다. 하지만 내밀한 속내를 살펴보면 이준석 씨는 상대방과의 관계를 제대로 설정하고 설득과 타협으로 그 관계를 발전시켜가는 방식이라기보다 자신이 압도적인 내공으로 그 관계를 일방적으로 끌고 가는 효율지상주의를 신봉하고 있다. 이준석 씨는 이낙연, 김종민 등등과 합당한 후 자신이 세워놓은 스마트한 선거전략을 합당파트너들에게 설명하고 설득하기보다 자신의 뜻대로 일방적으로 통보하는 방식으로 일관했다고 한다. 국민의힘에서는 이준석 씨의 방식이 통했지만 민주당에서 잔뼈가 굵은 이낙연 등에게는 이 방식이 전혀 통하지 않았을 것이다.

효율지상주의, 이건 큰 유혹이 아닐 수 없다.

기업에서도, 사회단체에서도, 정당에서도 조직의 리더들은 이런 유혹에 빠져 대사를 그르치는 경우가 많다. 리더는 조직 구성원의 다양한 의견을 수렴하는 수고를 아끼지 않아야 한다. 이준석 씨가 50일 선거기간 동안 선거전략과 홍보, 심지어 비례대표 공천권까지 사실상 독재를 허용해 달라는 강력한 드라이브를 걸었다는 소문이 돌고 있다. 여기에 이낙연과 김종민이 반발해 철수한 것은 중견 정치인의 자존심을 굽힐 수 없었기 때문일 것이다. 오늘 점심 커피는 아이스 아메리카노로 통일이라는 결정 정도는 리더가 쉽게 내릴 수 있을지 모르지만 조직의 생사를 다투는 문제만큼은 충분한 숙의 없이 독재적인 리더의 일방적 결정에 맡길 수 없다. 민주공화국의 정당은 더더욱 그럴 수 없다. 선거일정이 아무리 급해도 바늘 허리에 실을 매고 바느질을 할 수는 없는 법이다. 개혁신당의 사례에서 확인할 수 있듯이 조국신당도 오로지 단독으로 돌파하는 것만이 유일한 생존의 길, 승리의 길이다.

정의당을 탈당해 금태섭의 당에 합류했다가 개혁신당까지 따라간 류호정 전 의원, 이준석 대표가 분당갑 지역구에 공천을 줄지도 미지수이다. 류호정 씨가 설령 공천을 받아 출마하더라도 그동안 잃은 인심으로 인해 아주 부끄러운 득표를 할 것이 확실해졌다. 그래서 필자는 류호정에게 충고한다. 개혁신당 분당 사태를 보면서 선배 정치인들의 분탕질에 크게 실망했다면서 불출마를 선언하기 바란다. 괜히 출마했다가 성과도 없이 아까운 돈 몇 천만 원을 날릴 생각에 속이 따가웠을 텐데, 이번 사태를 핑계 삼아 불출마하면서 몇 푼의 돈이라도 챙기는 게 류호정답지 않나 생각해본다.

조국, 해병 특검이 윤석열정권의 조기 종식 트리거가 될 가능성 전망

오늘 군 인권센터가 윤석열 대통령을 정면으로 겨냥한 중요한 기자회견을 열었다. 내가 일관되게 윤석열 탄핵의 제1번 사유로 꼽아온 채상병 죽음 이후 해병수사단의 수사를 대통령이 직접 외압을 행사했느냐 여부와 관련된 회견이었다. 오늘 회견에서 새로 공개된 팩트는 채상병 사망 직후 대통령이 이와 관련된 내용을 직접 보고받은 정황이 드러났다는 것이다. 대통령은 국정에 너무 바쁘기 때문이 병사 한 명의 죽음 정도의 일은 직접 보고받지 않는다고 지금까지 대통령실은 발뺌을 해왔다. 해병의 사망은 애절한 일이지만 그 정도 문제에 대해 대통령이 일일이 지시하지 않았다는 변명인 셈이다. 오늘 군 인권센터가 공개한 증거자료에 따르면 대통령실의 직원들이 대통령에게 보고를 했다는 사실이 드러났다. 이제 해병대 사건은 윤석열정권 조기 종식의 트리거 역할을 하게 될 가능성이 높아졌다. 박근혜 탄핵에 최순실의 태블릿PC와 K스포츠재단, 미르재단 뇌물수수 등등이 트리거가 된 것처럼.

조국 위원장도 이번 총선이 끝난 후 해병 특검이 윤석열정권의 조기 종식의 트리거가 될 가능성이 높은 것으로 주시하고 있다는 입장을 밝힌 바 있다. 김건희 특검은 헌법기관이 아닌 대통령부인에 대한 수사를 규정하고 있기 때문에 윤석열 대통령의 진퇴 문제와 직접적인 연관이 있다고 보기 어렵다. 하지만 해병 특검은 대통령의 진퇴 문제와 직결된 사안이다. 총선 압승이 결국 관건이다.

조국신당 하루 만에 당원 2만 명 가입, 한국 정당사 신기록

2024. 2. 21.

온라인 가입 시작 하루 만에 2만 명 돌파

　　　　　　　조국신당이 한국 정당사에 새 기록을 새겼다. 온라인 당원 가입 시작한 지 24시간 만에 2만 명을 돌파한 것. 축하의 말씀을 드린다. 당원 가입 사이트인 '조국신당.kr'이 2월 20일 오후 5시 오픈됐다. 그 후 불과 4시간 만에 1만 명을 돌파하더니 24시간 만에 2만 명을 넘어서는 기염을 토했다. 하루 1만 명 가입을 하게 되면 일주일 내 10만 명에 도달할 수 있을 것으로 예상된다. 2002년 노사모 열풍 이후 민주진보 진영의 역사상 가장 뜨거운 열풍이 불고 있다. 조국신당 당원 가입 열풍이 단지 정치에 관심이 높은 시민들에만 그치지 않고 있다는 것도 놀라운 사실이다. 지난 5년간 일가족이 도륙 당하는 멸문지화를 보면서 조국 가족에게 동정심을 갖고 있던 평범한 시민들도 대거 입당 대열에 참여하고 있다고 한다.

　어느 정도 숫자가 차면 지역별 연령별 성별 통계가 나올 것이다. 내가 가장 크게 관심을 갖는 지역은 조국 위원장의 고향인 부산이다. 연령대로는 2030세대 청년들이다. 부울경 등 영남지역과 청년세대에서 조국혁신당의 지지가 높아지면 조국혁신당은 윤석열정권의 주요한 지지 기반을 무너뜨리는데 크게 기여하게 될 것이다. 민주진보진영의 본진인 더불어민주당이 영남과 청년세대에서 지지 기반을 확산시키기 위해 노력했지만 지금까지의 각종 여론조사를 보면 미흡한 상황이었다. 이런 상황에서 조국신당이 영남과 청년세대에서 분전한다면 총선에서 윤석열정권에 심대한 타격을 입힐 수 있다.

민주당, 공천 파동으로 지지율 급락

최근 열흘 사이에 민주당이 공천 파동 등으로 인해 지지율이 흔들리고 있다. 이런 상황에서 조국신당이 출범을 하면서 민주진보진영의 무게추를 든든하게 잡아주고 있다는 점에서 민주당 지지자들도 조국신당에 대해 우호적인 태도를 취해주시면 좋겠다. 민주당이 공천 파동과 관련된 여론의 질타를 받고 있는 상황에서 조국신당이 혜성처럼 등장해 여론의 각광을 받음으로써 결과적으로 민주당에 쏟아질 비난을 블로킹해줬다고 본다. 민주당 지지자들에게 조국신당의 블로킹을 고마워하라고 말씀드리지는 않겠다. 조국신당 덕분에 민주당이 두드려 맞는 것을 조금이나마 피할 수 있었다는 점이라도 인정해 주셨으면 하는 마음이다.

최근 민주당의 공천 파동을 민주진보진영 시민들이 매우 걱정하는 마음으로 쳐다보고 계실 것 같다. 여러 여론조사에서 민주당 지지율에 노란불 빨간불이 켜지고 있다는 보도를 접할 때마다 심란해하시는 분들이 늘어나고 있는 것도 사실이다. 급기야 오늘은 정세균, 김부겸 전 국무총리까지 나서서 이재명 지도부에 대한 비판의 목소리를 냈다. 민주당의 현 상황에 대한 필자의 입장을 말씀드리겠다.

나는 민주당에 대해 90%의 지지와 10%의 쓴소리를 하던 정치평론가이자 주권자 시민이었다. 나는 조국신당과 민주당을 윤석열정권과의 투쟁에서 연대하는 우당의 관계로 파악하고 있다. 조국 위원장도 이 입장을 여러 번 밝혔다. 지금은 조국신당의 당적을 보유한 사람으로서 민주당과 당원, 지지자들에게 딱 한 마디만 말씀드리겠다. "민주당은 이기는 공천을 하시라"는 것이다. 공천의 목적은 크게는 총선 승리요, 작게는 계파확장에 있다. 두 가지 목적을 모두 충족하는 공천이 상지상 (上之上)이다. 연말연초 윤석열정권의 지지율이 바닥인 상황에서는 민주당이 지역구 후보에 웬만한 인물만 내더라도 당선될 확률이 높았다고 볼 수 있다. 즉 계파확장 공천에 몰입할 여건이 된다는 뜻이다. 그러나 정치는 생물이며, 지지율은 요동치는 법이다. 현재 2월 중순의 민심동향은 어떤가. 민주당에게 불리한 여론조사가 쏟아지고 있다. 이런 상황 변화에 아둔한 초식공룡처럼 가만히 있기보다 카멜레온처럼 변신해야 하는 것은 불가피한 측면이 있다. 서부전선이 뚫리고 있는 상황에서 "서부전선 이상 없다"고 외치기만 하면 전세는 더욱 악화될 뿐이다. 민주당 지도부가 카멜레온과 같은 전략적인 유연성을 발휘해 남아있는 공천에서는 계파확장에 도움이 되는 인물보다 당선될 수 있는 인물을 선발하는데 집중하는 것이 필요하다고 본다. 당 밖 시민의 민주당에 대한 조언이다.

조국신당 공천, 누구나 경선 후보로 참여할 수 있는 문호 전면 개방할 것

조국신당도 이제 공천을 할 것이기 때문에 공천 문제에 대해 원론적인 이야기를 해보겠다. 반도체공장 생산라인을 보자. 메모리 80%, 비메모리 20%를 생산하는 공장이 시장 상황의 변화에 따라 50대 50으로 생산량을 변경하는 것이 필요해졌다고 가정해보자. 그러려면 생산라인을 크게 변화시켜야 하는데 이는 단기간 내에는 불가능하다. 공장의 생산 라인업은 쉽게 변화시키기 어렵지만 정치의 공천 라인업은 쉽게 변경이 가능하다. 계파확장 70%, 선거 승리 30%였던 기존의 공천 라인업이 민심의 비판에 직면하면 정당의 지도부는 순식간에 30대 70으로 전략적 전환을 이뤄내는 것이 가능하다. 정당의 정치전략은 기업의 생산전략보다 쉽게 변경할 수 있는 것이다. 부산에 김도읍이라는 국민의힘의 국회의원이 있다. 이 사람은 21대 총선 출마를 포기했었다. 2020년 3월 공천 기간 중에 등산이나 다니면서 씁쓸함을 달래고 있었다. 등산을 갔던 김도읍 씨에게 당 지도부로부터 전화가 왔다. 공천 줄 테니까 선거준비 하라고. 김도읍 씨는 당장 산에서 내려와 선거캠프를 꾸려 결국 당선됐다. 당대표 황교안에게 찍혀 공천에서 배제된 김도읍 씨가 공천 막판 황교안의 일방독주에 대한 민심의 비판이 가열되자 부산지역 선거 승리를 위해 부랴부랴 공천장을 받은 케이스였다.

이재명 대표가 준연동형 선거제를 고수한다는 발표를 광주에서 전격 선언한 것도 이런 전략적 유연성에 바탕을 둔 결정이다. 연초 부산에서 암살될 뻔했다가 살아난 이재명 대표는 민주당원 다수가 지지하던 병립형 대신 준연동형을 선택했다. 민주당이 비례대표까지 독식하는 병립형이 아닌 진보정당과 비례대표를 나눠 갖는 준연동형으로도 민주당의 총선 승리가 충분히 가능하다는 판단을 했기 때문이다. 형세판단을 마친 후 전략을 전환하고, 이를 빚고을 광주에서 드라마틱하게 전격 발표하는 것에 많은 이들이 이재명이 사이다의 본성을 회복했다고 찬사를 보냈다. 나 또한 찬사를 보냈다. 이재명 대표의 발표 이후 민주당의 당론은 일사분란하게 정리됐다. 이제 남은 문제는 비례대표 배분 문제인데, 이미 이재명 대표의 광주선언에서 민주당 대 진보정당. 시민사회 당선권 5대 5 배분 기준이 제시됐다. 일부 민주당 지지자들의 독식 주장에도 불구하고 이재명 대표의 원안대로 결국 그대로 관철됐다. 민주당 주도의 비례연합정당의 창당일이 3월 3일로 결정됐다. 지역구 공천 문제에 있어서도 이재명 대표가 전략적 유연성을 발휘하리라 믿는다.

조국신당은 당원 가입 시작 24시간 만에 2만 명의 시민이 입당했다. 2만 명의 당원 중 상당수는 정의당을 대체하는 진보정당으로서의 조국신당이라는 의미에 대해 깊이 생각하지 않았을 것이다. 당의 정체성과 정책적 지향을 결정하는 문제는 당의 100년 대계를 결정하는 일이다. 민주노동당, 정의당 등 진보정당들이 소수파 정당으로 서럽게 존재해왔다. 그래서 일부 당원들은 기왕이면 민주당처럼 큰 정당이 되어야 한다고 생각하고 심지어 총선 이후 민주당과 합당해서 덩치를 불리자는 주장을 할 수도 있을 것이다. 이런 일부의 주장에 대해 나는 진보정당 지향을 강력히 주장하는 사람으로서 이렇게 말씀드리고 싶다. 조국신당이 단기적으로는 윤석열정권 심판의 도구로서 유효적절하게 활용되겠지만, 장기적으로는 우리가 젊은 시절에 들었던 장기 재형저축처럼 오랫동안 키워나가야 할 정당으로 삼아달라고. 조정래 작가가 《태백산맥》,《한강》 같은 장편소설을 쓰는 것과 같은 인내가 필요하다는 것이다. 나는 1990년 민중당 가입 이후 35년 만에 조국신당에 당원 가입을 했다. 나는 대략 80살까지 당원으로 활동하면서 여생을 즐겁게 보낼 것이다. 내 묘비명엔 분명히 '조국신당 당원 전상훈'이 뚜렷하게 새겨질 것이다.

민주당과 국민의힘, 양당이 중심이 되는 정치현실에서 소수파 진보정당으로 살아간다는 것이 굉장히 따분한 일일 수 있다는 점을 미리 말씀드린다. 하지만 조국신당의 전투성을 생각하면 윤석열정권이 존재하는 기간에는 따분할 틈이 없을 것이다. 민주당이 보병군단이라면 조국신당은 공수특전단 같은 특수부대의 성격을 띠고 있다. 조국신당은 여러분을 따분하게 해드리지 않을 것이다. 그리고 조국신당은 큰 물고기들이 한가롭게 놀던 연못에 뛰어든 전기메기 같은 역할을 할 것이다. 조국신당 때문에 민주당도 더 열심히 싸우게 될 것이다. 국민의힘은 민주당과는 전혀 다른 각도에서 펀치를 날리는 조국신당에게 몇 대 맞고 나면 휘청대기 시작할 것이다. 그저께 조국위원장이 MBC 인터뷰에서 "한동훈 위원장, 나랑 한판 붙자"고 했는데 아직도 한동훈은 반격을 못하고 있잖은가.

조국신당은 저출생 대책을 필두로 한
실질적인 민생지원 정책을 파격적으로 제시해야

나는 조국신당에 총선 핵심 민생공약으로 "월 1만 원 대중교통 무제한 정책"을 제안한다. 2022년 6월 독일에서 엔데믹 민생지원 대책의 일환으로 처음 시작한 '9유로 대중교통 무제한 정책'을 벤치마킹한 것이다. 나는 대선 패배 이후 침체된 야권에 기운을 불어넣기 위해 이 정책을 끈질기게 주창한 바 있다. 올해 들어서야 이와 비슷한 맥락의 정책이 서울시와 경기도, 인천시에서 시행하기 시작했지만 서울의 경우 월 6만 5천 원 무제한이라 액수에 있어서 민생에 큰 도움이 되기는 어려운 코끼리 비스킷 정도라고 평가한다. 월 1만 원 대중교통 무제한 선불카드를 도입할 경우 4000만 국민이 1년간 1인당 60만 원의 교통비, 총 24조 원의 실질소득 향상의 이익을 누릴 수 있다. 정부가 부담할 재정 총액은 24조 원이다. 여기에 소요되는 재정은 야당 연합이 200석을 넘을 경우 윤석열정권의 부자감세 법안들을 개정해 통과시켜 마련하면 된다. 조국신당이 저출생 대책을 필두로 한 여러 정책에서 민생지원에 실질적인 지원을 해줄 수 있는 진보적인 정책을 파격적으로 제출해주기 바란다.

민주당 공천 파동의 중심인물이 된 임종석 씨에 대한 나의 입장을 말씀드리겠다. 나는 공천 국면 초기부터 임종석의 퇴출을 일관되게 주장해왔다. 민주당 공관위원장 임혁백 교수가 1차 공천자 발표를 하면서 문재인정부에 책임 있는 인사들이 처신을 똑바로 하라고 했다. 나는 임혁백 교수가 말씀하시기 전부터 방송을 통해 임종석 같은 비겁자는 민주당 국회의원으로 이번에 공천될 자격이 없다고 여러 차례 이야기해왔다. 윤석열로의 정권 교체에 책임이 있는 임종석 씨는 이번에는 백

의종군을 하라, 즉 청의종군을 하라고 했다. 파란색 민주당 점퍼를 입고 당의 승리를 위해 헌신하는 것이 올바른 처신이라고 강조해왔다. 대선 패배에 상처 입은 민주당 지지자들의 마음을 어루만져주면서 총선 승리를 위한 재진군을 시작하려면 문재인정부에서 책임 있는 위치에 있던 사람을 공천 배제하는 조치가 필요하다고 했다. 임종석 씨가 지난해 연말 어느 인터뷰에서 21대 총선에서도 불출마했는데, 22대 총선까지 출마하지 말라는 것은 너무 가혹한 것 아니냐고 항변하는 소리를 들었다. 청와대 비서실장으로 있을 때 민정수석으로 함께 일하던 조국 법무부장관이 윤석열검찰에 의해 난도질당할 때 임종석 씨는 어디서 무엇을 했는가.

검란이 한창이던 2019년 말 임종석 씨는 정치에서 은퇴하고 시민운동 차원에서 남북 평화운동에 전념할 거라며 꽁무니를 뺏잖은가. 당시 윤석열이 임종석도 손 볼 거라는 소문에 겁을 집어먹고 도망쳤다는 세평이 파다하게 번지던 것을 나는 똑똑히 기억한다. 이제 윤석열정권이 인기가 떨어져 국회의원이 될 수 있을 것 같자 임종석이 정치일선 복귀를 선언한 것이 잖은가. 지난 2년간 임종석 씨가 윤석열정권에 맞서 싸웠다는 이야기를 들어본 적이 없다. 그런데 민주당의 총선 승리가 예감되자 숟가락을 들고 나타난 것이다. 민주당이 임종석 씨에 대해 공천 불가 결정을 내린 것은 올바른 결정이다. 임종석 씨는 빨리 당의 결정에 승복하고 청의종군하기 바란다. 그래야 훗날도 기약할 수 있는 것이다. 그것만이 최소한의 임종석다운 처신이라고 생각한다. 임종석은 결단하라!

조국, 용산에 단기필마 출격 "결자해지" 선전포고

2024. 2. 23.

조국, 단기필마로
윤석열정권에 선전포고 날려

조국신당 조국 인재영입위원장이 오늘 용산 대통령실 앞에 단기필마로 달려가 윤석열정권에 대해 선전포고를 날렸다. 이틀 전 조국신당 당원 전상훈이 방송을 통해 조국 위원장에게 조국신당의 첫 싸움터로 대통령실 앞으로 달려가라고 주장했다. 당원과 당지도부의 호흡이 이렇게 착착

조국, 용산 대통령실 앞에서 기자회견

맞는 걸 보니 조국신당의 앞날은 환하리라 믿는다. 조국 위원
장은 어제 서울시청 앞 이태원 참사 분향소를 찾아 헌화한 후
유가족들과 만나 의견을 청취했다. 오늘은 단기필마로 용산에
달려가 윤석열 대통령에게 조국신당의 다섯 가지 질문에 응답
하라고 일갈했다. 기호지세다.

••◉ 조국신당 조국 인재영입위원장 기자회견문 ◉••

대통령께 묻습니다.

존경하는 국민 여러분, 저는 어제 서울광장에서 1년 넘게 천
막 농성을 하고 있는 이태원 참사 유가족을 뵙고 왔습니다. 세
월호가 그랬듯이, 이태원도 어느새 우리의 기억 속에서 멀어
져 가고 있습니다. 유가족들이 서운한 건 우리의 망각이 아니
었습니다. 생때같은 자식을 잃은 유가족들이 바라는 건 정부
가 단 한 번만이라도 자신들의 목소리에 귀 기울여 달라는 것,
왜 자식들이 죽어야 했는지 진상을 밝혀달라는 것이었습니다.

참담합니다. 분노가 치밀어 오릅니다. 대다수 국민들 목소리
는 외면한 채, 혼자 하고 싶은 얘기만 하는 대통령, 오직 30%
만 바라보고 국정을 운영하는 대통령, 입으로는 공정과 상식
을 외치면서 몸으로는 불공정과 몰상식을 실천하는 대통령 내

외는 언제까지 귀를 막고 국민의 입을 틀어막을 생각입니까.

대통령 거부권은 대통령 가족의 비리 의혹을 덮기 위한 방패막이로 전락했습니다. 이태원 참사 진상 규명을 위한 특별법은 대통령에 의해 거부당했고, 대통령실의 외압 정황이 드러난 채수근 해병 사망 사건은 또 다른 해병을 희생양으로 만들고 있습니다.

총칼로 정권을 찬탈한 군사정권 때보다 더한 무도함과 그보다 더한 무능함에 국민들은 절망하고 있습니다. 어린아이들에게조차 놀림거리가 되고 있는 이 수준 이하의 정권에 대해 이번 총선에서 반드시 국민적 심판이 이뤄져야 합니다. 그래야 대한민국이 살아남을 수 있습니다.

윤석열 대통령에게 다섯 가지를 묻습니다.

첫째, 이태원 참사 유가족이 있는 천막을 한 번만이라도 찾아갈 용의는 없습니까.

지금껏 정부 관계자 누구 하나 찾아온 적 없다고 합니다. 오로지 유가족들의 피눈물 나는 호소를 정치적 공세라고 치부하거나, "자식 목숨을 팔아 돈벌이하려고 한다"는 식의 악랄한 언론 플레이만 하고 있습니다. 대통령이 위로 방문을 하면, 이러한 야비하고 저열한 2차 가해가 중단될 것입니다. 천막을 찾아 그분들의 이야기를 들으십시오. 그분들의 눈물을 닦아드리고, 손을 잡아주십시오.

둘째, 해병 사망 사건 수사 외압 정황에 대한 입장을 밝히길 바랍니다.

최근 '군 인권센터'에 따르면 해병대 사령관과 국방부장관이 주고받은 문자를 통해, 윤석열 대통령과 대통령실이 수사 초기부터 고 채수근 상병 유가족 동향을 보고받은 것으로 드러났습니다. 어제는 군 인권센터가 대통령실 외압을 폭로한 박정훈 대령을 수사하고 기소한 국방부 검찰단 관계자들을 공수처에 고발했습니다. 이들이 대통령실과 해병대 사령관의 통화 사실을 알고도 제대로 수사하지 않았다는 이유입니다. 대통령실과 국방부가 총체적으로 진실을 은폐하고 있는 것입니다. 권력자, 권력기관의 수사 개입은 명백한 위법이고, 중대한 범죄 행위입니다. 대통령의 개입이 확인되면 탄핵 사유가 되니 은폐하고 있는 것은 아닙니까.

셋째, 아직도 '고발사주' 사건이 정치공작입니까.

고발사주 의혹의 핵심인 손준성 전 대검 수사정보정책관은 최근 법원에서 유죄가 인정되어 실형을 선고받았습니다. 이 사건은 검찰이 2020년 4월 총선을 앞두고 선거에 영향을 끼치기 위해 국민의힘 전신인 미래통합당에 고발장을 만들어 주고, 고발을 요청한 국기문란 사건입니다. 문제의 고발장은 윤 대통령과 한동훈 전 장관을 위해 만들어진 것이었습니다.

재판부는 당시 윤석열 검찰총장의 최측근이었던 손준성 검사가 선거에 영향을 미치려고 시도하거나 그 시도에 협조하는 과정에서 범행을 저질렀다며, 검사가 지켜야 할 핵심 가치인 정치적 중립을 정면으로 위반해 검찰권을 남용해 사안이 엄중하고 그 죄책 또한 무겁다고 강하게 질책했습니다. 검찰총장의 눈과 귀인 대검의 핵심 참모가 검찰총장과 교감 없이 독자적으로 벌인 범행이라고 믿는 국민은 없습니다. 손 검사는 징계는커녕, 재판이 진행 중인 상황에서 '검찰의 꽃'이라는 검사장으로 '보은' 승진까지 했습니다. 승진을 통하여 입을 막으려 했던 것 아닙니까. 윤 대통령은 후보 시절 이 사건을 "공작과 선동이다"고 했습니다. 고발사주 사건은 검찰이 선거에 개입한 국기문란에 해당되는 중대한 범죄이고 이는 법원 판결로 확인되었습니다. 이 심각한 범죄에 대해 아직도 정치공작이라고 생각하십니까. 이 사건으로 대통령 본인이 공수처에 입건돼 있습니다. 억울함을 밝히기 위해서라도 공수처 수사를 받을 용의는 없습니까.

넷째, 대통령의 부인과 처가 비리 의혹에 대한 수사를 검찰에 지시할 생각은 없습니까.

대통령 부인이 버젓이 명품백을 받는 장면이 온 국민에게 공개됐습니다. 대통령기록물이니 몰카공작이니 하는 말도 안 되는 얘기는 그만하십시오. 초등학생도 웃습니다.

억울하면 당당하게 특검법을 수용해 낱낱이 밝히면 될 일을 왜 거부하십니까. "박절하게 대하지 못해 아쉽다"는 한마디로 넘어가면, 대한민국 어느 공무원에게 뇌물 받지 말라고 할 수 있습니까. 주가조작 공범들은 모두 수사받고 기소돼 유죄 판결을 받았는데, 딱 한 사람, 그것도 검찰 수사 보고서에 23억의 수익을 얻었다고 돼 있는 그 한 분만 소환 조사조차 하지 못하는 게 정상적인 국가의 검찰이라고 생각하십니까. '남에게 10원 한 장 피해준 적 없다'고 했던 장모는 검찰의 봐주기 기소에도 불구하고 결국 법정구속 됐습니다. 처가의 범죄를 덮기 위해 국가기관인 검찰 조직이 동원됐습니다. 이게 윤석열식 법치이고, 공정입니까. 국회가 의결한 특검법조차 거부해놓고 무슨 염치로 법치를 얘기하고, 공정을 입에 올릴 수 있습니까. 양평 고속도로의 노선 변경으로 처가가 엄청난 혜택을 볼 것인데, 윤 대통령 내외는 왜 침묵하는 것입니까. 대통령은 어떻게 노선이 변경되었는지 엄정하게 수사하라고 지시할 생각이 없습니까. 검찰총장 시절 "살아 있는 권력" 수사를 해야 한다고 자랑하던 모습은 다 어디 갔습니까. 대통령이 되고 나니, 수사기관을 "살아 있는 권력"을 보위하는 도구로만 보고 있지 않습니까.

다섯째, 검찰총장 시절 눈먼 돈 쓰듯 했던 특수활동비 사용 내역을 공개할 생각은 없습니까.

어제 언론보도에 따르면, 검찰 수사와 아무 관계없는 전직 대전지검 천안지청 민원실 직원이 검찰총장 특수활동비를 받은 적 있다고 언론에 제보했습니다. 언론보도에 따르면 윤석열 대통령은 검찰총장 재직시 70억 원 가량의 특수활동비를 집행한 것으로 알려졌습니다. 서울행정법원은 지난 1월 '특활비 사용내역과 지출증빙내역'을 공개하라고 판결했습니다. 또 부산 방문시 여당 의원들과 가졌던 비공개 회식비용도 공개하라고 했습니다. 하지만 아직까지 검찰은 공개하지 않고 있습니다. 박근혜 대통령의 특수활동비 유용 문제로 박 대통령과 당시 국정원장들은 법의 심판을 받았습니다. 당시 수사 책임자가 윤석열 대통령입니다. 박근혜 대통령 특수활동비 사용내역을 수사했던 검찰총장 윤석열의 특활비는 왜 공개하지 않습니까. 윤석열 특활비가 '검찰판 하나회 카르텔'을 유지한 핵심 역할을 했기 때문 아닙니까.

존경하는 국민 여러분. 전임 문재인정부의 검찰개혁 책임자로서 정치검사들의 준동을 막지 못한데 대해, 다시 한 번 송구스럽다는 말씀을 드립니다. 저 조국, 결자해지의 심정으로 국민께 고합니다. 저와 저의 동지들은 윤석열 검찰독재정권에 의한 민주주의의 퇴행을 좌시하지 않겠습니다. 윤석열정권에 의한 검찰의 사유화, 편향적이고 선택적인 검찰권 행사와 싸우겠습니다. 그리고 민생과 복지의 획기적 개선을 위한 정책을 추진하겠습니다. 제가 타버리더라도, 제가 부서지더라도, 제 등에 또 화살이 박히고 발에 족쇄가 채워지더라도 끝까지 민주공화국의 가치를 지켜내겠습니다.

감사합니다.

내가 꼽은 이 기자회견문의 열쇳말은 "결자해지"다. 윤석열을 검찰총장에 임명하고, 결국 대통령에 당선되는데 문재인정부의 책임 있는 일원이었던 조국 위원장이 윤석열정권 심판을 통해 결자해지하겠다는 다짐이다.

오늘 조국 위원장의 용산 대통령실 앞 긴급기자회견은 삼국지의 명장면 중 관우가 화웅의 목을 따기 위해 따뜻한 술 한 잔 거절하며 당당히 출격하는 모습, 조자룡이 위기에 빠진 유비의 부인과 아들을 구하기 위해 조조의 대군 사이를 휘젓는 모습을 연상케 했다.

조국신당에 후원금을 많이 내주셔야 한다. 각 정당은 방송사에 1회당 5억 원을 지불하고 TV연설을 할 수 있다. 이미 민주당은 두 차례 했다. 조국신당이 창당한 후 가장 빠른 시간 내에 조국 위원장이 TV를 통해 국민들을 만날 수 있도록 후원금을 많이 내주시기 바란다.

조국신당 영입인재 1호,
진보정당운동의 맹장 신장식
2024. 2. 25.

신장식, 사회민주주의 복지국가를
지향하는 정당이라야 참여할 것

　　　　　최근 MBC 뉴스하이킥에서 하차한 앵커 신장식 씨가 조국혁신당의 제1호 인재로 영입됐다. 어젯밤 공개된 다스뵈이다에서 신장식 씨는 정치 참여에 대한 김어준 씨의 질문에 "사회민주주의 복지국가를 지향하는 정당이라면 참여하지만 아니라면 참여할 생각이 없다"고 답한 바 있다. 나는 여기서 신장식 씨의 조국신당 합류 가능성을 예감할 수 있었다. 예감 그대로 오늘 오전 11시 신장식 씨가 조국신당의 1호 인재로 영입되었다는 소식이 장안을 들썩이게 했다.

　　윤석열정권은 MBC에 대한 탄압으로 윤석열정권을 끝장낼 만부부당의 용장인 신장식을 총선 전쟁터로 내몰았다. 신장식을 내쫓지 않았다면 그는 방송과 유튜브 활동만 했을 터였다. 윤석열은 훗날 땅을 치고 후회할 것이다. 자업자득이다.

　　나는 신장식의 회견문 중 "왜 하필 조국신당이냐고 묻습니다. 제 마음이 조국 여기 있으라고 말하고 있기 때문입니다"
대목에서 울컥했다. 내 마음과 똑같았기 때문이었다. 오늘 신
장식 씨는 조국신당의 정치적 좌표를 "노무현의 진보의 미래,
노회찬의 제7공화국 모두 북유럽 선진복지국가를 가리키고
있다"는 문장으로 담아냈다. 조국 위원장과 신장식 변호사가
새로운 진보정당 조국신당의 정치적 좌표를 이렇게 함께 정리
한 것이다. 나는 이 좌표에 전적으로 공감하고 지지를 보낸다.

••● 신장식의 기자회견문 ●••

　반갑습니다. 신장식입니다. 정치를 하기로 했습니다. 조국과
함께 걷기로 했습니다. 윤석열정부의 행태를 폭정이라고 방송
하면, 판결문에 적시된 검사들의 실명을 방송하면, 김건희 특
검이라고 말하면, 한동훈 비대위원장을 비판하는 방송을 하면
제재받고 마이크 앞을 떠나야 하는 입틀막 국가, 대통령 눈에
거슬리는 사람들은 순식간에 사지가 들려 사라지는 나라에서
살 수 없기 때문입니다.
　누구보다 빠르게 그리고 누구보다 날카롭게 윤석열정권의
폭정을 비판하고, 실질상 그리고 사실상 윤석열정권을 조기
종식시키는 선봉장이 되겠습니다. 저 신장식이 가장 먼저 바

다로 뛰어드는 퍼스트 펭귄이 되겠습니다.

3년은 너무 깁니다. 검찰개혁 언론개혁을 위해 행동하겠습니다. 검찰은 원칙적으로 기소권만을 갖도록 하는 한편 중장기적으로 지방검사장 직선제를 통해 국민들이 검찰을 민주적으로 통제할 수 있도록 행동하겠습니다. 고발 사주 주범들의 법적 정치적 책임을 묻기 위해 행동하겠습니다. 방송 3법을 재추진하는 한편 합의제 행정기관인 방송통신위원회 민간기구인 방송통신 심의위원회를 독단적으로 운영하는 입틀막 권력들, 꼼짝마 정권의 언론의 자유, 표현의 자유 침해를 막아내기 위해 행동하겠습니다. 국회에서 그리고 법정에서 반드시 그 책임자들의 책임을 묻기 위해 행동하겠습니다.

노무현의 진보의 미래, 노회찬의 제7공화국 모두 북유럽 선진복지국가를 가리키고 있습니다. 두 분의 꿈이 마침내 실현되는 나라를 만들기 위해 행동하겠습니다. 그 출발은 민생개혁 정치개혁입니다. 사과 한 알 1만 원 시대, 자영업자도 노동자도 중소기업도 농어민들도 모두 살기 힘든 민생 파탄을 끝내기 위해 행동하겠습니다. 진보적 강소정당을 굳건히 세우고 일 잘하는 정치인이 되어 국민들이 정치적 효능감을 느낄 수 있도록 하는 한편 국민의 뜻이 국회에 제대로 반영되는 국회의원 선거제도, 당선자의 정치적 정당성을 높이고 연합 정치를 제도적으로 가능하게 만드는 대통령, 광역자치단체장 등 선거 결선 투표제 도입을 위해 행동하겠습니다.

왜 하필 조국신당이냐고 묻습니다. 윤석열정권 조기 종식을 위해 가장 빠르게 가장 날카롭게 움직일 수 있는 정당이기 때문입니다. 민주 진보 정치의 왼쪽 날개를 재건할 수 있는 현실적 대안이기 때문입니다. 그리고 제 마음이 조국 여기 있으라고 말하고 있기 때문입니다. 점잖은 표정으로 조국을 비판하면서 자신의 도덕적 우위를 과시하는 사람들, 상기된 목소리로 조국을 비난하면서 정치적 이득을 누리는 사람들, 조국 가족을 도륙하는 검찰을 보라 그래서 검찰개혁이 필요하다고 말하면서도 조국이라는 검불을 묻히지 않으려는 사람들, 아니 심지어 스치는 것도 꺼려하는 사람들 그분들의 의견을 존중합니다. 하지만 저는 그렇게 하지 않으려고 합니다. 조국과 함께 비난도 칭찬도 같이 듣는 것이 검찰개혁을 외치는 사람의 당당한 태도 그리고 인간에 대한 예의라고 생각하기 때문입니다. 노회찬 대표의 방에 걸려있던 신영복 선생님의 말씀 '함께 맞는 비'를 기억합니다. (중략)

오늘 오후 열린 서울시당 창당대회의 주인공은 영입인재 1호 신장식 변호사였다. 20년 넘게 헌신한 정의당에서 지난 2020년 공천 과정에서 버려졌던 처량한 신세의 진보의 맹장 신장식이 2024년 총선을 앞두고 도요새의 날개짓으로 우리 곁으로 왔다. "조국 위원장은 이 말이 어색하시겠지만 저는 너무 그리웠습니다. 그리고 다시 이 말을 하고 싶었습니다. 사랑하는 당원동지 여러분!" 불과 며칠 전까지 방송인이던 신장식 씨가 우리들의 당원동지가 되어 우리 곁으로 왔다. 감격스러운 순간이었다.

조국신당에는 지역 고정표도, 계층 고정표도, 세대 고정표도, 젠더 고정표도 없다. 3월 3일, 불과 총선 38일 전에 창당하는 정당이다. 완전히 새로운 시장에 진입을 한 정당이다. 후발주자는 바람을 일으켜야만 한다. 그런 점에서 조국신당의 1호 영입인재로 국민적인 인지도와 호감도를 보유한 신장식 씨를 영입한 것은 굉장히 중요한 의미를 갖는다.

신장식, 자신의 과거 흠결 사과하며 정치 재개 선언

신장식 영입에 충격받은 보수 언론매체들이 신장식의 과거 흠결을 파헤치는 기사를 쏟아내고 있다. 신장식을 4년 전처럼 낙마시키지는 못해도 그의 정치적 영향력을 깎아내리려는 시도다. 이런 시도에 조국 위원장과 신장식 변호사는 회피하지 않는 정공법을 취했다. 조국 위원장도 본인과 가족의 일에 사과를 하며 창당을 선언했다. 신장식 씨도 자신의 흠결에 사과를 하며 정치 재개를 선언했다. 흠결이 없는 자들만 정치를 하는 것은 아니다. 올바른 정치인이라면 자신의 흠결을 숨기거나 회피하지 않고 책임지고 반성하는 자세를 취해야 한다. 더좋은 정치로 유권자들의 신뢰에 답하는 것이 최선의 길이다. 우리 시민들도 두 사람을 토닥여주셔야 한다.

조국신당과 민주당,비례연합정당에 참여하는 진보정당들은 서로 우당의 관계다. 연대의 관계다. 조국신당이 창당한 직후 조국 위원장은 민주당의 이재명 대표를 예방할 것이다. 민주진보진영에서 최대 다수 정치세력을 형성하고 있는 민주당 당원들

신장식 변호사 영입식

과 지지자들이 우당인 조국신당을 품어주셔야 한다. 공존공

영 공존공생의 정신으로 품어주기 바란다. 조국신당을 적대시하면 그 적대의 칼은 그 순간부터 민주당의 목을 향하게 될 것이다. 오늘 서울시당 창당대회에서 조국 위원장이 말한 대로 조국신당은 수륙양용 장갑차를 타고 윤석열의 강을 가장 먼저 넘어가려고 한다. 장갑차가 없다면 얼기설기 뗏목이라도 만들어 윤석열의 강을 건너가겠다고 했다. 나 또한 조국과 신장식과 끝까지 함께할 것이다.

노무현의 유러피안 드림,
노회찬의 제7공화국이 만나다

2024. 2. 26.

조국신당, 노무현의 유러피안 드림 +
노회찬의 제7공화국을 달성하는 정당

조국 위원장과 신장식 변호사가 조국신당의 이름으로 뭉치게 된 이념적 배경인 "노무현의 유러피안 드림"과 "노회찬의 제7공화국"에 대해 살펴보자. 오늘 조국 위원장이 조국신당의 정체성과 관련된 의견을 표명했다. 요지는 이렇다.

"조국신당은 그 자체로 진보정당, 좌파정당은 아니다. 그러나 노무현의 유러피안 드림, 노회찬의 제7공화국의 핵심을 모두 수용하여 현실에 구현하려는 지향을 갖고 있다. 민주당과 비교하여 더 선명하게, 더 강력하게, 더 신속하게 그리고 더 현장지향적으로 움직일 것이다. 그리고 민주진보진영의 본진인 민주당과 굳건히 연대할 것이다."

신장식 변호사는 언론 인터뷰에서 조국 위원장으로부터 영입 제의를 받았을 때 당의 정체성, 지향목표 등에 대해 두 사람이 충분한 의견통일이 있었다고 말한 바 있다. 노무현과 가까웠던 조국 위원장은 노무현의 유훈인 '유러피안 드림'을, 노회찬의 동지였던 신장식 변호사는 노회찬의 유훈인 '제7공화국'이 북유럽 사회민주주의를 모델로 하고 있음을 확인하고 의기투합에 이르렀다. 조국과 신장식 두 사람은 노무현과 노회찬의 유훈을 유기적으로 결합시켜 대한민국을 선진복지국, 사회권 선진국으로 발전시켜내자고 뜻을 모은 것이다.

  지금 우리는 1987년 개정된 헌법이 지배하는 6공화국에서 살고 있다. 정치체제는 대통령중심제에 의원내각제가 가미되어 있다. 현행 헌법을 개정해 7공화국으로 나아가자는 주장이 단지 정치체제의 변경에만 그쳐서는 안 된다. 5년 대통령 단임제를 4년 중임제 및 결선투표제로 바꾸는 것만이 헌법 개정의 모든 것이 아니다. 헌법 전문에 5.18정신 등을 넣는 것만으로 그쳐서는 안 된다. 국민 기본권 조항, 복지 및 사회서비스 조항 등 현대 복지국가의 담론들이 헌법 조항에 추가되거나 시대변화를 따라가지 못한 낡은 조항을 고쳐야 한다. 조국신당은 제7공화국으로 나아가겠다고 밝혔다. 다가오는 총선에서 우리가 200석 이상의 압승을 거둬야 하는 이유도 개헌을 통해 대한민국의 제7공화국 새로운 30년을 활짝 열기 위해서다.

백기완 수행비서 전상훈이 조국신당 입당한 이유

  정당들의 이합집산이 끝나지 않았기 때문에 조국신당에게

부여될 기호가 몇 번인지는 아직 알 수 없다. 만약 조국신당이 기호 7번을 받게 된다면 범에게 날개를 달아주는 격이 될 것이다. 선진복지국가 제7공화국을 여는 개헌을 위해 민주진보 세력이 200석 이상을 획득할 수 있도록 조국신당에게 투표하라는 멋진 캠페인을 펼칠 수 있게 된다.

나는 오늘 나의 SNS에 조국신당 입당의 변을 썼다.

전상훈
2월 26일 · ···

1992년 백기완 민중대통령후보의 수행비서 전상훈이 2024년 새로운 진보정당으로 창당한 조국신당에 입당하여 조국 동지와 함께, 신장식 동지와 함께, 십만 당원 동지들과 함께, 백기완 선생님의 유업인 노나메기 세상 만들기를 향해 나아갑니다.

시민 동지들, 함께 갑시다!

.
그렇다
백번을 세월에 깎여도
나는 늙을 수가 없구나
찬바람이 여지없이 태질을 한들
다시 끝이 없는 젊음을 살리라
구르는 마루바닥에
새벽이 벌겋게 물들어 온다.

(백기완의 비나리(시) '젊은날'의 마지막 연)

"1992년 백기완 민중대통령후보의 수행비서 전상훈이 2024년 새로운 진보정당으로 창당한 조국신당에 입당하여 조국 동지와 함께, 신장식 동지와 함께, 십만 당원 동지들과 함께, 백기완 선생님의 유업인 노나메기 세상 만들기를 향해 나아갑니다. 시민 동지들, 함께 갑시다!"

어제 서울시당 창당대회에서 조국, 신장식과 함께 찍은 사진과 함께 1992년 백기완 대통령 후보를 수행하던 사진도 함께 올렸다. 민중대통령 후보 백기완 선생의 수행비서 전상훈은 요즘 감개무량하고 행복하다.

나에게는 매일 매순간 조국신당을 위한 아이디어가 샘솟고 있다. 2016~2017년 촛불시민혁명 당시 시민나팔부대를 창설하고 시민혁명을 선도하던 그 시절로 돌아간 느낌이다. 탄핵소추 국회결의 234석을 1석 차로 정확히 맞추고, 세계 최강의 데모부대인 시민나팔부대를 창설하고, 특검과 헌재를 응원하는 캠페인을 주도하고, 마지막에는 헌법재판소 8대 0의 판결까지 정확하게 예측한 그때 그 느낌! 당시 나에게 붙여진 별호 중 하나가 '광화문 돗자리'였는데, 조국신당 창당과 함께 "그분이 오셔서 접신하는 경지"로 엉덩이가 들썩들썩하고, 저절로 춤이 나오고, 아이디어가 빵빵 솟아오르는 즐거운 나날을 보내고 있다. 전상훈의 조국신당을 위한 1번 제안인 "조국신당은 정의당을 대체하는 진보정당이다"가 조국 위원장의 19일 MBC 뉴스하이킥 인터뷰를 시작으로 세상에 널리 알려졌다. 2번 아이디어인 "조국신당의 첫 싸움터는 용산 대통령실 앞이다"는 조국 위원장의 23일 긴급기자회견으로 실현되었다. 세 번째와 네 번째 아이디어도 계속 솟아나고 있는 중이니 조만간 선을 보이게 될 것이다.

1992년 11월 초순
미군 병사에 의해 자행된
윤금이 씨 피살 규탄대회
백기완 민중대통령후보 연설

서울시당 창당대회서 신장식(좌), 조국(가운데)과 함께

조국이 직접 만든 슬로건 "3년은 너무 길다"

조국신당의 기호지세는 조국 위원장의 공이 가장 크다. 조국 위원장이 직접 만든 "3년은 너무 길다"라는 슬로건은 윤석열 정권의 2년 학정에 몸서리치고 있지만 희망을 찾지 못해 헤메이던 많은 국민들에게 총선에서 반드시 투표할 이유를 부여해줬다. 창당대회장에 제일 큰 글자로 새겨질 글자가 바로 "3년은 너무 길다"일 것이다. 특히 이 슬로건은 사람들의 감성에 탁탁 꽂히고 입에서 맴돌도록 해 주는 역대급 선거슬로건으로 기록될 것이다. 조국 위원장이 지난해 12월 5일 광주 북콘서트에서 처음 언급한 민주진보진영의 학익진 구축도 조국신당의

창당을 계기로 다시금 회자되고 있다. 전상훈도 창당 선언이
발표된 직후 여러 차례 방송에서 학익진 구축을 민주진보진영
의 총선전략으로 주장한 바 있다. 학익진 주장은 미술가들의
상상력과 작품창작을 자극하고 있다. 조국신당을 학익진의 돌

격선 역할을 담당한 거북선으로 묘사한 그림이 여러 작품 탄
생했다. 민주진보진영이 학익진을 펼치며 윤석열정권과 국힘
당을 포위공격할 때 조국신당은 거북선이 되어 적진에 돌격해
아수라장으로 만드는 돌격선 역할을 하는 그림들이 속속 발표
되고 있다. 역사적 전환기에는 인류의 창의가 평소의 능력치
보다 열 배 이상 되는 하늘을 찌를 듯한 아이디어들이 솟아나
는 법이다. 수많은 창의적 작품들이 조국신당에 헌정될 것으로
확신한다.

　오늘 여론조사 꽃에 따르면 조국신당의 비례투표 지지율이
17%로 1주 새 5~7%가 급상승했다. 지금은 쇠락한 이준석 신당

이 기록한 최고점과 거의 비슷한 수치다. 조국신당 지지자는 크게 세 그룹으로 나눌 수 있다. 첫째는 진보정당에 대한 전통적 지지층이다. 2020 총선에서 정의당은 양당 사이에 끼이고도 9.7% 득표를 올렸다. 이는 곧 신장식으로 상징된다. 둘째는 민주당 약지지층으로 불리는 그룹이다. 대개 민주당에 투표하지만 민주당보다 더 확실한 대안을 제시하거나, 기득권에 맞서 더 강하게 싸우는 정당에 투표한다. 이는 곧 조국으로 상징된다. 셋째는 스윙보터 그룹이다. 이념이나 정당에 구애됨이 없이 선거 때마다 자신의 이성 또는 감성에 맞는 정당 또는 후보에게 투표한다. 마음에 드는 정당이 없으면 기꺼이 투표를 하지 않는다. 여론조사에서 이들은 평균 25% 정도를 차지한다. 조국신당에 영입될 인재 가운데 그 누군가가 스윙보터들의 표심을 당겨낼 것이다. 17%라는 폭발적 지지율은 이들 세 그룹이 조국신당으로 모여들고 있다는 증거다. 하나 또는 두 그룹만이 모여들어서는 창당 선언 열흘밖에 안된 신생정당이 이 정도의 지지율을 기록하기는 어렵다고 봐야 한다.

민주당과 조국신당은 순망치한의 관계

2024. 2. 27.

조국, 임대주택 정책
큰 그림 밝혀

조국 위원장이 임대주택 정책에 대한 큰 그림을 밝혔다. 싱가포르의 사례처럼 중산층 수준의 아파트를 임대주택으로 제공한다는 것으로 요약된다. 비와 추위만 피할 수 있는 남루한 집이 아니라 소득과 자산이 부족한 저소득층과 청년에게 중산층 수준의 주택을 제공한다는 정책이다. 조국 위원장은 선진복지국가 수준의 주거권 향유라고 표현했다. 앞으로 계속 발표될 진보적인 정책들이 기대된다.

민주당과 조국신당의 운명은 함께 등락한다

조국신당 당원이 왜 민주당의 일에 힘주어 논평을 하는지 궁금해할 분들이 많을 것 같다. 민주당의 운명과 조국신당의 운명은 함께 등락하기 때문이다. 민주당과 조국신당은 순망치한의 관계다. 입술이 없거나 얇아지면 이가 시린 법이다. 민주당이 지역구 선거에 과반수를 넘는 당선자를 내며 승리하는 상황이 조성되어야 조국신당도 목표하는 10석 이상의 성과를 거두는데 유리하다. 민주당이 만약 선거운동기간 내내 국민의힘에 밀리면서 패배의 분위기가 조성된다면 조국신당에 투표하기로 마음먹었던 유권자 가운데 '민주당 약지지층'의 상당수가 민주당의 비례연합정당에 투표를 하는 쪽으로 선회할 가능성이 높다. 지역구의 약세를 비례대표 선거에서의 다수의석으로 벌충하는 방식이다.

지난해 10월 강서구청장 보궐선거의 양상처럼 민주당이 압승의 분위기로 선거국면을 주도하면 조국신당도 이에 고무되어 거북선 돌격선 역할을 잘 해낼 수 있을 것이다. 민주당과 조국신당은 윈윈하는 관계이다. 조국신당과 더불어민주연합이 비례투표에서는 경쟁을 하지만 선거의 압승국면이 연출되면 국민의미래와 개혁신당의 지지율 하락분을 두 당이 흡수하며 영역을 확장할 수 있다. 보수진영에 투표하려던 스윙보터 유권자층이 두 당에 투표하는 비율이 높아지는 한편, 국민의힘의 패배 분위기에 실망한 보수 유권자층이 투표를 포기하는 비율도 높아지므로 조국신당과 더불어민주연합의 비례투표 득표 점유율은 높아지게 된다.

조국신당이 목표한 10석을 확보하려면 20% 내외 득표율을 기록해야 한다. 현재 여론조사 지지율에서도 20%를 넘는 득표율은 나오지 않고 있다. 더불어민주연합과 국민의미래가

35%씩의 득표율을 가져간다고 가정할 때, 조국신당은 남은 30% 가운데 3분의 2를 획득해야 10석 확보에 필수적인 20% 득표율을 올릴 수 있다. 개혁신당, 새로운미래, 녹색정의당 등 제3지대에서 의석을 노리는 정당들을 감안하면 20% 득표율은 조국신당이 아직 꿈꾸기 어려운 수준의 숫자이다. 조국신당이 3월 3일 창당대회를 하고 더 많은 인재들을 영입하여 이슈몰이를 해나가야 한다. 창당 후 빠른 시간 내에 조국 위원장이 이재명 대표를 예방하여 양당의 연대를 공고화하는 것은 공천 분란으로 힘든 민주당에게도 안정감을 부여해주고, 더 치고 올라가야할 조국신당에게는 새로운 추진력을 더해 줄 것이다.

민주당이 현재 시점에서 고난의 터널을 지나가고 있다. 임종석 사태의 처리 결과에 따라 반전이냐 침체냐로 갈리게 될 것으로 보인다. 임종석 사태로 민주당은 이미 많은 상처를 입었다. 하지만 상처뿐인 영광도 영광이라는 점을 이재명 대표가 기억하면 좋겠다. 영광을 얻기 위해서는 상처 입는 것을 두려워하지 않아야 한다. 동물의 왕국 다큐를 보라. 사자, 표범, 치타 등의 맹수들은 상처 입는 것을 두려워하지 않고 온몸을 던져 사냥한다. 올림픽 유도 경기를 보라. 최고수들끼리의 한판 대결이 벌어지기 때문에 선수들은 가벼운 기술로 상대를 제압하는 것이 아니라 자신의 몸을 날리면서 상대방을 메치는 극단의 승부수를 띄워 승리의 영광을 거머쥔다. 공격을 하다가 입는 크고 작은 부상을 두려워한다면 이길 수 없다. 이재명 대표는 임종석 사태를 경과하며 이미 많은 상처를 입었다. 임종석 씨가 이재명 대표에게 상처를 입힌 것이 아니라 이재명 대표가 총선 승리를 위해 온몸을 던지다가 입은 상처다.

조국신당의 우당인 민주당의 건승을 기원한다.

조국혁신당 당명 확정!

2024. 2. 29.

조국혁신당으로 당명 확정

　　　　　　조국혁신당으로 당명이 확정됐다. 조국신당의 기존 이름도 살리면서, 진보적인 정당의 명칭으로 적합한 당명으로 확정됐다. 당의 로고와 컬러도 확정됐다. 파란 3색이다. 5월 광주의 하늘보다 더 선명한 파란! 백두산 천지보다 더 진한 파란! 독도 앞바다보다 더 깊은 파란!

　중앙당 창당대회 일정과 장소도 확정됐다. 3월 3일 일요일 오후 2시 일산 킨텍스. 서울 시내가 아니어서 교통이 상대적으로 불편하지만 넓은 공간에서 수천 명의 당원이 참여하는 성대한 대회를 치를 수 있게 됐다. 마침 그날 민주당 주도의 비례정당인 더불어민주연합도 창당대회를 연다. 비례대표 투표에서 양당이 선의의 경쟁으로 득표율을 각자 높여 국민의미래를 3위로 밀어낼 수 있기 바란다.

진보혁신적인 정치세력만이 출산률 급락,
에너지전환, 산업재해 등 미래현안 해결할 수 있어

어제 발표된 충격적인 합계출산률 통계에 대한민국이 크게 놀랐다. 2022년 평균은 0.70명인데, 4분기에는 0.65명이다. OECD 38개국 가운데 출산율이 1명이 안 되는 나라는 한국뿐이다. OECD 평균은 2021년 기준 1.58명이다. 대한민국의 소멸에 대비하는 비상한 대책이 필요하다. 출산율 하락에 경고등을 가장 먼저 켠 정부는 노무현정부였다. 그로부터 20년이 넘는 기간 국가적으로 엄청난 재원이 투자되었지만 출산률의 급락을 막아내지 못했다. 정부를 책임진 민주당과 국민의힘 만으로는 인구소멸의 위기에 처한 이 나라를 구하기 어렵겠다는 것을 실감나게 한다. 우리가 더 진보적이고 더 혁신적인 정

부와 정책을 요구하는 이유도 바로 여기에 있다. 보수적 정책 기반의 민주당과 국민의힘 만으로는 인구위기뿐만 아니라 에 너지전환, 산업재해, 노인빈곤, 자살률 등의 세계 최저 수준에 머무른 국가적 현안을 해결하기 어렵다는 것이 증명되고 있는 셈이다. 정치적 민주화! 대단히 중요하다. 독재정권을 창출해 온 국민의힘 정권이 들어서는 것만 막아내면 대한민국에 닥친 각종 위기는 저절로 해결되지 않는다. 내가 조국혁신당을 이 번 총선에서 힘 있는 정치세력으로, 원내정당으로 진입시키려 하는 가장 큰 이유도 바로 여기에 있다. 민주당정부가 20년 연 속 집권했는데도 출산율을 비롯한 여러 사회 현안은 고쳐지지 않는다면 절반의 성공은커녕 10%의 성공도 이뤄내지 못했다 는 평가를 받게 될 것이다.

나라의 현재와 미래를 위해 가죽을 벗기는 아픔을 견뎌내면 서 바꾸는 '혁신'을 두려워하지 않는 정당과 정부, 정치지도자 가 필요하다. 세 번을 집권한 민주당정부만으로 국가적 난제 를 온전히 해결하지 못한다는 것이 나의 판단이다. 그래서 나 는 조국혁신당으로 상징되는 진보세력이 제3의 정치세력으로 국회에 진입하고, 이를 기반으로 우리 사회에 충격파를 던질 수 있는 진보적 의제를 힘 있게 제시하는 것을 원한다. 지나치 게 우클릭되어 있는 우리 사회를 전체적으로 좌클릭하여 유 럽 수준의 혁신적 복지국가로 진보할 수 있도록 조국혁신당이 전기메기의 역할을 담당해야 한다. 당장의 과제인 윤석열정권 심판이라는 나무를 보면서도, 20년 후 선진복지국가라는 숲을 내다보는 지혜를 발휘해야 한다. 조국혁신당이 이 어려운 과제를 당장 해결할 수 없다. 주권자들이 이번 총선을 계기로 나무를 심는 심정으로 조국혁신당에게 힘을 실어줘야 한다. 조국혁신당 외에도 기본소득당, 사회민주당 같은 진보정당에도 많은 지지를 보내줘야 한다.

30년 후 사회권 선진국으로 가는 중장기 미래정책비전을 제시해야

현재 당원 가입의 속도를 감안하면 조국혁신당의 10만 당원은 3월 3일 창당대회에서 달성하기는 어려울 것으로 보인다. 조국혁신당은 국민들이 더욱더 체감할 수 있는 메시지를 낼 수 있도록 노력해야 한다. "3년은 너무 길다"라는 당면 현안에 대한 슬로건과 함께 "30년 후 사회권 선진국으로 가자" 같은 사회권 선진국의 중장기 정책비전 슬로건이 조화를 이뤄 국민들에게 전달되어야 한다. 주권자는 현명하다. 단기 과제에 주력하는 정당을 선호하는 주권자도 있지만, 중장기 비전을 제시하는 정당을 선호하는 주권자도 많음을 직시해야 한다.

전당대회에서 당대표로 선출될 것이 확실시되는 조국 위원장은 지역구 출마는 하지 않을 것으로 예상된다. 전 지역구 민주진보진영 단일후보를 천명한 바 있는데, 이미 민주당이 전 지역구 출마를 결정한 상황이기 때문이다. 비례대표는 당원 및 국민 경선으로 선출될 것이다. 조국 위원장이 몇 번으로 출마할까 관심이 많다. 나에게 김종인 같은 독재적 권한이 부여된다면 무조건 2번, 즉 남자 1번으로 출마시킬 것이다. 당의 간판을 최선두에 내세우는 것은 당연하다. 경선을 할 경우 2번 조국, 4번 신장식은 확실시된다. 물론 더 쎈 영입인재가 들어온다면 순번 조정은 경선에서 결정될 것이다. 부디 좋은 인재들이 영입되어 선택하는 사람들이 행복한 고민을 할 수 있게 되기 바란다.

임종석 사태가 일단락되고 공천이 완결되면 민주당은 3월 총공세를 펼치며 선거국면의 주도권을 다시 쥐려고 총력을 다할 것이다. 우리가 상상하는 것 이상으로 험난한 여정이 시작될 수 있음을 직시해야 한다. 100석 이하를 위협받고 있는 국민의힘 측에서도 2월의 분위기를 이어가려 할 것이기 때문이다. 연말연초 윤석열정권 심판 구도를 다시 세워내는 것이 관건이다. 특검 재의 표결이 무산된 김건희 특검, 양평고속도로 노선 변경, 공수처와 군사법원 재판에서 미적대는 해병대사건 등등의 산적한 현안이 있지만 이를 소재로 다시 심판 구도를 재확립하는 것에는 새로운 계기가 필요하다. 의대 정원 늘리는 문제도 대통령의 불통이라는 이슈는 크지만 사안 자체가 워낙 복잡미묘한 상황이라 야권이 쟁점화하는 것에 어려움이 있다.

민주당이 공천 논란을 조기에 진화하는 것이 총공세를 위한 국면전환의 신호탄이 되리라 본다. 바둑의 격언대로 아생연후

살타(我生然後殺他)에 충실하는 것이 필요하다. 창당대회를 마친 후 빠른 시간 내에 조국 위원장이 이재명 민주당 대표를 만나 야권연대를 가시화하는 것도 국면전환에 큰 도움이 되리라 본다. 그리고 '제 무덤 파기'의 선수인 윤석열정권이 딴에는 잘해본답시고 엉뚱한 짓을 벌이는 경우도 가정해볼 수 있다. 내가 잘해서만 이기는 것이 아니라, 상대가 못해서 이기는 경우가 더 많다는 것은 우리나라의 파란만장한 총선 역사는 잘 알려주고 있다.

3년은 너무 길다! 정권심판 프레임 재부각

2024. 3. 1.

공양미는 300석, 총선 승리는 200석

　　　　　　　"3년은 너무 길다!" 조국혁신당의 총선캠페인 슬로건이 확산되면서 민주당의 2월 공천 혼란 이슈에 가려졌던 윤석열정권 심판 여론이 또렷하게 재부각되기 시작했다. 선거 승리의 첫 번째 전장은 구도 즉 프레임 싸움인데, 조국혁신당의 슬로건이 이번 선거의 구도를 대중적으로 각인시키는데 크게 기여하고 있다. 조국혁신당이 '3년은너무길당'이란 별호로도 불릴 것 같다. "공양미는 300석, 총선 승리는 200석!"이란 재미난 주장도 퍼져나가고 있다. 역시 선거는 기세 싸움이다.

　　최근 조국 위원장의 SNS에 "독하게 마음 먹었다. 끝을 볼 것이다"라는 문구들이 여러 번 등장했다. 심지어 먹방 사진에 이런 문구들이 있어 한편으론 빵 터졌지만, 다른 한편으론 그의 결기가 나날이 단단해지고 있다는 느낌을 받는다. 오늘 매불쇼에 출연한 조국 위원장에게 김갑수 선생이 "당신 독하게 정치해야 해. 목숨 내던질 각오로 정치하지 않은 거라면 정치하지 마"라고 일침을 날렸다. 조국 위원장의 표정과 태도를 유심히 살펴봤다. 내가 알던 예전의 조국과 오늘의 조국이 어떤 변화를 겪고 있는지 잘 보였다. 결기가 돋보이는 조국으로 대변신을 하고 있음을 확인했지만, 몇몇 순간에는 예전의 학자 같은 태도를 볼 수 있었다. 예를 들면 "내가 법무부장관 퇴임할 때 문재인 대통령께서 윤석열 검찰총장을 동시에 퇴임 시키셨으면 좋았을 것 같다"는 언급은 아직도 나이브한 조국을 상징하는 표현으로 들렸다. 목숨을 건 도약! Salto Mortale! 조국은 지금 계속 진화하고 있다고 믿는다.

조국혁신당 선전은 정치무관심층을 투표장으로 이끌 것

조국혁신당의 지지율이 돌풍을 일으키자 일부 민주당 지지자들이 조국혁신당을 깎아내리는데 몰두하고 있다. 이는 전적으로 잘못된 일이다. 대다수 민주당 지지자들은 민주당과 조국혁신당의 연대를 이번 총선투쟁의 정언명령으로 받아들이고 있다. 조국 위원장과 신장식 변호사는 지역구 투표에서 1대 1 심판 구도를 만들어 민주진영 단일후보가 국민의힘 후보에게 승리하는 민주당의 전략을 지지하고 있다. 조국혁신당의 돌풍은 투표 포기를 생각하던 정치무관심층을 투표장으로 끌어당기는 힘이 있다. 조국혁신당에게 비례 투표하러 나온 유권자가 지역구 투표에서 어느 후보에게 투표할 지는 자명한 일이다. 이는 민주당 지역구 후보 당선에 큰 힘이 될 것이다. 수도권, 충청권, 부울경 등 경합 지역구에 조국혁신당 후보가 출마하면 국민의힘 후보가 어부지리로 승리할 것이므로 조국혁신당은 지역구 출마를 하지 않을 것이 확실시된다.

민주당과 조국혁신당은 비례 투표에서만 경쟁적 관계다. 더불어민주연합과 조국혁신당은 각자 자신의 매력을 발산하며 지지세를 확장시켜야 한다. 조국혁신당의 등장은 범야권 지지자 및 중도무당층 유권자들에게 '선택'의 기회를 제공해준다. '민주당 및 민주당의 비례정당'에 투표할지 말지만 결정해야 하던 유권자들에게 새로운 선택지 하나가 추가된 셈이다. 동네에 밥집이 설렁탕집 하나만 있었는데 김치찌개집이 하나 더 생겨난 셈이다. 이러면 두 식당은 음식맛과 친절서비스 경쟁을 펼치게 되고 소비자 편익은 증진된다. 두 당은 검찰개혁, 민생과 경제, 한반도평화, 저출산, 산업재해 등 정책이슈를 경쟁적으로 내놓고 비례대표 후보들의 면면을 내걸고 경쟁을 펼친다. 주권자의 입장에서는 참으로 바람직한 일이다. 선거판에서 우리 주권자들은 뷔페에서 음식을 골라먹는 권리를 누려야 한다. 하나의 메뉴만 있는 식당에 몰아넣고 매 끼니를 계속 먹으라고 강요당할 이유가 없다. 조국혁신당과 같은 날에 창당대회를 하는 더불어민주연합의 건승을 기원한다. 멋지게 경쟁하자!

지역구 선거에서는 양당제가 고착화된 반면 비례대표 선거에서는 주권자들이 뷔페를 즐길 수 있도록 해야 한다. 다양한 메뉴 가운데 소비자가 골라먹는 재미를 느끼도록 해야 한다. 대통령선거에서도 양당 후보 중 한 명만을 강요받고, 총선에서도 똑같이 강요받는 것은 정치소비자인 주권자에 대한 예의가 아니다. 현대사회는 갈수록 다원화되고 있다. 정치소비자의 정치 욕구도 갈수록 다원화되고 있다. 그 다양한 요구에 부응하는 다양한 정당들이 총선을 통해 의석을 얻고 국회에 진출해야 한다. 조국혁신당은 선관위에 등록된 수십 개의 군소정당과는 성격이 전혀 다른 정당이다. 요행수를 노리고 의석을 한 석이라도 챙겨볼 심산인 페이퍼컴퍼니 수준의 군소정당들과 비교를 불허한다. 조국혁신당의 의석이 목표가 아니다. 총선에서 얻은 의석을 수단으로 삼아 단기적으로는 윤석열정권 심판, 중장기적으로 대한민국의 진보적 개혁을 추구하려고 한다.

3.1 독립선언문-식민지를 독립국으로, 왕국을 민국으로, 혁명하는 위대한 건국 선언

오늘은 3.1절 105주년 기념일이다. 나는 3월 1일 시작된 전민족적 항거를 3.1독립혁명이라 부른다. 일제시대 내내 전개된 독립운동을 '대한독립혁명'이라고 불러야 한다고 주장해왔다. 미국은 자국의 독립을 '미국독립혁명 American Revolution'이라고 자랑스럽게 부른다. 1776년 발표된 '독립선언문'에는 미국의 독립은 절대왕정에 반대하는 공화제를 수립하는 시민혁명의 성격을 가지며 천부인권의 정신 아래 자유, 평등과 인민주권, 인민저항권 등의 지향을 명시하고 있다. 영국은 1783년 파리조약에서야 미국의 독립을 공식화했으나, 미국은 독립선언문을 발표한 1776년을 독립원년으로 삼고 있다. 그래서 미국독립혁명이다.

대한민국의 독립운동도 미국과 마찬가지다. 3.1독립혁명은 4월 11일 '대한민국임시정부'라는 옥동자를 낳았다. 임시정부는 '대한민국의 건국'과 헌법에 해당하는 '대한민국 임시헌장'을 선포했다. 임시헌장은 '민주공화제'를 제1조로 삼고 당시 세계 어느 나라보다 진보된 민주주의적 사회개혁을 담는 조항을 담고 있다. 혁명이란 낡은 옛 사회체제를 새로운 사회체제로 바꾸는 일이다. 3.1독립선언문 발표로 촉발된 우리의 독립운동은 "식민지를 독립국으로", "왕국을 민국으로" '혁명하는' 위대한 건국 선언이었다. 1919년 3월 1일 이후 독립운동가들과 2천만 인민은 우리의 독립운동을 '대혁명'으로 불렀다. 일제와 그 하수인들은 독립운동을 불령선인들만의 '만세운동' 따위로 격하했다. 그렇게 우리 민족의 대혁명은 위대한 정신에 이어 이름에 이르기까지 100년 넘게 격하되고 있다.

나는 자신 있게 외친다. 3.1독립혁명 만세! 대한독립혁명 만세! 민주공화국 대한민국 만만세!!!

'삼일절 자위대' 파문,
분노한 민심을 다시 불러일으키다

2024. 3. 2.

창당대회 컨벤션 효과, 신장식 레벨의 인재 영입으로
조국혁신당 주가는 연일 상승세

조국과 조국혁신당을 주식에 비유해보자. 조국 위원장에게는 '사법리스크'라는 악재가 있다. 그의 무죄를 믿는 사람도 있지만 유죄로 믿는 사람도 있다. 그럼 조국이라는 주식의 가격에는 악재가 모두 반영이 되어 있는가? 그렇다. 조국의 현재 주가에는 모든 악재가 반영되어 있다. 조국(혁신당)이란 주식이 상장했을 때의 주가, 즉 창당 선언을 했을 때의 지지율에는 그동안의 모든 악재가 반영된 숫자가 담겨 있다. 조국 위원장이 정치활동을 시작한 후 실책을 저지르면 주가는 하락하겠지만 멋지게 정치활동을 전개하면 주가는 이를 호재로 삼아 상승곡선을 그리게 된다. 창당 선언 후 20여 일 동안 지속적인 상승곡선을 그리며 현재 10%대 중반의 지지율을 기록하는 것은 호재가 지속적으로 반영되고 있다는 것을 의미한다.

사법리스크에 오염된 조국이 정치활동을 시작하면 민주당

을 포함한 범야권세력의 지지율 하락을 불러올 것이라는 일부의 예측은 현재 시점으로 봐서는 완전히 틀렸다. 조국혁신당은 지지율이 급상승하고 있으며, 민주당은 공천 내홍으로 지지율이 어느 정도 흔들렸을 뿐 조국혁신당 때문에 지지율 하락을 겪는다는 증거는 그 어디에도 없다. 신장식 변호사의 영입은 정의당계열 진보정당을 전통적으로 지지해오던 유권자 그룹의 상당수를 흡수하는 결과를 낳았다. 라디오 청취율 1위 방송 진행자로서 쌓아놓은 명성은 중도무당층 스윙보터 유권자그룹들도 끌어당기는 힘이 있다. 중앙당 창당대회에 따른 컨벤션 효과, 신장식 레벨의 인재 영입이 이어진다면 조국혁신당의 주가는 계속 상승할 수밖에 없다.

인재 영입은 당의 정책과 이념에 부합하는 실력파 인재로

조국혁신당에 앞으로 영입될 인재는 어떤 사람일지 예상해보자. 신장식 변호사처럼 실력과 명성을 동시에 갖춘 인물들이 줄줄이 영입된다면 더할 나위 없을 것이다. 하지만 신생정당에다 한국정치 현실에서는 소수파인 진보정당에 거물급 인재가 몰려오기는 어려울 것이다. 조국 위원장이 10석을 목표로 제시한 만큼 당선권 인재 10명 가운데 절반 정도는 명성을 갖춘 인재를 영입할 계획을 세우고 있는 듯하다. 통상 정치셀럽이라 불리는 이들이 조국, 신장식과 함께 당의 상승세를 이끌어가는 역할을 맡을 것이다. 나머지 절반은 대중적 인지도는 낮지만 당의 정책과 이념에 부합하는 실력파 인재를 영입하면 된다. 대표성도 중요하다. 사회적 약자, 노동, 여성, 청년 등 각계각층의 대표성과 지역 대표성까지 감안해야 한다. 하지만 짧은 인재 영입 기간을 고려한다면 대표성을 골고루 담보하기 어렵다는 점을 당원과 지지자들은 양해해야 한다.

재산 문제, 도덕성 문제 등 인사 검증은 정밀하게 이뤄질까? 이 문제의 답은 '조국'에게 있다. 조국 위원장은 청와대 민정수석으로서 문재인정부의 고위 공직자 모두를 검증한 경험이 있다. 조국은 인사 검증에 대한 준비를 마친 채 창당 선언을 했을 것이다. 즉 당의 인사검증팀을 구성해놓고 있을 것이란 뜻이다. 인사가 만사라고 했다. 그 점을 잘 아는데다 풍부한 경험까지 보유한 조국 위원장이 있기에 안심해도 좋을 것이다. 게다가 윤석열 검찰총장 인사 검증 실패의 쓰라린 경험까지 갖고 있으니 조국 위원장은 인사 검증에 완벽에 또 완벽을 기할 것임에 틀림없다.

삼일절 자위대 사건은 총선 승리의 신호탄
일방통행 의대 입학정원 증원, 관권 민생토론회 개최

어제 3.1절 행사장에서 뜻밖의 사건이 발생했다. 무대배경 문구의 첫 글자를 세로로 읽으면 '자위대'였다. 2월 29일 방송에서 나는 "내가 잘해서만 이기는 것이 아니라, 상대가 못해서 이기는 경우가 더 많다는 것은 우리나라의 파란만장한 총선 역사는 잘 알려주고 있다"고 말한 바 있다. 2월 민주당의 공천 내홍을 틈타 윤석열정권과 국민의힘이 적반하장격으로 야당을 심판하겠다며 과반수 승리를 노래하고 있었다. 그런데 어제 3.1절 자위대 사건으로 민심이 싸늘하게 급반전되고 있다. 무지함, 무성의함에 분노하다가 '친일정권'을 드러내고자 하는 고의적 도발 아니냐는 비판까지 쏟아졌다. 너나없이 자위대 삼행시를 지어 SNS에 올리며 윤석열정권을 조롱하기 시작했다. 정치정세는 하나의 사건, 하나의 단어에 좌우된다. 대선에서는 '대장동', 박근혜 탄핵에서는 '태블릿PC', 검찰쿠데타에서는 '표창장 위조', 2020년 총선에서는 '코로나와 전국민재난지원금' 등이 그렇다. 본격 선거전이 시작되는 3월 1일에 발생한 '삼일절 자위대' 사건은 총선 승리의 신호탄이라 할 만하다. 윤석열정권은 일방통행식 의대 입학정원 증원, 관권 선거로 의심받는 민생토론회 연속개최 등에 이어 삼일절 자위대 파문으로 여당의 선거 참패와 야당의 선거 승리를 돕고 있다. 고마운 일이다.

　나는 삼일절 자위대 소동을 윤석열정부 국가통치시스템의 대혼돈과 마비를 상징하는 사건으로 규정한다. 새해 첫 국경일 행사장 무대의 문구 하나도 제대로 점검하지 못하는 게 말이 되는가. 이태원 참사, 오송지하차도 참사, 잼버리사태 등이

제105주년 3·1절 기념식

자유를 향한 위대한 여정, 대한민국 만세

일어난 것은 우연이 아니다. 윤석열정권에게 이 나라를 더 이상 맡길 수 없다는 민심이 태풍처럼 휘몰아칠 것이 확실하다. 자위대 삼행시 관련 포털의 기사마다 달린 엄청난 숫자의 댓글에서 민심을 확인할 수 있다. 빅데이터 분석을 해보면 더더욱 확실한 변화를 알 수 있다. 1일부터 3일까지는 황금연휴 기간이다. 대다수 국민들은 정치는 잠시 접어두고 휴가를 즐긴다. 그런데 텍스트보다 수십 배 위력적인 무대화면 '자위대' 이미지까지 등장하자 국민들도 휴가분위기 잡쳤다며 분노를 터뜨리고 있다.

선거 이슈에 묻혀 스스르 넘어간 사건이 있었다. 송경호 서울중앙지검장이 주가조작 혐의를 받는 김건희를 소환할 것을 검찰총장에게 건의했고, 이를 보고받은 용산이 발칵 뒤집혔다는 풍문이 돌고 있다. 서초동과 용산 주변에서는 이 풍문이 거의 정설로 굳어진 채 돌고 있다고 한다. 송경호 검사장은 윤석열의 심복으로 유명하다. 그런데 송경호가 윤석열에게 반기를 든다고? 레임덕의 대표적 증상인 '권력내부의 균열'로밖에 설명이 안 된다. 이 풍문이 사실이라면 여당의 총선 패배를 예감한 일선 검사들이 윤석열정권과 등을 지겠다는 신호로 읽어야 한다. 여당의 총선 패배와 일선 검사의 항명을 상징하는 이 풍문이 정설처럼 돌고 있지만 대통령실은 이를 진화하려는 엄두조차 내지 못하고 있다. 사실무근이라고 공개반박하면 김건희가 다시 총선 이슈의 중심으로 떠오르기 때문이다. 대통령이 자신보다 검찰 기수가 높은 선배를 심야시간에 부랴부랴 법무부장관에 임명한 것은 검찰의 반란을 예방하려는 시도라는 관측이 나오고 있다.

3장

조국혁신당, 사회적 약자,
중산층의 희망의 비상구

2024.3.3.~3.15.

조국혁신당 창당, 조국 당대표 선출

2024. 3. 3.

조국혁신당 창당, 대표는 조국

조국혁신당이 오늘 창당했다. 조국 인재영입위원장이 만장일치로 대표에 선출됐다. 나는 자랑스러운 조국혁신당의 당원이다. 3년은 너무 길다. 대한민국이 참혹한 후퇴를 거듭하고 있는 지난 2년여의 윤석열정권 치하에서 우리는 눈 뜨고는 차마 못 보는 상황을 목도하고 있다. 멀쩡하게 군대를 갔던 해병이 죽었고, 이태원 거리에서 축제를 즐기던 전 세계의 젊은이 159명이 죽었다. 신림동 반지하에서 수많은 이재민이 죽었다. 오송 지하차도에서 시민들이 차를 타고 가다 물에 잠겨 죽었다. 오늘도 하루 평균 6명의 노동자들이 산업재해로 죽어가고 있다. 청년들은 출산 파업으로 희망 없는 구체제의 전면적인 혁신을 요구하고 있다. 세계 최저의 출산율 0.65명, 세계인들이 대한민국의 역사적 퇴행을 걱정스러운 눈으로 바라보고 있다. 이 역사적 퇴행을 막을 수 있는 유일한 힘은 우리 주권자들의 힘뿐이다. 총선, 우리 시민들이 나서야 한다. 내

맘에 꼭 드는 정당과 후보가 없을지라도 이 거대한 역사적 퇴행을 막아내기 위해서 기꺼이 투표권을 행사해야 한다. 정치혐오에 여러분을 가둔다면 거대한 역사적 퇴보를 막아내는 힘은 약해질 것이다. 조국혁신당이 희망의 빛이 되고자 한다.

조국, 신장식, '편도티켓' 영입인재 2호
위기의 대한민국을 구할 윤석열정권 조기 종식 선봉자들

오늘 일산 킨텍스 창당대회 현장에서 신장식 변호사를 만나 45초짜리 인터뷰를 했다. 나는 그에게 "조국혁신당의 목표의석을 10석이라는 평범한 표현 대신 명량대첩에 출전해 나라를 구한 이순신함대 12척처럼 조국혁신당은 조국함대 12척을 목표로 하고 있다"로 메시지 수정을 제안했다. 신장식 변호사는 그 자리에서 즉각 내 제안을 수용했다. 앞으로 조국혁신당의 목표의석 메시지가 내가 제안한 "조국함대 12척"으로 변경되는지 지켜보기 바란다. 내가 명량해전 12척 함대를 떠올린 이유가 있다. 조국 대표는 돌아갈 다리를 불살랐다고 말했다. 신장식 변호사는 대륙을 가로질러 나르는 도요새 떼의 향도가 되겠다고 했다. 내일 발표될 영입인재 2호는 편도티켓을 끊고 고국으로 돌아왔다. 모두 다 위기의 대한민국을 구하고자 하는 결기가 돋보이는 메시지다. 여기에서 나는 "조국혁신당의 목표는 10석"이라는 평범한 메시지를 나라를 구한 이순신함대

©김관철

12척의 결기를 연상시키는 "조국함대 12척이 조국혁신당의 목표"라를 메시지를 뽑아냈다. 나는 조국혁신당의 대표들이 이렇게 국민들에게 호소하길 원한다. "이순신장군은 판옥선 12척으로 조선을 구했습니다. 백척간두 위기의 대한민국을 구원해내는 돌격함대 12척을 조국혁신당에게 주십시오. 윤석열정권 조기종식을 위해 선봉에 서겠습니다"

1597년 이순신장군은 12척 함대로 명량해협으로 나아갔다. 선조와 조정은 이순신에게 함선을 침몰시키고 육군으로 편입하라는 지시를 내렸다. 이순신은 "전하, 신에게는 아직 12척의 전함이 있사옵나이다"라는 비장한 장계를 올린 후 결전에 돌입해 133척의 왜선을 물리치며 기적같은 승리를 이뤄냈다. 나는 앞으로 조국혁신당의 창당과 총선 승리를 이에 비유하여 알려나가고자 한다.

조국혁신당, 고통받는 서민, 사회적 약자, 중산층의 희망의 비상구가 돼야

　조국혁신당의 전략은 명확하다. 국민만 바라보고 달려간다는 것. 오늘 발표된 당의 강령을 공약으로 구체화해 당대표 및 후보들의 유세, 인터뷰, 방송연설을 통해 발표해야 한다. 경제난 민생고에 고통받고 있는 서민, 사회적 약자, 소득은 제자리걸음인데 부채가 늘어나서 미래가 불투명한 중산층, 희망을 찾지 못해 출산 파업을 벌이는 청년들만 바라보고 가야 한다.

　조국혁신당의 선거캠페인은 세련되고 멋져야 한다. 구습에 찌든 후진 선거운동은 쳐다보지도 않아야 한다. 조국 대표의 세련됨과 멋짐 폭발은 총선판에 최고의 화제로 떠오를 것이다. 구질구질하게 표를 구걸하는 행태와 결별해야 한다. 겸손하지만 단호하게 조국혁신당의 공약과 비전을 국민들에게 전해야 한다.

　공식 선거운동원이 아닌 일반 시민들은 자원봉사의 형태로 선거운동을 할 수 있다. 선거법에 규정된 25cm X 25cm 피켓을 손수 만들어 들고 다니면서 홍보하는 방식이 가장 대표적인 자발적 선거운동이다. 당에서도 이 피켓의 디자인 안을 내놓겠지만 시민 스스로 아이디어를 내서 포토샵이나 손글씨로 만든다면 최상일 것이다.

　지지율이 상승할수록 조국혁신당에 대한 비난의 강도도 비례하여 강해질 것이다. 국민의힘의 비난은 물론 민주당 일부 지지자들이나 대형 유튜버들의 비난도 꽤 많이 쏟아질 것이다. 그러나 이는 조국혁신당 성장의 자양분이 될 뿐이다. 신생 정당, 소수파정당에게는 이런 관심조차도 필요한 법이다. 아무도 상대해주지 않는다면 조국혁신당은 자가발전을 힘겹게 해나가야만 한다. 조국혁신당에 대한 비난으로 조국혁신당을 이슈의 중심에 서게 해주는 모든 행위를 환영한다. 최근 국민의힘 한동훈 위원장이 조국혁신당 공격에 열을 올리던데 그 또한 당의 성장에 큰 에너지로 삼을 수 있어 고맙기까지 하다.

얼토당토하지 않은 패륜적 비난도 쏟아질 것이다. 나는 이런 종류의 비난을 환영한다. 네거티브 공세를 넘어서는 패륜적 비난의 경우, 비난당하는 정당에게 동정표가 모이는 반면 비난하는 정당은 모아놓은 표도 잃게 된다. 패륜적 비난을 대한민국에서 가장 많이 받은 사람으로 치자면 민주당 이재명 대표와 조국혁신당 조국 대표를 꼽을 수 있다. 조국 대표는 4년 넘게 공격당하면서도 살아낸 사람, 무협지의 표현을 빌자면 금강불괴가 된 사람이다. 4년 넘게 견뎌왔는데 38일 못 견뎌내겠는가. 선거일까지 38일

간 쏟아질 비난은 조국을 더욱 강하게 할뿐 그의 털끝조차도 건드리지 못할 것이다. 패륜적 공격이 강해질수록 조국혁신당은 성장한다. 기꺼이 받아낼 것이다.

오늘 창당대회 마지막 영상에 "편도 티켓 끊고 왔습니다"라는 영입인재 2호 티저 영상이 공개됐다. 얼굴이 가려진 여성, 내일 인재영입식이 열린다고 한다. 두근두근 기대된다. 당원, 지지자, 국민들에게 기대감을 안겨주는 정당이 선거에서 승리하는 법이다. 조국혁신당의 총선 승리는 확정적이다.

··●● 조국혁신당 창당선언문 ●●··

우리는 오늘 검찰독재를 종식하고, 민생경제를 회복하며, 대한민국을 새롭게 혁신할 정당, 조국혁신당의 창당을 엄숙히 선언한다.

조국혁신당의 창당은 정치 검찰에게 유린당한 인권과 민주주의를 더 이상 좌시하지 않겠다는 깨어있는 시민의 결단과 행동이며, 추락하는 국민경제와 민생 파탄을 더 이상 좌시하지 않겠다는 깨어있는 시민의 결단과 행동이다.

조국혁신당의 창당은 갈수록 심각해지는 사회적 양극화와 불평등을 더 이상 좌시하지 않겠다는 깨어있는 시민의 결단과 행동이며, 저출산과 지방소멸이라는 절체절명의 위기를 더 이상 좌시하지 않겠다는 깨어있는 시민의 결단과 행동이다.

조국혁신당의 창당은 인류 생존을 위태롭게 하는 기후위기 대응 에너지 전환의 후퇴를 더 이상 좌시하지 않겠다는 깨어있는 시민의 결단과 행동이며, 갈수록 전쟁의 위기로 치닫는 남북 관계를 더 이상 좌시하지 않겠다는 깨어있는 시민의 결단이며 행동이다.

지금 대한민국은 절체절명의 위기에 처해 있다. 지금 바뀌지 않으면 대한민국의 미래는 없다. 지금 혁신하지 않으면 대한민국의 미래는 없다.

우리는 조국의 혁신을 가로막는 윤석열 검찰독재의 조기 종식을 당면 목표로 설정하고 다음과 같이 행동한다.

하나, 윤석열 검찰독재정권의 조기 종식을 위해 가장 앞장서서 싸우는 정당을 만들기 위해 행동한다!

하나, 4월 총선에서 민주진보세력의 승리를 위해 협력하고 연대하는 정당을 만들기 위해 행동한다!

하나, 혁신을 위한 비전과 정책을 가장 치열하게 고민하고 제시하는 정책정당을 만들기 위해 행동한다!

조국혁신당의 가야 할 길은 멀고도 험난할 것임을 우리는 알고 있다. 그러나 누군가 가야 할 길이기에 우리는 이 길을 갈 것이다. 그리고 승리할 것이다. 아니 승리해야만 한다.

 조국혁신당은 어떤 난관과 시련이 닥쳐와도 흔들림 없이 전진하여 마침내 윤석열의 강, 검찰 독재의 강을 건너 혁신 조국을 향해 당당히 나아가기 위해 행동할 것이다.

2024년 3월 3일

내 나라, 내 겨레, 내 조국의 혁신을 위해 행동하는

조국혁신당 당원 일동

구글 출신 이해민,
조국을 구하러 편도티켓 끊고 왔다

2024. 3. 4.

구글 CPO 이해민,
'편도티켓 끊고 조국 구하러 왔다'

편도티켓을 끊고 날아온 조국혁신당 제2호 인재는 구글에서 15년간 근무한 이해민 씨였다. 창당대회 다음 날인 오늘 오전 영입식이 열렸다. 이 씨는 구글의 최고제품책임자(CPO)를 역임했다. 현재는 벤처기업의 기술임원으로 재직 중인데, 조국을 구하기 위해 사직하고 고국으로 날아왔다. 조국 당대표는 창당 선언 시기에 광주에서 돌아갈 다리를 불살랐다는 비장한 결의를 밝혔다. 이해민 씨는 편도티켓을 끊고 영구귀국했다는 인상적인 결의를 밝혔다.

일반인들은 잘 모르겠지만 국내외 IT분야 기업인과 기술인들에게는 세계적 명성의 IT인재인 이해민 씨가 한국의 신생정당에 입당한 것은 깜짝 놀랄만한 뉴스였을 것이다. IT업계에서는 2011년 컴퓨터백신 개발자인 안철수의 정치 참여 선언만큼이나 쇼킹한 뉴스로 보고 있다. 오늘 영입식 기자회견에서는 정치부 기자가 아닌 IT전문기자가 이해민 씨에게 질문하는 진풍경이 연출됐다. 어제 창당대회 마지막에 상영된 "편도티켓 끊고 왔다"는 티저 영상이 확산되면서 밤새 IT 관련 커뮤니티에서는 2호 인재가 '구글 출신 이해민'이란 사실이 급속하게 퍼졌다고 한다. 커뮤니티 분위기는 모두 환영 일색!

낮은 인지도를 걱정하는 목소리도 있다. 하지만 언론매체들이 앞 다퉈 '구글 출신 이해민 조국혁신당 입당'을 보도하는 것을 보니 인지도 문제는 금세 해결될 것으로 보인다. 신장식 영입만큼이나 기사가 쏟아지고 있다. 화제성이 분명한 사람은 인지도가 순식간에 상승하는 법이다. 여러 매체와의 인터뷰 등을 통해 일반인들은 잘 모르는 그의 업적, 구글로부터 인정받은 실력과 잠재력, 그리고 R&D예산 삭감에 맞서는 그의 투지 등이 보도되면 당의 지지율 제고에 큰 도움을 줄 수 있으리라 본다.

이해민 씨는 카이스트 입틀막 사태 이후 잠시 소강상태인 R&D예산 삭감 이슈를 전면에 내걸었다. 조국 위원장의 용산 대통령실 앞 선전포고 기자회견 당시 5가지 질문을 벤치마킹하여 우리나라 과학기술 분야 책임자들을 일일이 호명하며 조목조목 따지는 모습은 자못 인상적이었다. 국가과학기술위원회 위원장인 대통령을 용산 대통령실로 직접 찾아가서 따지겠다고 당차게 선언하는 모습은 과학기술인들에게 엄청난 용기와 응원의 메시지가 됐을 것이다. 민주당이 영입한 황정아 박사와 이해민 씨가 만나 함께 이슈를 키워나가는 것도 총선 승리에 큰 힘이 되리라 본다. 부드러움이 강함을 이긴다는 것을 두 여성 과학기술 인재들이 입증해보이기 바란다.

오늘 인재 영입식에서 IT업계의 거목인 박태웅 한빛미디어 의장이 이해민 씨를 소개한 내용도 인상적이었다. 구글의 수평적 기업문화에 대한 소개와 이해민 씨의 돋보이는 업무 추진력에 대한 소개도 흥미로웠지만, 가장 눈길을 끈 대목은 그가 구글 내 최고 평점에 빛나는 실력의 입증을 통해 엄청난 보너스를 받은 것이었다. 당선되면 공개될 그의 재산은 상당하리라 추정된다. 게다가 유망한 벤처기업을 퇴사하고 귀국했기에 자신이 보유한 스톡옵션도 포기했을 것으로 추정된다. 이해민 씨는 거액의 달러를 포기하고 조국혁신당에 합류했다. 돌아갈 다리를 불사른 조국처럼 이해민도 결기가 대단한 사람이다.

실력과 인지도 겸비한 인재,
실력은 높지만 인지도 낮은 인재들이 조화 이뤄야

3월 2일 방송에서 나는 조국혁신당의 인재 영입이 두 갈래로 진행될 것이란 점을 이야기했다. 신장식처럼 실력과 인지도를 겸비한 인재, 오늘 이해민 씨처럼 실력은 세계적 수준이되 인지도는 낮은 인재. 신생정당의 여건상 전자의 인재보다는 후자의 인재들을 앞으로 많이 영입할 것이 불가피하다. 영입된 이후 낮은 인지도를 끌어올리면서 당의 지지도 상승에 기여하는 인재는 우리 사회 곳곳에 숨어있다. 조국 위원장이 이역만리 미국 서부에 숨어있는 인재 이해민 씨를 발굴하여 영입한 것을 보니 인재 영입 솜씨 또한 대단하다는 평가를 줄 수 있다. 내일도 인재 영입식을 연다고 하니 기대된다.

최근 조국혁신당의 지지율이 급등하는 여론조사가 발표되면서 민주당 적극 지지층들의 표정이 복잡해지고 있다. 어느 조사를 보면 민주당의 지역구 후보에 투표할 의사를 밝힌 유권자 중 22%가 조국혁신당에 투표하겠다는 의사를 밝혔다고 한다. 이 결과를 보고 조국혁신당이 더불어민주연합에 갈 표를 훔쳐갔다고 생각하는 사람이 있는 듯하다. 2020년 총선에서 민주당의 지역구 후보에게 몰린 득표의 총합은 50%였지만, 민주당 위성정당인 더불어시민당의 득표율은 33.3%였다. 같은 민주당 계열인 열린민주당도 5.4%였다. 진보정당인 정의당 득표율이 9.7%였다. 즉 민주당의 지역구 득표 가운데 30% 정도는 비례 투표에서 비민주당계열 진보정당에 투표한다는 뜻이다. 바꾸어 말하면 원래 진보정당을 선호하는 유권자들이 비례 투표에서는 진보정당에 투표하고, 지역구 투표에서는 당선 가능한 민주당 후보에게 투표한다는 뜻이다.

조국혁신당은 2020년 정의당보다 지지율이 더 치솟고 있다. 조국혁신당이 총선 결과 20%를 득표한다면 절반은 진보정당 지지자, 나머지 절반은 중도무당층 스윙보터와 민주당 약지지층이 될 것이다. 조국혁신당이 개혁신당의 지지율을 크게 잠식하고 있는 것에서 중도무당층 스윙보터들의 대세로 자리잡아가고 있음을 확인할 수 있다.

더불어민주연합이 지지율을 높이는 방법은 큰집인 민주당의 지역구 후보들의 득표율이 높아지는 것 외엔 별다른 방법이 없다. 2020년에 봤듯이 위성정당은 독자적인 득표력이 미약해 큰집에 의존할 수밖에 없다. 더불어민주연합이 국민의미래를 제치고 비례 투표 1위를 할 수 있는 유일한 길은 민주당이 지역구 선거에서 2020년 163석보다 더 많은 의석을 확보할 정도로 지역구 득표율 총합을 늘리는 것뿐이다. 조국혁신당은 독립정당이므로 생존을 위해서라도 강력한 선거캠페인을 통해 유권자들에게 다가가야 한다. 그래야 어렵사리 한 표 한 표를 수확할 수 있다.

이재명-조국 첫 회동으로
승리의 신호탄이 쏘아 올려졌다

2024. 3. 5.

조국 대표와 이재명 대표
전격 회동

　　　　　　내 예상대로 조국혁신당 조국 대표가 창당 후 불과 이틀 만에 이재명 대표와 전격 회동했다. 윤석열정권 2년 새 대한민국호가 침몰하고 있는 절체절명의 상황에서 치러지는 총선을 앞두고 제1야당의 대표와 신생 진보정당의 대표가 연대를 선언하는 것은 당연한 수순이다. 이재명 대표와 조국 대표가 양당 대표로서 첫 만남을 갖고 검찰독재의 조기 종식을 위해 협력하자고 합의했다. 조국 대표는 민주당과 조국혁신당은 동지라고 이야기했고, 이재명 대표는 윤정권을 심판하는 모든 세력이 힘을 합쳐야 한다고 화답했다. 서로 표현이 조금씩 다를 뿐 윤석열정권 심판을 위해 힘을 합쳤다는 것은 불변의 사실이다. 노회찬 의원 말씀대로 외계인이 쳐들어와 분탕질을 치면 지구인들이 총단결하는 것이 당연한 것처럼. 오늘의 회동은 총선 승리의 본격 신호탄이라 할 만하다.

이재명 대표와 조국 대표의 회동

조국혁신당, 서왕진 박사, 김형연 변호사 등 인재 속속 영입

조국혁신당의 비례대표가 확정되면 전국 순회 선거운동을
할 것이다. 조국함대 12척, 12명 이상의 당선자를 만들어내기
위해 열정적인 선거캠페인을 펼칠 것이다. 자신의 생활권 지
역에 조국혁신당의 조국 대표와 후보단들이 오면 당원과 지지
자들은 이들을 환영하고 지역 곳곳을 함께 누비는 데 힘써야
한다. 나도 내가 사는 서울 지역과 고향 대구에서 유세가 열리
면 지지연설을 할 계획이다. 다른 지방에도 시간을 내어 참여
해 유튜브 방송을 하거나 지원연설을 하면서 힘을 보탤 것이
다. 2020년 총선 때 고향인 대구에 가서 김부겸 후보 지원연
설을 한 바 있다. 내가 연설을 잘하느냐 못하느냐의 문제를 떠
나서 내가 갖고 있는 뜨거운 에너지를 쏟아내면 국민들의 공

감을 얻어내리라 확신한다. 조국혁신당 당원과 지지자들이 각자 지역구의 민주당 후보를 지원하는 역할을 하는 것을 권장한다. 나도 그럴 것이다. 조국혁신당원과 지지자의 민주당 지역구 후보 지원 미담이 널리 퍼지면 조국혁신당의 비례 득표에 큰 힘이 되리라 본다.

　오늘 조국혁신당의 인재 3호 서왕진 박사, 4호 김형연 변호사가 영입됐다. 서 박사는 정책가단체인 대전환포럼의 상임위원장을 역임한 정책통이다. 박원순 서울시장의 대표적 정책브레인이었다. 조국 대표는 서 박사를 당의 정책위 의장에 지명했다. 김형연 변호사는 문재인정부 청와대 법무비서관과 법제처장을 역임한 판사 출신이다. 조국혁신당 인재 영입이 3.1운동을 이끈 33인처럼 33인까지 이어지면 좋겠다. 3년은 너무 길다를 외치는 33인의 인재들을 중심으로 10만 당원이 똘똘 뭉쳐 총선에서 큰 승리를 거두기를 간절히 소망한다. 윤석열 정권의 첫 번째 타깃이 될 조국혁신당의 인재로 입당하는 사람들은 모두 용기가 대단한 사람들이다. 출세를 위한 정치 참여가 아닌 자신의 인생을 건 일생일대의 결단을 한 사람이다.

　조국혁신당의 돌풍은 지난 대선 당시 이재명 후보에게 투표했지만 패배한 것에 실망해 뒤이은 지방선거에서 대거 기권했던 민주진보진영 지지자들과 중도층들을 투표소로 대거 끌어들일 것이다. 호남지역의 대선 투표율은 80%였지만, 6월 지방선거 투표율은 37%에 불과했다. 대선 결과에 상심한 시민들이 투표 자체를 포기했었다. 최근 SNS에서 조국혁신당에게 투표하기 위해 투표하러 가겠다는 입장을 밝히는 시민들이 급속하게 늘어나고 있다. 이런 유권자의 존재는 후속 여론조사에서 나타난 조국혁신당 지지율 변화를 살펴보면 정밀한 수치로 측정할 수 있다. 조국혁신당에 비례 투표하러 가는 김에 지역구 투표에서 1번 민주당 후보에게 투표한다는 사람들이 대거 늘어나는 것은 지역구선거의 민주당 압승과 비례 투표에서의 민주진보정당의 압승을 예고하는 신호다. 총선 투표 포기 의사를 가지던 민주진보진영의 잠재적 지지자들이 조국혁신당의 출현에 자극받아 투표 참여 의사로 전환하는 비율 또한 후속 여론조사에서 그 수치가 나올 것이다. 오늘 조국 대표가 이재명 대표에게 자신 있게 조국혁신당이 전체 투표율을 상승시킬 것이라고 한 것은 그냥 빈말이 아니다.

조국 대표는 원내정당인 국민의힘 한동훈 비대위원장과 녹색정의당 김준우 비대위원장에게도 만나자는 요청을 했다. 그러나 두 사람은 사실상 거절을 했다. 신당 창당 후 예방인사를 가겠다는데 옹졸하게 거절한 두 당의 처사는 매우 협량하다. 아예 녹색정의당은 오늘 공식성명을 통해 조국혁신당의 창당을 비난하기까지 했다. 조국 대표를 윤석열 대통령 당선에 일조한 1등공신이라고 칭하면서 조국 대표는 윤석열정권 심판에 신당의 깃발을 들고 나설 자격이 없다고 비난했다. 나는 녹색정의당을 비난하지 않겠다. 진보정당에게 주로 투표하던 유권자들에게 진보정당을 표방한 조국혁신당과 녹색정의당 가운데 조국혁신당에 투표해달라고 호소만 하겠다. 나는 자신한다. 녹색정의당은 3%컷을 넘어서지 못할 것이라고.

인천 계양을 선거에서 이재명 대표에게 도전장을 낸 원희룡 후보의 후원회장이 된 이천수 전 국가대표 축구선수가 선거운동 내내 수행한다고 한다. 민주진보진영의 수많은 인플루언서들이 SNS에서 이천수를 비난하고 조롱하고 있는데, 이것은 원희룡의 선거전략을 돕는 것일 뿐이다. 악플보다 무서운 것이 무플이다. 딱 이 격언대로만 하면 된다.

선거의 목표는 오직 하나, 승리다. 명량해전에 출전한 이순신함대 12척 함대처럼 누란의 위기에 처한 대한민국을 구할 12척 조국함대를 구성하는 것이 조국혁신당의 승리 목표다. 선거에서 아름다운 패배란 없다.

조국혁신당 여론조사 지지율 20% 돌파

2024. 3. 7.

조국혁신당, 여론조사서
창당 닷새 만에 20%를 넘어

조국혁신당 창당 불과 닷새, 조국 대표의 2월 8일 정치 참여 선언 한달 만에 R&R 여론조사에서 22.9%의 지지율을 기록했다. 5일 발표된 미디어토마토 여론조사에서도 21.0%를 기록했다. 놀랄 만한 기적이다. 대한민국의 정치사에서 이 정도의 이런 서사는 찾아보기가 힘들다. 노무현과 노사모의 분전이 낳은 대통령 후보 선출 과정과 비견될 정도다. 더불어민주연합과 동률로 어깨를 나란히 했다. 4월 10일 투표일까지 얼마나 더 치고 올라갈지 누구도 예단하기 어려울 정도의 급등세다. 이 지지율이라면 내가 제안하고 신장식 대변인이 수용한 메시지인 조국함대 12척, 즉 12석의 의석을 획득할 수 있다.

현재의 여론 흐름을 세밀하게 분석해보자. 3월 5일 발표된 미디어토마토의 여론조사를 바탕으로 아래와 같이 분석해봤다.

먼저 비례정당 투표 조사결과를 살펴보자.

- 국민의미래 39.4%(0.9%↓)
- 더불어민주연합 25.1%(4.5%↓)
- 조국혁신당 21.0%(11.6%↑)
- 개혁신당 5.3%(3.6%↓)
- 녹색정의당 2.1%(2.0%↓)
- 기타 정당 4.2%(1.8%↑)
- 없음 1.6%(1.7%↓)
- 잘 모름 1.3%(0.7%↓)

조국혁신당의 지지율이 1주일 전보다 11.6% 급등한 21.0%였다. 민주당 주도 비례정당인 더불어민주연합은 4.5% 소폭 하락했다. 이준석 개혁신당은 1주 전보다 3.6% 하락하며 거의 반토막이 났다. 심상정 녹색정의당의 지지율은 1주 전 대비 반토막으로 대폭락했다. 즉, 조국혁신당의 11.6% 급등은 더불어민주연합, 녹색정의당, 개혁신당이 상실한 지지율의 합계와 거의 일치한다.

지역구 투표 조사결과를 살펴보자.
- 민주당 44.5%(2.8%↑)
- 국민의힘 41.2%(2.0%↓)
- 개혁신당 3.8%(2.6%↓)
- 새로운미래 3.1%

- 녹색정의당 1.0%(0.5%↓)
- 기타 정당 3.9%(1.8%↑)
- 없음 1.7%(1.5%↓)
- 잘 모름 0.7%(1.2%↓)

　지역구 투표 조사결과를 비례정당 투표 의향 조사와 대비해 보라. 비례정당인 '국민의미래' 지지율 39.4%와 지역구정당인 '국민의힘' 지지율 41.2%는 1.8%밖에 나지 않는다. 개혁신당의 비례지지율 빼기 지역구지지율인 1.5%가 국민의힘의 지역구 지지로 이동한 것으로 볼 수 있다.

　비례정당인 '더불어민주연합'의 지지율은 25.1%였지만, 지역구정당인 '민주당'의 지지율은 44.5%를 기록해 19.4% 더해졌다. 더해진 19.4%는 어디서 왔을까? 조국혁신당과 녹색정의당에게 비례투표하는 유권자들로부터 나온 것이다. 세부조사를 살펴보면 비례대표 투표에서 조국혁신당 지지율(21%)의 83.6%가 지역구 투표에서는 민주당 후보에 투표할 의향이 있는 것으로 조사됐다. 즉 민주당 지역구에 더해진 19.4% 가운데 17.5%가 조국혁신당 지지자였다. 조국혁신당 지지자들이야말로 민주당의 지역구 득표율 1위 고수에 큰 힘이 되고 있는 것이다.

　지역구 투표 여론조사 결과부터 살펴본 후 비례대표 여론조사 결과를 살펴보는 것이 통상의 독해법이다. 나는 뒤집어보기로 오늘 발표된 여론조사를 분석해봤다. 통상적인 독해법에 따르면 조국혁신당은 민주당에게 곁방살이나 하는 신세로 인식되기 쉽다. 그러나 나의 독해법으로 살펴보면 신생 진보정당인 조국혁신당이 민주당의 지역구선거 압승에 기여하는 최대 연대세력임이 확인된다.

조국혁신당, 박은정 검사, 차규근 본부장 등 법조계 인재 영입

오늘 조국혁신당의 7호 인재로 박은정 전 부장검사, 8호 인재로 차규근 전 법무부 출입국본부장이 영입됐다. 예고된 대로 윤석열정권 심판 구도를 부각시킬 수 있는 '투사형' 인재들이다. 두 사람 모두 윤석열에 의해 엄청난 탄압을 받았던 사람들로서, 국민들은 이 두 사람의 영입이 낳을 파장에 주목하게 될 것이다. 박은정 전 검사는 윤석열 대통령이 사임한다면 자신 또한 정치에서 물러나겠다는 당찬 각오를 밝혀 주목된다. 차규근 변호사는 대구 1년 후배로서 대학 시절에 여러 차례 만난 적이 있는데, 30년이 지난 오늘 영입식 현장에서도 나를 알아보고 반갑게 인사를 했다. 김학의 전 법무차관 비밀출국 금지와 관련해 현재까지도 법정에서 고초를 겪고 있는데 조국혁신당 입당을 계기로 본래의 유쾌한 모습을 보여주기 바란다.

조국 대표와 영입인재 8명의 유형을 분류해보자. 조국, 신장식, 박은정, 차규근은 검찰개혁을 중심으로 윤석열정권 조기종식에 앞장서는 투사의 유형으로 분류될 수 있다. 이해민, 김선민, 김준형, 서왕진, 김형연은 정책가의 유형으로 분류될 수 있다. 오늘 지방에 있는 후배로부터 전화가 왔는데 "김선민 선생을 조국혁신당이 영입한 것은 신의 한 수입니다"라는 격찬을 쏟아내기도 했었다.

채상병 사건으로 출국 금지된 이종섭 전 국방장관이 호주대사로 임명돼 곧 현지로 부임한다는 뉴스가 나오고 있다. 윤석열 대통령이 피의자 신분의 이종섭을 해외로 빼돌리기 위해 대통령의 공관장 임명 권한을 악용하는 국기문란 행위로 의심받기에 충분하다. 차관보급 인사가 보임되는 호주대사에 장관급 인사를 임명한 것에서 윤석열 대통령의 다급함을 엿볼 수 있다. 이종섭 씨가 국내에 있으면 공수처와 박정훈 대령 군사재판에 소환되어 '진실'을 고백할 가능성을 차단하려고 해외로 빼돌리려 한다는 의심은 합리적이다. 민주당과 조국혁신당이 이종섭 호주대사 부임을 막기 위한 투쟁에 나서야 한다. 채상병 사건 진상규명에 앞장서왔던 임태훈 군 인권센터 소장이 대통령실 앞에서 1인 피케팅을 하며 이슈를 확산시키고 있다. 민주당도 국회에서 규탄 기자회견을 하며 공격에 가세했다. 이 사건을 연일 특종보도하고 있는 MBC가 보도를 이어갈 것이다. 이 사건을 3월 초반 최대쟁점으로 부각시켜야 한다.

조국혁신당이 이 사건에 대해 치열하게 나서서 투쟁하는 모습을 보여줘야 한다. 신생정당 허니문 기간도 1주일이면 끝난다. 2년간 고통받았던 국민들은 총선 기간 중에 자신의 가슴에 얹힌 돌을 시원하게 치워주는 정당과 후보에게 소중한 한 표 한 표를 던질 것이다.

이종섭 해외도피 의혹 총선 쟁점으로 전면 부각

2024. 3. 8.

윤정권 심판 위해 야권진영의 다양한 전략 필요

어제 발표된 R&R의 ARS 방식 여론조사에서 조국혁신당 지지율이 22.9%로 치솟으며 더불어민주연합과 동률을 기록하자 민주당 지지자 사이에서 조국혁신당에 대한 견제 필요성이 확산되고 있다. 견제는 하되 비난은 하지 말아달라고 말하고 싶다. 4년 전 몰빵론을 소환하는 분위기가 확산되고 있다. 4년 전 몰빵론은 민주당의 공식 위성정당인 더불어시민당 홍보에 힘쓰기보다 열린민주당에 대한 비난으로 점철된 아주 잘못된 선거전략이었다. 몰빵론의 잘못을 이번에도 답습한다면 더불어민주연합은 물론 본진인 민주당의 지역구선거에도 악영향을 끼치게 될 것이라는 점을 강조하고 싶다. 조국혁신당이 "3년은 너무 길다"는 선명한 슬로건을 내걸고 윤석열정권 심판 프레임을 강화하는데 기여하고 있음은 주지의 사실이다. 윤석열정권의 심판을 위해서 야권 진영 전체가 다양성 속에서도 하나의 방향으로 나아간다는 사실에 대해서 인정하는 것이 필요하다.

유튜버들이여, 조국혁신당에 십자가밟기를 강요하지 말라

민주당과 더불어민주연합 지도부와 민주당 지지자 일반의 '순수한 몰빵론'을 존중한다. 일부 유튜버들이 조국혁신당을 비난하며 펼치는 '불순한 몰빵론'에 대해서는 단호하게 맞설 것이다. '불순한 몰빵론'의 근저에는 유튜버들의 구독자 늘리기와 수익 창출의 욕망이 도사리고 있다. 개인의 욕망을 위해 총선의 대의를 저버리는 자들에 대해서는 반드시 심판을 할 것이다. 다만 총선기간 중에는 조국혁신당의 홍보에 전념할 것이기 때문에 총선 후 반드시 불순한 유튜버들에 대해 결산하여 심판하는 시간을 가질 것을 약속한다.

이번 기회에 불순한 유튜버들의 비판 논점 중 가장 사악한 것에 대해 짚고 넘어가겠다. "조국혁신당 배후에는 문재인 대통령과 친문 세력이 있다"는 것이다. 실제로 조국 대표가 문재인 정부의 고위공직자였고, 김형연, 차규근, 김선민, 김준형 등의 영입인재들도 그렇다. 이런 주장은 비난을 위한 비난일 뿐이다. 상대에게 해명을 할 수 있는 기회나 방법을 주지 않는 윤석열식의 공격이다. 1호 인재 신장식은 정의당 출신이며, 4호 인재 서왕진은 박원순캠프 출신이란 사실을 그들은 애써 외면한다. 그들은 조국 대표에게 이런 해명을 강요한다. "그럼 제가 문재인 대통령님을 버리란 말입니까?" 노무현에게 이런 해명을 강요한 자가 이인제였음을 기억한다. 조국과 조국혁신당에게 십자가밟기를 강요하는 자들은 개인의 영리 목적으로 민주진보진영을 갈라치기하는 세력이라는 점을 분명히 밝혀둔다.

조국 대표의 정치 입문은 성공적인가에 대한 질문이 많다.

이준석의 추락과 조국의 등판이 설날 전후에 동시적으로 이뤄졌다. 부산에서의 창당 선언 후 불과 한 달 만에 개혁신당도 도달하지 못했던 20% 지지율을 돌파하는 성과를 이뤄냈다. 나이는 비록 어리지만 정치공생애 12년 베테랑 이준석 씨가 일군 성과보다 정치공생애 한 달인 정치신인 조국 대표가 이룬 성과가 몇 뼘은 더 높이 고공행진 중이다. 현대 정치사에서 이 정도의 성과를 이룬 정치신인은 단 한 사람도 없다.

이준석이 추락한 것처럼 조국의 추락가능성도 배제할 수 없다. 위기는 올 것이고, 위기를 견뎌내며 돌파하는 강인한 정치근육이 필요하다. 조국의 진짜 정치는 그때부터라고 말할 수 있다. 진짜 정치인으로 변신했는가에 대한 의문, 그의 정치근육이 야당 대표를 할 만큼 단단해졌는가에 대한 의심, '정치인 공생애'를 시작한 조국 대표가 온전히 감당할 몫이다. 한 달의 남은 선거기간에 그가 진짜 정치인이 되었음을 온 국민이 인정하는 순간이 오기를 바란다. 그때가 진정으로 별이 되는 순간일 것이다.

이종섭 사태, 호주언론 '한국 외교의 신뢰성 파탄' 대서특필

법무부가 오늘 이종섭 전 국방부장관의 출국 금지 조치를 해제했다. 공수처가 피의자의 해외출국을 허용했는지 의심스럽다. 이종섭 씨가 조만간 출국할 것이다. 출국만 하면 시시각각 조여오는 수사망을 피할 수 있다고 믿는 모양이지만 대단한 착각일 뿐이다. 이미 호주 교민들이 이종섭을 맞이할 성대한 준비를 하고 있다. 두고 보라. 이종섭이 가까스로 한국에서 탈출하더라도 호주에서는 한국보다 더한 지옥을 맛볼 것이다. 호주 교민들이 한국대사관과 대사관저, 호주 외교부 등에서 이종섭 반대 시위에 돌입할 것이다. 한국에 있을 때는 수사와 재판 등 이슈 때만 잠시 시끄러울 텐데, 호주에 부임하면 이종섭 대사가 타깃으로 설정되어 일거수일투족이 여론의 관심을 받게 된다. 가장 걱정되는 문제는 한국과 호주의 오랜 선린외교 관계가 파탄나는 일이다. 호주의 유력 언론사들이 이 사안을 한국 외교의 신뢰성 파탄이란 관점에서 대서특필하면 한국의 국격은 형편없이 추락하고 국익도 크게 손해 볼 것이다. 호주 교민부터 시위를 시작하겠지만, 호주 언론의 보도에 자극받은 호주 국민들까지 한국의 외교적 무례를 규탄하며 이종섭의 추방을 자국 정부에 촉구하는 일로 확산될 것이다. 장담한다. 이종섭은 길어도 100일, 짧으면 1주 안에 호주대사 직에서 쫓겨나 귀국할 것이다. 이런 말도 안 되는 소동으로 인해 대한민국은 세계적인 망신거리가 된다는 것에 분통이 터진다.

민주진보진영의 총반격이 시작됐다. 윤석열정권 심판 프레임을 국민들에게 강철보다 더 튼튼하게 세워 보여줘야 한다. 이종섭 호주대사 사건이 프레임을 더 단단하게 굳히고 있다. 이재명 대표가 본진의 총사령관답게 전국을 누비며 바람을 일으키기 시작했다. 3월 첫주 내내 창당과 인재 영입에 집중하며 내실을 다졌던 조국혁신당도 "3년은 너무 길다"의 선풍을 전국으로 확산시켜야 한다. 양대 정당의 지지자들도 서로를 존중하며 각자의 활동에 집중하는 슬기로운 총선활동을 진행하면 된다. 조국혁신당이 '비조지민(비례는 조국혁신당, 지역구는 민주당)'을 애써 강조할 필요가 없다고 본다. 조국혁신당 지지자 대부분의 속마음이 투영된 진짜 착한 주장인데, 곡해해서 보는 측으로부터 "착한 척하면서 뒤로 호박씨를 까는 술책이다"는 비아냥을 들을 수 있다. "비례 투표는 쇄빙선 돌격선 조국혁신당!" 심플하게 홍보하면 충분하다. 국민들이 가장 듣고 싶어하는 목소리는 "윤석열정권 심판"이며 그 주장을 가장 크게, 가장 효과적으로 펼치는 세력이 경쟁자들 중에서 승자가 될 것이다.

윤석열심판 제1차 학익진. 이종섭 잡아라!

2024. 3. 10.

조국혁신당, 민주당, 예비역해병연대가 펼친 정의의 학익진

일요일 오후 인천공항 출국장, 민주진보진영의 제1차 학익진이 펼쳐졌다. 이종섭 해외도주 저지 긴급행동이 벌어졌다. 조국혁신당, 민주당, 예비역해병연대가 학익진을 펼쳤다. 윤석열정권 심판 총선압승을 위한 총공세가 시작됐다. 나는 지난 7일 이종섭의 호주대사 해외도주 사건을 3월 초반의 최대쟁점으로 부각시켜야 한다는 점을 강조한 바 있다. 이종섭 씨는 오늘 겁 없이 해외도피를 감행하려다가 야당과 언론, 예비역해병들에게 꼬리를 잡혔다. 대한민국 정치만큼이나 드라마틱한 드라마나 영화가 없을 정도다. 이종섭 씨가 몰래 빠져나갔다면 인천공항의 추격신은 없었겠지만 그 누군가가 양심의 목소리로 이종섭의 해외도주를 제보함으로써 전국민이 보는 가운데 윤석열과 이종섭의 도주 기도는 조롱과 비난을 면치 못하게 됐다. 총선 D-30! 이 사건은 총선 승패를 좌우하는 전환점이 될 것임에 틀림없다.

인천공항 출국장에 펼쳐진 조국혁신당, 민주당, 예비역해병연대의 학익진

윤 대통령의 자기보호수단으로 이종섭 대사 임명 강행

윤석열 대통령이 이종섭 호주대사 임명을 강행하는 이유는 뭘까. 1급 외교관들이 부임하던 자리에 장관급을 임명하는 무리수를 둔 이유는 뭘까. 윤석열 대통령 자신을 보호하기 위해서다. 해병대 사령관이 박정훈 해병수사단장에게 무심코 고백했던 고백을 기억한다. "용산 VIP가 장관에게 전화를 해 격노한 목소리로 수사서류의 경찰 이첩을 중단하라고 지시했다." 공수처는 이종섭 장관에게 그날 걸려온 02-XXX로 시작되는 전화번호가 대통령실의 전화라는 것을 이미 확인해놓은 상태다. 불법 수사 외압의 출발점이 대통령실이며, 그 전화를 한 사람이 대통령이라는 소문이 이미 파다한 상태 아닌가. 사실

로 확인되면 탄핵에 이를 중대범죄라는 점도 분명하다. 야당은 패스트트랙을 통해 해병 특검을 4월 3일 이후 국회 본회의에서 자동회부되도록 해놓은 상태다. 윤석열 대통령은 이종섭 해외 도주를 통해 지금 당장의 공수처 수사, 박정훈 대령 항명죄 군사재판의 증인 출석, 나아가 특검 수사 회피 등 '1타 3피'를 노렸지만 오늘의 인천공항 추격전으로 인해 '설사'를 하고 말았다. 설령 야당과 언론의 눈을 피해 호주행 비행기에 탑승하더라도 브리즈번공항을 비롯해 한국대사관이 있는 캔버라 등에서 눈에 불을 켜고 기다리는 교민 시위대에 가로막혀 대사 신임장 제정마저 어려울 수 있다. 호주 최대 도시 시드니에 있는 평화의 소녀상 앞에서 교민들의 항의집회가 열리고 있다고 한다. 인천공항 현장에 출동한 정치인은 조국혁신당의 신장식 수석대변인과 차규근 전 법무부 출입국본부장, 민주당의 홍익표 원내대표를 비롯한 수십 명의 국회의원과 수도권 출마자였다. 예비역해병연대 회원 수십 명도 빨간 해병티셔츠를 입고 등장했다. 국내 언론사도 거의 대부분 현장으로 나왔다. 민주진보진영의 제1차 학익진이 인천공항에서 펼쳐졌다. 망치선을 표방하는 조국혁신당이 가장 먼저 나타났고, 본진인 민주당이 한 시간 정도 후에 대거 나타나 중심을 잡았다.

그중 가장 눈에 띄는 사람은 차규근 변호사였다. 대구 달성고 6년 선배인 이종섭 호주대사를 '형'으로 지칭하는 "형, 어디가"라는 재치 있는 문구의 손피켓을 들고 나타나 여론의 관심을 집중시켰다. 원래 고향인 대구시당 창당대회에 참석할 예정이었으나 이 소식을 듣고 인천공항으로 달려와 몇 시간 째 '종섭 형'을 애타게 불렀다. 김학의 전 법무차관의 비밀 해외출국 현장을 막은 경력으로 인해 온갖 사법적 고초를 겪은 차 변호사는 오늘 자신이 관할하던 인천공항에서 '정치인 차규근'의 브랜드를 확실하게 빌드업 할 수 있게 됐다. 정치 슬로건이 마냥 진지할 필요는 없다. "3년은 너무 길다"라는 서정적인 문장이 국민들의 윤석열정권 심판 의지를 대변하는 슬로건이 된 것처럼 "형, 어디 가"는 불법적인 해외 도주를 저지르는 윤석열정권의 흉계를 국민들에게 고발하는 불화살의 역할을 하기에 충분했다.

나는 3월 8일 공개적으로 장담했다. "장담한다. 이종섭은 길어도 100일, 짧으면 1주 안에 호주대사 직에서 쫓겨나 귀국할 것이다." 총선 국면 초반 3월 10일에 도주한 이종섭 씨가 총선 국면 후반에 귀국하게 되면 국민들은 더욱 자신 있게 '윤석열정권 심판'을 위해 투표장으로 몰려나올 것이다. 호주 교민들의 용맹한 투쟁을 기대한다. 희망을 갖고 기다려보자!

스웨덴 민주주의 다양성 연구소가 한국을 독재화로 전환 중인 나라로 분류했다는 뉴스에 참담함을 느끼지 않을 수 없다. 전 세계 4천 명 넘는 전문가들이 수집한 자료를 토대로 내는 세계 각국의 민주주의 지수에서 한국의 자유민주주의 순위가 28위에서 47위로 추락했다. 1년 만에 19계단 떨어졌다. 특히 한국을 민주화에서 독재화로 전환되고 있는 국가로 분류했다. 독재화로 전환되는 국가 중 상위 10개에 포함된 대한민국은 자유민주주의 최상위 그룹 32개 나라 가운데 독재화로 전환되는 유일한 나라로 꼽혔다. 부끄러움은 국민의 몫이 됐다. 총선에서 정권을 심판해야 할 이유가 또 하나 추가됐다. 이 뉴스에 충격받을 것이 확실한 합리적 보수성향 시민들의 애국적 심판 투표를 기대한다.

조국혁신당의 블루오션 개척 전략, 투표율을 높여라!

2024. 3. 11.

조국혁신당의 시민과 함께하는 선거캠페인 기대해

오늘 조국혁신당의 비례후보 경선 신청이 마감됐다. 100명이 넘는 사람이 신청했다고 한다. 당에서 소정의 심사를 거쳐 경선후보들을 공고하면 당원 및 국민들이 참가하는 방식으로 경선을 치러 순번을 정하게 된다. 영입인재 및 입당인사들을 중심으로 좋은 인재들이 대거 신청해 경선을 치를 때 지지할 후보를 고르느라 행복한 고민을 하면 좋겠다.

조국혁신당의 선거캠페인은 어떻게 진행될까. 선거법상 확성기를 쓰지 못하고 대중연설 및 유권자와의 대담를 하지 못한다. 기자회견 방식으로 기자의 질문에 당의 후보들이 답변하는 방식으로만 유권자와 소통할 수 있다. 양당의 위성비례정당은 유세차량을 활용해 유세하는 지역구 후보들과 보조를 맞춰 다니면 주목효과를 높일 수 있지만, 독립된 비례정당은 이마저도 불가능하다. 선거법 독소조항은 개정되어야 하지만, 이번 총선은 어쩔 수 없이 따르는 수밖에 없다. 당원 및 지지자들이 할 수 있는 선거운동도 거의 없다. 스스로 제작한 25cm X 25cm 피켓만 들거나 휴대하여 걸어다닐 수 있을뿐이다. 피켓을 당에서 제작해 일괄 제공하는 것도 불법이다. 이런 점을 감안하여 당의 전국 순회 선거캠페인의 큰 그림을 그려보고자 한다.

조국혁신당은 전국을 다니며 기자회견 방식의 유세로 유권자들을 만난다. 어느 지역을 중점적으로 찾아갈 것인가를 결정해야 한다. 첫째 조국혁신당의 지지율을 높일 수 있는 지역을 순회해야 한다. 현재까지 나온 여론조사를 살펴보면 호남, 부산경남, 수도권의 지지율이 상대적으로 높다. 득표율을 높이려면 이들 지역부터 집중해야 한다. 여론조사에서 다른 지역들의 지지율이 높아지면 그곳을 유세지역으로 추가하면 된다. 둘째, 지역구 선거 접전지를 중심으로 순회해야 한다. 2020년 총선에서 5% 내 접전지가 40개 지역구에 달했다. 이번 선거에서도 비슷할 것이다. 당은 국민들에게 약속한 민주진보진영의 큰승리에 기여하는 모습을 보여줄 의무가 있다. 가령 서울 강북지역 선거구를 많이 방문할 경우 조국혁신당의 득표율 제고에는 도움이 되겠지만 민주당의 절대우세 지역이므로 전체 선거의 큰승리에는 기여하지 못하게 된다. 조국 대표는 애초대로 10석 목표를 변함없이 강조하고 있고, 신장식 대변인은 조국함대 12척으로 더많은 의석을 국민에게 호소하고 있다. 조국혁신당의 의석 숫자 한 석이 더 늘어나는 것보다 접전지역구의 5석 또는 10석 승리에 기여하는 길이 있다면 당은 그 길을 우선적으로 택하게 될 것으로 본다. 이런 전국순회 전략에 따라 조국혁신당 당원들과 지지자들의 선거운동 참여 방식도 결정될 것이다. 자신의 지역구 또는 생활권 지역구의 민주당 후보들을 지원하는 일상적 선거 참여가 필요하다. 조국혁신당원임을 밝히며 민주당 지역구 후보의 지원을 전개할 경우 당의 평판과 득표율을 높이는데 큰 도움이 될 것이다.

조국혁신당, 민주진보진영 압승 목표 선거전략으로
범야권 지지자들의 투표 의욕 불러

조국혁신당의 민주진보진영 압승을 목표로 한 선거전략은 투표를 내심 포기하고 있던 범야권 지지자들의 투표참여 의욕을 불러일으키게 될 것이다. 일종의 블루오션 개척 전략이다. 다른 당에 투표하기로 마음 먹은 유권자에게 조국혁신당에 대한 투표로 바꿀 것을 설득하는데 집중하면 가성비가 낮다. 양당 체제의 현실을 감안하면 2번을 찍는데 익숙한 사람을 빼오는 것은 매우 힘들다. 즉 레드오션에서 헤매는 형국이된다. 블루오션을 개척해야 한다. 대선 투표율 77% 가운데 절반에 가까운 37%가 이재명후보에게 투표한 경험이 있다. 이번 총선의 투표율이 60%라고 가정할 경우 대선에 투표한 사람 가운데 17%가 투표에 불참하는 것을 의미한다. 조국혁신당이 윤석열정권 심판의 열풍을 불러일으켜 3%만 추가로 투표소로 몰고 나오면 총선 투표율이 63%로 상승하고 이는 조국혁신당의 지지율 제고는 물론 민주당 접전 지역구 후보들이 10석 가량 추가로 승리하는 결과를 낳는다. 이것이 조국혁신당의 투표율 제고 전략, 즉 블루오션 개척 전략이다. 조국혁신당이 민주진보진영의 대승 즉 민주당의 지역구 압승을 위해 개척할 블루오션 전략의 핵심은 대선에서 이재명후보에게 투표했지만 이번 총선에서 투표를 포기할 계획이던 범야권 유권자들의 투표율을 높이는 것이다. 여기에 총선에 투표를 할 의사가 있지만 정당과 후보를 결정하지 못한 대략 20%의 중도 무당층 스윙보터 가운데 3분의 2 이상을 윤석열심판 프레임 안으로 끌어들여야 한다. 최근 여론조사를 보면 중도 성향 유권자들 가운데 3분의 2 가량이 윤석열정권 심판을 지지하고 있다. 이런 전략대로라면 총선의 압승은 확실시된다. 민주당도 블루오션 개척에 힘을 쏟고 있다. 김부겸 전 총리를 선대위원장으로 영입한 것, 전문가를 인재로 영입하고 당의 간판으로 내세우는 것도 그 일환이다. 과학자 황정아 씨, 의사 강청희 씨, 교사 신승아 씨, 윤석열 인수위 출신 신용한 씨, 현대자동차 사장 공영운 씨, 대학교수 유동철 씨 등이 대표적이다.

오늘 민주당 이재명 대표가 지원유세를 하는 현장에서 일어난 일을 보고 혀를 끌끌 차지 않을 수 없었다. 이 대표가 확성기 없이 사자후를 토하며 연설하다가 말미에 더불어민주연합

후보들의 지지를 호소할 때 청중 가운데 몇몇 사람들이 "몰빵! 몰빵!"을 연호했다. 대부분 지역에서 벌어지는 현상으로 보인다. 몰빵은 정치 고관여층 사이에 통용되는 '약속된 신호'같은 것인데, 대중연설회 현장에서 이 구호가 무분별하게 확산되는 것은 우려할만한 현상이다. 유세장에 나온 일반 주민들과 유튜브 등을 통해 청취하는 일반인들이 어떤 생각을 하게 될지 앞으로 잘 고려하기 바란다. 일부 열성 당원들과 유튜버들이나 외치는 몰빵이 이재명 대표가 연설하는 현장을 따라다니며 울려퍼진다면 이재명의 브랜드이미지에도 나쁜 영향을 끼칠 것이라고 본다. 나의 고언에 대해 민주당이 잘 살펴보기 바란다. 주가안정성이 높은 1등주인 삼성전자의 일반주와 우선주에 몰빵하여 투자하는 안전투자를 존중한다. 조국혁신당 지지자들은 2등주이지만 성장성이 높은 하이닉스 주식과 1등주인 삼성전자 우선주에 분산투자를 한다. 조국혁신당 지지자들의 분산투자에 대해 비난하지 않았으면 하는 바람 간절하다.

민주진보진영 대세 상승기 돌입!
학익진을 더욱 강화하라!

2024. 3. 12.

이해찬, 김부겸 가세해
민주당의 윤석열정권 심판 포문 본격화

민주진보진영이 대세 상승기에 돌입했다. 3월 10일 인천공항 1차 학익진 이후 민주당의 화력전이 대폭 강화됐다. 이재명, 이해찬, 김부겸 3인 선대위체제를 구축하고 윤석열정권 심판의 포문을 활짝 열었다. 가장 빨리 인천공항에 출동한 차규근, 신장식의 분전으로 조국혁신당이 망치선역할을 제대로 한다는 호평이 확산되고 있다. 나는 3월 초부터 민주당이 공세로 전환하는 시점이 3월 10일경이 되리라 예측했는데 딱 맞아떨어졌다. 민주당의 공세 전환에는 조국혁신당의 기여가 꽤 있다. 조국혁신당이 여론의 집중조명을 받지 못했다면 민주당은 집중포화를 받고 굉장히 깊은 내상을 입었을 것이다. 이재명 대표가 3월 5일 조국 대표를 만나 두 손을 잡은 것은 조국혁신당의 분전에 대한 답례의 성격도 있다고 봐야 한다. 조국 대표는 민주당은 항공모함 같은 존재여서 항로를 결정하는데 시간이 걸리므로 쇄빙선인 조국혁신당이 가장 빠르게, 가장 앞장서서 싸운다고 누누이 강조해왔다. 지난한 달의 여정이 딱 그러했다.

보수언론의 민주당과 조국혁신당 갈라치기 언론보도 횡행

보수언론이 민주당과 조국혁신당을 갈라치기하려는 의도가 분명한 기사를 쏟아내기 시작했다. 조선일보는 1면 사이드톱에 "조국혁신당 급부상, 민주당과 갈등 고조"라는 기사를 냈다. 한국일보는 "조국 신드롬에 갇힌 이재명"이라는 기사를 냈다. 윤석열과 국민의힘이 다시 하강기에 들어서자 대세상승기에 들어선 민주당과 조국혁신당을 이간시켜 당 대 당, 지지자 대 지지자 사이의 개싸움을 유도하겠다는 의도다. 조국혁신당을 공격하는 일부 민주당 지지자들에게 무익한 공격을 중단해줄 것을 다시금 촉구한다.

이종섭 전 국방부장관은 '도주대사'라는 치욕적인 별칭을 얻었다. 정권 수호를 위해 외교관의 꽃인 대사의 직위를 범죄피의자 해외도피의 수단으로 활용했다는 의혹에 따른 것이다. 호주의 최대방송사인 ABC를 비롯해 호주언론들도 '도주대사 스캔들'을 주요기사로 보도하기 시작했다. 한국과 우호관계가 돈독한 호주정부도 내심 불쾌해하고 있을 것이다. 전 세계 외교가에서도 이 사건을 주목하고 있다. 후진국의 독재자들이

나 하는 짓을 선진국 반열의 대한민국 대통령이 저지르는 것에 경악하고 있다. 대통령이 경제를 잘못하면 경기가 침체되고 민생은 후퇴한다지만 나라가 망하는 데까지 이르지 않는다. 대통령이 외교와 국방을 잘못하면 나라 자체가 망할 수 있다. 국방을 잘못하면 외적의 침입에 나라가 망한다. 구한말 고종처럼 외교를 잘못하면 외국에 국권을 빼앗긴다. 조국혁신당에 영입된 김준형 전 국립외교원장은 윤석열 대통령의 잘못된 외교로 나라가 망할 수 있다는 위기감에 정치 일선에 뛰어들었다고 말했다. 정치DNA를 전혀 갖지 못했다고 고백한 이 국제정치학자를 정치판에 뛰어들게 한 것은 윤석열 대통령의 외교정책 파탄이었다. 윤석열 대통령은 '도주대사' 사태로 직업외교관들에게 큰 모욕을 안겨줬다. 대사는 보통 3년 임기로 근무하는데, 부임 후 15개월밖에 안 된 호주대사는 이번 사태로 인해 허둥지둥 귀국해야만 했다. 당사자인 대사뿐만 아니라 본부 및 각국 대사관에 파견된 수천 명의 직업외교관들도 깊은 자괴감에 빠졌을 것이다. 이종섭 '도주대사 사태'는 대한민국의 외교를 완전히 망가뜨린 희대의 사건이다. 외교와 국방을 잘못하면 나라가 망한다는 정치학의 기본 원칙에 따라 윤석열 대통령이 더 이상 나라를 망하게 하지 못하도록 이번 총선에서 반드시 준엄하게 심판해야 한다.

　도주대사와 같은 비행기를 타고 호주까지 날아간 MBC 취재진의 분전에 박수를 보낸다. 어려운 경영여건에도 수천만 원

대의 큰 비용을 기꺼이 투자한 MBC 경영진과 보도국의 담대한 결단에 찬사를 보낸다. '런종섭 도주대사'를 최초로 특종보도하고 호주까지 추적한 MBC의 보도는 2024 올해의 보도상을 받을 만하다.

윤석열 대통령의 제 무덤 파기 실력은 타의 추종을 불허한다. '런종섭 도주대사' 파문을 일으켜 민주당, 조국혁신당, 예비역해병, MBC 등 언론사까지 총단결 학익진을 구성할 수 있도록 만들어줬다. 이번 사건은 지난 한 달 동안 아스라이 멀어져갔던 개헌·탄핵·거부권무력화의 '매직넘버 200'의 목표에 우리를 성큼 다가서게 만들었다.

조국의 책임정치가 조국혁신당을 더 단단하게 강화시킬 것

조국혁신당 비례대표 후보 신청자가 101명이다. 101 달마시안? 당의 심사를 거쳐 남녀 20명을 추린 후 경선에 부쳐 순위를 결정한다. 1인 4표씩, 남녀 후보 2인씩에게 투표한다. 왜 1인씩이 아닌 2인씩 투표하라는 걸까? 조국 대표 때문이다. 가령 100만 명이 투표할 경우 남성 후보들 중 조국 후보에게 압도적으로 많은 표가 몰릴 것이 확실시되기 때문이다. 그래서 남성과 여성 각각 2명씩에게 투표하라는 방안이 나온 것이다. 나는 조국에게 한 표를 던질 것이다. 그가 남성 중 1번인 전체 2번으로 후보등록을 해야 한다고 주장한다. 그게 책임정치다.

이재명 대표가 당의 공천을 오롯이 책임진 것과 같은 책임정
치다. 당의 대들보는 조국 대표다. 그가 가장 먼저 국회에 입
성해야 한다. 1번이 된다는 것은 영광의 자리가 아니다. 가장
먼저 싸우고, 가장 먼저 다치고, 가장 먼저 상처입고, 가장 먼
저 감옥에 가는 자리다. 조국 대표가 일부러 조작을 하지 않는
한 투표에서 꼴찌를 할 방법은 없다. 조국 대표가 나에게 투표
하지 말고 다른 사람에게 투표하라고 유세를 해도 1등이 될 것
이다. 즉 조국 대표에게는 1등을 할 방법만 있다. "저 조국에게
꼭 한 표를 주십시오"라고 유세하면 된다.

　선거인단에 등록하는 분들은 남성 후보의 경우 조국에게 1
표를 행사한 후 다른 한 표를 자신이 선호하는 후보에게 행사
하는 것이 바람직하다. 가령 100만 명이 투표했을 때, 조국 후
보가 100만표를 받고 다른 후보들이 2위, 3위, 4위 득표순으로
정렬되는 것이 민의를 제대로 반영한 투표결과가 된다. 여성
후보의 경우에는 조국 대표만큼 압도적인 사람이 없기에 각자
자신의 판단대로 투표하면 된다. 다만 전상훈TV는 창당 선언
부터 즉시 당에 대한 지지를 선언하며 1만 명 이상의 구독자를
당원 가입으로 유도한 책임이 있으므로 여성 후보 1명, 조국
대표 외 남성 후보 1명을 공개리에 추천할 것이다. 이 또한 선
도당원 전상훈의 '책임정치'다.

대중연설가 조국, 빛고을에서 포효하다

2024. 3. 14.

광주 충장로 연설,
대중연설가 조국의 면모 돋보여

　　　　　　　　대한민국에 새로운 대중연설가가 등장했다. 오늘 조국 대표의 사실상 최초의 대중연설로 기록될 광주 충장로 연설은 호남은 물론 대한민국 전체를 울리고도 남음이 있었다. 그는 확성기를 쓰지 않고도 구름떼처럼 모인 시민들을 환호케 하는 격정적인 연설을 쏟아냈다. 학자로서 조곤조곤 말하던 조국이 단전에 힘을 모으고 온몸을 소리통 삼아 무등산 호랑이로 변신해 포효한 오늘의 연설은 역사적인 장면이었다. 특히 오늘 연설에서 조국 대표는 연설문을 낭독하는 것을 넘어서서 청중들과 일일이 눈을 맞추며 소통하는 인상적인 모습을 보여줬다. 훌륭한 대중연설가의 제1 덕목은 청중과의 소통이다. 2016년 12월 8일 내가 창설한 시민나팔부대 주최로 강남역에서 박근혜 탄핵 강남시민대회의 연사로 나온 조국과는 전혀 다른 사람, 즉 '정치인 조국'의 진정한 면모가 드러난 연설이었다. 그는 지난 4년 반 고난의 시간에 턱걸이와 스쿼

트 등 근육운동을 통해 동년배 최강의 체력을 키워왔다. 강인한 체력을 바탕으로 오늘의 포효는 탄생된 것이라고 본다. 나약한 선비 이미지를 떠올리던 많은 시민들에게 오늘의 연설은 정치인 조국의 이미지를 각인시키는데 크게 기여했다고 평가하고 싶다.

••● 연설문 중요 부분 발췌 수록 ●••

존경하는 광주 시민 여러분, 광주 시민과 함께! 민주공화국의 가치를 파괴하는 윤석열정권과 한 치도 타협하지 않고 싸우겠습니다! 제가 제일 앞에 서고, 제가 제일 마지막까지 싸우겠습니다! (중략)

도대체 이런 정부가 어디에 있습니까! 최근에는 공수처의 수사를 받고 있는 이종섭 전 국방장관이 호주대사로 임명되었습니다. 범인도피죄 아닙니까? 외교참사 아닙니까? 창피합니다! (중략)

존경하는 광주 시민 여러분, 문재인정부는 정권 재창출에 실패했습니다. 일부 정치 검사들의 준동을 막지 못하고 정권을 내준 데 대해 문재인정부 검찰개혁 당사자로서 무한한 책임을 느낍니다. 송구스럽습니다. 죄송합니다. 저는 결자해지의 심정으로, 정치 참여를 결심했고 창당에 나섰습니다. 제 모든 것을 걸고, 윤석열정권의 퇴행을 막아야겠다는 소명을 운명처럼 받아들입니다. (중략)

조국혁신당은 지금 기적을 만들고 있습니다. 창당한 지 열하루 만에, 조국혁신당에 입당한 분이 10만 명에 육박하고 있습니다. 최근 여러 여론조사에서 조국혁신당의 비례대표 정당 지지도가 10%대를 넘어 20%대 중반을 넘어섰다는 언론 보도가 나오고 있습니다. 광주 시민 여러분을 포함한 국민 여러분의 성원에 힘이 납니다. (중략)

거리에서 만난 많은 시민들이 이렇게 말씀하십니다. "투표장에 안 나가려고 했는데, 조국혁신당 비례 찍으러 나갈 겁니다!" 조국혁신당의 돌풍은 민주진보진영의 결집에 기여하고 있습니다. 조국혁신당은 민주진보 시민의 투표 참여를 견인하고 있습니다. 최근 여론조사를 분석해 보면, 조국혁신당 비례 지지와 민주당의 지역 지지가, 동반 상승하고 있습니다. 조국혁신당의 약진이 민주당 지역구에 확실한 도움을 주고 있습니다. 조국혁신당의 약진이 민주진보진영 전체의 파이를 키우고 있습니다. (중략)

불은 가장 뜨거울 때 파란색이 됩니다. 우리가, 조국혁신당이, 가장 뜨거운 파란 불이 되어 검찰독재정권을 태워버릴 것입니다. 저부터, 저부터 파란 불꽃 하나가 될 것입니다. 다시 말씀드립니다. 맨 앞에서 서서, 맨 마지막까지 싸울 것입니다.

존경하는 광주 시민 여러분, 대한민국의 민주주의가 위기에 처할 때마다, 정치 역사의 고비 고비 때마다, 광주와 전남은 지혜로운 전략적 선택을 해왔습니다. 그리고 광주와 전남의 선택은 항상 옳았습니다. 이 나라의 민주진보진영이 위기를 맞고 분열 앞에서 흔들리고 있을 때마다, 광주 전남은 그 중심을 잡아 주셨습니다. 이번 총선에서, 다시 한 번 우리가 이 위기를 극복할 수 있도록, 용기와 희망 그리고 지혜를 주십시오!

4월 10일 총선은 조국혁신당만 잘되는 선거는 안 됩니다. 민주당을 포함한 민주진보진영 전체가! 승리하는! 선거가! 되어야 합니다! 그 길에, 조국혁신당이 앞장서겠습니다. 더 강하고, 더 빠르고, 더 선명하고, 더 단호하게 행동하겠습니다. (중략) 광주 시민 여러분! 지금까지 2년이 어땠습니까? 또 앞으로 3년을 이대로 사시겠습니까?

3년은 너무 길다! 감사합니다.

조국 대표의 오늘 연설은 조국혁신당의 선거전략을 시민들이 이해하기 쉽게 해설한 것이기도 하다. 민주당 지지자들이 조국혁신당의 역할에 대해 명확하게 이해하고 긍정적 의의를 인정하게끔 안내했다. 선거법상으로 불가하지만 조국 대표와 이재명 대표가 거리에서 번갈아가며 연설하면 일대장관이 펼쳐질 것이라는 상상도 해봤다. 총선에서 압승한 두 대표가 총선 다음날 당선자들을 이끌고 용산 대통령실 앞에서 윤석열 대통령의 즉각 사임을 촉구하는 공동기자회견을 하는 상상도 해봤다.

윤석열 대통령의 제 무덤 파기에 보수언론마저 등 돌려

호주로 도주한 이종섭의 감옥생활이 시작됐다. '도주대사'라는 조롱이 이어지고 있다. 호주 교민들의 시위가 캔버라에 있는 대사관 앞에서 시작됐고, 같은 비행기에 동승한 MBC기자도 밀착취재를 시작했다. 호주정부는 출국금지된 피의자에게 대사 신임장을 제정해줘야 하는 매우 불쾌한 상황에 놓이게 됐다. 누누이 강조했듯 정권 차원의 문제를 넘어 국가적 문제가 되었음에도 대통령실 핵심관계자는 오늘 언론에 대사 임명을 철회할 계획이 없다고 밝혔다. 정권 수호를 위해 국익도 저버리겠다는 매국적인 태도다. 국민의 분노는 끝없이 치솟게 될 것이다. 이 사건으로 인해 총선에서 큰 타격을 입을 것을 감지한 국민의힘 지도부와 후보들도 조만간 대통령에게 공개리에 반발할 것이 확실하다. 조중동을 비롯한 보수언론도 이미 돌아섰다. 제 무덤 파기로 몰락을 자초하는 윤석열 대통령은 내가 누누이 강조한 대로 결국 총선 전에 이종섭을 다시 불러들이게 될 것이다. 민심을 이기는 권력은 없다.

윤석열 대통령이 국정을 엉망으로 하면 한동훈 비대위원장이라도 제대로 해야 참패를 면할 수 있다. 그러나 두 사람 행태가 똑같다. 이재명 대표를 확정적 중범죄자라며 시종일관 검찰수사로 공격하던 대통령처럼 여당 대표는 총선국면에서도 야당 심판만 주구장창 되뇌이고 있다. 선거 슬로건은 "국민의힘은 합니다"인데 "국민의힘은 민생 살리기 합니다"가 아니라 "야당 때리기 합니다"로 일관하고 있다. 두 사람의 삽질 덕분에 이래저래 선거 전망은 밝기만 하다.

조국의 첫 사투리 어록 "느그들 쫄았제"

2024. 3. 15.

느그들 쫄았제

오늘의 정치 어록 가운데 단연 첫 머리는 조국혁신당 조국 대표의 "느그들 쫄았제"였다. 한동훈 국민의힘 비대위원장이 조국혁신당에 입당한 황운하 의원 방지법을 내겠다고 도발하자 조국 대표는 YTN 인터뷰에서 "느그들 쫄았제"라는 부산사투리로 맞받아쳤다. 장안의 화제가 된 이 발언은 전국 8도 사투리 버전으로 확산되며 조국혁신당의 당찬 기세를 상징하는 표현으로 확산되고 있다. 충청도 "너들 쫀겨", 전라도 "아그들아 쫄아뿟냐", 대구 "임마야 쫄았나".

조국혁신당, 지지율 급상승에 11일 만에 당원 10만 명 돌파

오늘 발표된 R&R의 여론조사에서 조국혁신당의 비례투표 지지율이 28.3%로 나왔다. 지난 주 22.9% 대비 5.4% 치솟았다. 더불어민주연합(19.7%)과 국민의미래(34.2%)는 정체 상태. 여론조사 결과를 받아든 사람들이면 누구나 소름 돋을 정

도의 무서운 기세다. 지역구 투표 지지율은 민주당 47%, 국민
의힘 40%였다. 조국혁신당과 더불어민주연합의 지지율 합계
는 48%로서 민주당 지역구 지지율을 한 방울도 남김없이 흡
수해냈다. 반면 국민의힘 지역구 투표의향 가운데 6% 가량이
국민의미래가 아닌 개혁신당(4.8%) 등 타 정당으로 흘러갔다.

20대(18~29세) 청년의 지지율이 치솟고 있음을 입증하는 조
원씨앤아이의 여론조사 결과도 발표됐다. 이 조사에서는 조국
혁신당의 비례 투표 지지율이 26.1%였는데, 20대의 지지율도
26.4%로 나왔다. 조국과 조국혁신당에 냉담하거나 애써 관심
을 끊으려 했던 청년세대에서도 조국혁신당의 바람이 불고 있
음을 확인할 수 있다. 민주진보진영을 대표하는 지역인 호남
의 지지율(34.8%)이 가장 높았고, 조국 대표의 고향이자 총선
최대 접전지역인 부울경의 지지율(27.8%)도 전국 평균을 상
회했다. 인천경기(28%), 서울(25.6%), 충청세종(20.5%), 대구
경북(15.5%), 강원제주(27.3%). 연령대별 지지율에서는 40대
(36.2%), 50대(32.1%), 60대(23.8%), 30대(22.2%), 70대 이상
(11.9%). 조국 대표가 조만간 부산을 방문한다. 어제 광주 유세
와 같은 뜨거운 열기가 부산에 상륙하면 18개 지역구의 선거
판세에도 긍정적 영향을 미칠 것이다. 한국갤럽 정례 여론조
사에서도 조국혁신당 비례투표 지지율은 19%를 기록했다. 조
국혁신당만 지난주 15%보다 4% 상승했고 타 정당들은 모두
정체 또는 소폭 하락 추세다. 이런 상승세를 입증하듯 조국혁

신당이 창당 11일 만에 당원 10만 명을 돌파했다. 한국정당사에 새로운 기록을 계속 새겨 넣고 있다.

용산 대통령실발 악재 또 터져, 황상무 수석의 회칼 테러 사건 언급

이번 총선의 중대변수가 될 용산 대통령실발 사건이 오늘 또 터졌다. KBS기자 출신인 황상무 대통령실 시민사회수석이 오늘 MBC 기자를 포함한 대통령실 출입기자와의 점심식사 자리에서 "MBC는 잘 들어"라고 말한 뒤 "내가 (군) 정보사 나왔는데 1988년에 경제신문 기자가 압구정 현대아파트에서 허벅지에 칼 두 방이 찔렸다"고 말했다고 MBC가 보도했다. 노태우정권 초기 오홍근 중앙경제신문 사회부장이 자매지인 월간 중앙에 군사정권을 비판하는 연재 기사를 싣고 있었는데 이에 불만을 품은 국군정보사 군인들이 오 부장을 회칼로 허벅지를 찌르는 만행을 저질렀다. 한국현대사에 무수히 많은 언론인테러 사건 가운데 가장 악랄한 테러 사건이다. 황 수석은 5·18민주화운동 북한개입설까지 언급했다. "다만 증거가 없으면 주장하면 안 된다"고 했지만 그가 증거도 없는 이야기를 왜 꺼내는지는 삼척동자도 알 수 있다. 린종섭 도주대사 건으로도 성에 차지 않은 대통령실이 언론인 회칼테러 망언까지 쏟아내며 총선 판세의 대전환을 알아서 주도하고 있다. 이 발언의 심각성은 단지 선거 판세와 연결되는데 있지 않다. 헌법정신의 근간 중 하나인 5.18민주화운동을 폄훼하고, 언론자유를 심각하게 침해한 언론인테러 사건을 농담 따먹기 방식으로 말한 대통령실 핵심인사의 저열함이 놀라울 따름이다. 윤석열 대통령이 황 수석의 생각과 똑같지 않다면 즉각 경질해야 한다. 경질하지 않고 버틴다면 황 수석의 오늘 망언은 대통령의 국정현안 인식을 반영한 망언이라고 단정하지 않을 수 없다.

조국혁신당 비례대표 후보 발표

조국혁신당의 비례대표 후보가 발표됐다. 남녀 20명 후보, 남녀 6명 예비후보, 총 26명이다. 20명을 대상으로 선거인단 투표를 진행하고 그 결과에 따라 입후보 순위가 결정된다. 보수 언론들은 논란의 중심에 있는 황운하, 가수 리아 등 20명 비례 후보 신청이라는 제목을 단 기사로 조국혁신당의 기세에 흠집을 내려 하고 있다. 비례대표 후보 순위는 당원과 국민선거인단의 표를 합산해 결정된다. 총선 투표 전 나의 소중한 투표권을 행사할 기회를 얻었다. 참 기쁘다.

조국혁신당에 며칠 전 공개리에 입당했던 홍종학 전 벤처중기부 초대장관이 비례대표 후보로 선발되지 않았다. 공천 신청 자체를 하지 않은 것으로 알려졌다. 그의 대표 정책이 "신혼부부 전부에게 영구임대주택 제공"이다. 사회서비스 복지정책 분야의 경세가인 그가 1선의 국회의원이 아닌 2선의 당의 정책

통으로서 활동하겠다는 의사를 밝힌 것이다. 정치에 참여하는 방법은 다양하다. 국회의원 활동은 그중 하나일 뿐이다. 방송가와 유튜브의 스타로 자리 잡은 논객인 박지원 전 국정원장과 이언주 전 국회의원이 민주당 공천을 향해 뛰고 있다. 나는 박지원 씨가 여권의 김종인 씨 같은 역할을 하는 게 맞다고 본다. 그가 민주당의 국회의원 중 한 명이 되면 그의 스피커 용량은 현재의 스피커 용량보다 10분의 1로 줄어들 것이다. 이언주 씨의 경우도 마찬가지다. 박지원과 이언주 같은 빅스피커는 국회의원이 아닌 상태로 현재의 스피커 용량을 재야에서 더 키워낼 역량이 있는 사람들이다. 그들이 정권 교체에 가장 크게 기여하는 방식이다. 특히 박지원 씨의 경우는 민주당의 최고참으로서 이재명 대표와 당지도부 위에 군림하는 상왕 노릇을 할 우려도 있기에 더더욱 경계해야 마땅하다. 두 사람 모두 민주당에 큰 해악을 끼친 전력이 있는 만큼 이번 총선에는 불출마를 하며 정권 교체에 기여하는 것이 도의에도 맞다.

4장

700만 시민과 함께한
조국혁신당의 승리

2024.3.16.~4.11.

조국의 20점 홈런!
랑만의 정치를 부활시키다

2024. 3. 16.

저를 압또적 1위로
만들어주셔야

　　　　　조국 대표가 비례 후보 정견발표장에서 홈런을 쳤다. 만루홈런을 넘어 비례 후보 20명 전원을 모두 홈으로 불러들이는 초대형 홈런이었다. "저를 압도적(압또적) 1위로 만들어주셔야~" 조국 대표는 긴장에 움츠렸던 후보자들과 생중계를 보던 국민들에게 큰 웃음을 선사했다. 요즘 정치현실에서는 보기 힘든 멋들어진 정치유머를 선보였다. 등단 순서를 헷갈릴 만큼 긴장했던 박은정 후보를 비롯한 모든 후보들과 당직자들이 폭소를 터뜨리는 순간 그 자리는 살벌한 경선장이 아닌 모두가 승리하는 축제가 됐다. 조국 대표에게 후순위 배치를 조언하던 사람들이 꽤 있었던 모양이다. 이에 대해 조국은 정색하고 "멋 부리지 않고 해왔던 대로 제 모든 힘을 쏟을 것입니다"라고 답했다. 내가 일관되게 주장해왔던 '책임정치'다. 조국 대표는 3분 정견 발표만으로도 국민에게 상당히 잘 준비된 정치인이라는 느낌을 갖게 하는데 성공했다. 역사적 무게에 짓눌리는 숨 막히는 순간에 자신이 품고 있던 잠재력을 폭발시키는 조국 대표를 보며 '접신(接神)'이란 단어를 떠올렸다. 노회찬이란 정치언어의 마술사를 떠올렸다. 신들린 듯 정치하는 조국, 우리가 얼마나 기다리던 조국인가.

"압또적 1위"라는 조국 대표의 표현은 살벌한 현재의 정치판에 '랑만의 정치'를 복원시키자는 메시지가 담겨져 있다. 김영삼 전 대통령에 대한 오마주이기도 하다. 지난 7일 손명순 여사가 별세했을 때 조국 대표는 빈소를 찾아 조문한 바 있다. YS는 주요 연설에서 "국민 여러분, 저 김영삼에게 압또적 지지를 보내주십시오"라는 표현을 애용해 썼다. 진보정당의 지도자이지만 이번 총선에서 고향 부산의 지역 기반을 닦겠다는 조국 대표의 의지가 보인다. 현충원 김영삼 대통령 묘역 참배도 같은 맥락이다.

"압또적 1위"는 선거인단의 합리적 선택을 잘 유도해준다. 선거인단들이 남성 후보에게 던질 두 표 가운데 한 표를 조국 대표에게 "압또적으로 던지면" 나머지 남성 후보 9명의 순위는 선거인단의 선호도대로 결정된다. 여성 후보의 경우에는 조국 대표만큼의 '압또적 후보'가 없기에 선거인단이 후보들의 프로필과 정견을 잘 살펴보고 현명한 선택을 하면 된다. 전상훈은 남성 후보 중에는 신장식 후보를 추천한다. 여성 후보중에는 의료·돌봄정책 전문가 김선민 후보를 추천한다. 두 후보와는 30분 내외의 인터뷰를 했고 전상훈TV를 통해 게시했으니 참고하기 바란다. 나는 윤석열정권 심판 투쟁에 앞장설 후보와 사회권 선진국 정책을 만들어갈 후보들이 적절하게 안배되길 바라고 있다.

조국, "내가 느그들 끝을 본다!"

조국 대표가 어제 유튜브채널 '오마이TV'에 출현해 또 하나의 사투리 어록을 남겼다. '한동훈 특검법'을 한동훈 비대위원장의 범죄 혐의는 물론 자녀와 관련한 11가지 범죄 혐의도 수사할 수 있도록 준비하고 있다면서 부산사투리로 이렇게 경고했다. "내가 느그들 끝을 본다!" 민주진보진영에서도 조국이 총선에 참전하면 중도층이 떨어져 나갈 것이라는 주장이 있었다는 기자의 질문에 조국혁신당이 윤석열정권에 대한 심판 의지가 높여냄으로써 "중도층의 진보화"를 이뤄내고 있고, 이에 따라 범민주·진보진영의 파이가 커지고 있음이 각종 여론조사 결과를 통해 확인되고 있다고 주장했다. 전적으로 바른 진단이다. 조국혁신당 등장 전과 후를 딱 비교해 보면 모든 여론조사에서 조국혁신당 등장 이후 민주진보진영 파이의 크기가 커지고 있다. 전상훈TV 3월 2일 방송을 통해 "조국의 현재 주가에는 모든 악재가 반영되어 있다. 조국(혁신당)이란 주식이 상장했을 때의 주가, 즉 창당 선언을 했을 때의 지지율에는 그

3월 16일 조국혁신당 후보자 전원 토요 촛불집회 가두행진

동안의 모든 악재가 반영된 숫자가 담겨 있다. 조국 대표가 정치활동을 시작한 후 실책을 저지르면 주가는 하락하겠지만 멋지게 정치활동을 전개하면 주가는 이를 호재로 삼아 상승곡선을 그리게 된다"고 해설한 바 있다. 조국혁신당의 창당이 가져올 민주진보진영의 위축을 우려하던 민주당 지지 유튜버 가운데 나름 합리적인 정치논평을 하는 몇몇이 자신의 전망이 틀렸음을 인정하는 방송을 했다고 한다. 잘된 일이다.

황 수석 회칼 테러 발언, 런종섭 사건 등
대통령실발 악재 계속 영향 줘

황상무 수석의 '회칼 테러 발언'의 여파가 계속 이어지고 있다. 대통령실은 황 수석의 경질을 거부한 채 민심의 분노를 더 부채질하고 있다. 광주를 방문한 한동훈 비대위원장도 "발언 맥락이나 경위는 전혀 알지 못하지만 발언 내용으로 보면 부적절한 것 같다"고 황 수석을 겨냥했다. 황 수석은 농담이라며 피해가려 하지만 일반인들도 농담을 가려 하는 판에 대통령의 참모가 이런 흉악한 농담을 해놓고 책임을 회피하는 것은 민심의 악화를 더욱 부채질할 뿐이다. 민주당은 "윤석열 대통령은 당장 황 수석을 경질하라", 조국혁신당은 "검찰 독재국가를 향해 가고 있음이 자명하다", 개혁신당은 "정권 입맛에 안 맞으면 회칼로 찌르는 것이 대통령실의 언론관인가"라고 공격의 고삐를 늦추지 않고 있다. 대통령실이 황 수석을 경질하는 가시적 조치를 단행하지 않는 한 '런종섭 호주대사' 사건과 함께 여당은 더욱 코너로 몰리게 될 것이다. 국민의힘 안철수 분당갑 후보는 '난교 예찬' 장예찬 후보와 '일제 옹호 막말' 조수연 후보의 공천 배제를 촉구하고, 황 수석의 사퇴를 촉구하고 나섰다. 김건희 특검 재의 표결에서의 반란표 방지를 위해 '조용한 공천'을 하며 지난 2월 지지율을 상승국면으로 유지관리해오던 국민의힘이 3월 들어 다수 공천자들의 잇따른 막말과 뇌물 스캔들, 윤석열정부의 런종섭, 황상무 사태로 인해 그동안 밀린 매까지 얹어 몰아서 맞으며 크게 비틀거리고 있다. 총선이 25일이나 남은 중반전이건만 대세가 이미 판가름 나는 형세다.

조국과 이재명, 윤석열심판 학익진을 펴다

2024. 3. 18.

비례대표 순위, 검찰개혁과 사회권
선진국을 향한 열망 반영

조국혁신당의 비례대표 순위가 결정됐다. 여성은 박은정 전 검사, 남성은 조국 대표가 각각 1순위로 선출됐다. 여성은 이해민, 김선민, 김재원(리아), 정춘생, 강경숙, 백선희, 이숙윤, 남지은, 양소영 순으로 선출됐다. 남성은 신장식, 김준형, 황운하, 차규근, 서왕진, 김형연, 정상진, 서용선, 신상훈 순으로 선출됐다. 여성 후보 중 박은정 후보가 압도적인 1위에 올랐을 것으로 짐작되는데 이는 당원들의 검찰개혁 의지가 강렬함을 알 수 있다. 그러면서도 이해민, 김선민, 김준형, 서왕진 등 정책가들도 앞 순위로 선출함으로써 사회권 선진국을 향한 열망 또한 적절하게 안배했다. 당원과 지지자들의 지혜로운 선택에 박수를 보낸다. 전열 정비를 완료했으니 이제 본격 전국 순회유세로 태풍을 일으켜야 한다.

3월 대세상승국면을 상징하는 이재명, 조국의 강렬한 윤정부 비판

어제 이재명 대표가 이종섭 씨를 '도주대사'라고 불렀다. 오늘은 조국 대표가 황상무 씨를 '사시미 수석'으로 불렀다. 야당의 두 대표가 윤석열 대통령을 협공하고 나선 것이다. 인천공항 출국장에서 두 당의 후보들이 펼쳤던 제1차 학익진에 이어 이제는 대표들이 직접 나서서 학익진을 구축했다. SNS 인플루언서, 정치평론가들이나 쓸 법한 강렬한 표현을 야당 대표들이 쓰기 시작한 것은 이슈전쟁에서 승리할 수 있다는 자신감의 표현이다. 역풍을 걱정하지 않는다는 의미다. 이재명과 조국의 학익진은 4월 총선 압승을 예고하는 3월 대세상승 기세를 상징한다.

윤석열정권이 후지산이 무너지듯 무너지고 있다. 총선 역전비장의 카드로 추진했던 의대 입학정원 2000명 증원마저 전공의, 의대생에 이어 의대교수들의 집단사직, 동맹휴학 등을 부르며 난관에 봉착했다. 의료계와의 대화를 외면한 채 일방통행식으로 밀어붙이던 정부가 급기야 의사협회 비대위원장과 조직위원장에게 면허정지 조치를 내리며 폭주하고 있다. 윤석열정권은 여기서 멈추지 않고 집단사직한 8천 명의 전공의 전원에게 면허정지를 하겠다고 공표했다. 불안에 떨고 있는 국민은 국민 생명을 볼모로 싸우는 집단이 의사집단인지 윤석열정권인지 판단하게 될 것이다. 국민 생명을 위한 정책인지 총선에서 표를 얻기 위한 정책인지 판단할 것이다. 일부 사립대학들이 학교의 이익을 챙기기 위해 의대 정원을 무리한 수준으로 증원 신청한 것도 속속 밝혀지며 의료서비스의 질 향상이 아닌 대형병원을 보유한 사학재단과 정권의 짬짜미에 대한 분노도 커지고 있다. 대선에서 의사협회 회원 중 80% 가량이 윤석열 대통령을 지지한 것으로 조사됐다고 한다. 그런데 이번 사태로 인해 촛불시민들이 윤석열 대통령에게 탄핵촛불을 들기도 전에 의사들과 환자들이 탄핵의 깃발을 들고 앞장설 분위기다.

선거 승패를 결정하는 3대 요소를 구도, 이슈, 인물이라고 한다. 3월 이후 민주진보진영은 구도와 이슈에서 완벽하게 우위를 가져가고 있다. 대선에 비해 총선은 인물 이슈가 판세에 미치는 영향이 상대적으로 낮다. 이번 총선에서는 국민의힘이 공천한 막장 후보 퍼레이드가 판세에 큰 영향을 미치는 이상현상이 발생하고 있다. '난교 예찬'의 장예찬의 공천이 마침내 취소됐다. 대통령의 최측근 인사라는 이유로 당에서 며칠 간 여론의 눈치를 살피다가 전체 판세에 큰 영향을 미치는 것으로 확인되자 오늘 비로소 공천을 취소했다. '뇌물 수수혐의' 정우택 후보, '5.18북한개입설' 도태우 후보에 이어 장예찬 후보 논란까지 이어지며 국민의힘은 '잔인한 3월'을 맞보고 있다. 국민의힘 후보 가운데 '일제 강점기 옹호' 조수연 후보, '이토히로부미 찬양' 성일종 후보 등은 여전히 자리를 지키고 있는데 공천 취소 조치가 내려지지 않는다면 선거 기간 내내 국민의힘을 괴롭히는 악재가 될 것이다. 김건희 특검을 부결시키기 위한 2월의

'조용한 공천'은 '잔인한 3월' 부메랑으로 되돌아왔다.

조국혁신당의 뜨거운 열정이 빛났던 부산 유세전

조국혁신당의 본격 유세전 가운데 하이라이트는 부산 유세전이 될 것이다. "부산의 아들 조국입니다"로 시작하는 조국 대표의 연설은 부산을 '희뜩 디비지게' 할 것이다. 야당 총재 김영삼이 부산을 뒤집어놓았던 80년대를 재현할 것이다. 선거법상 확성기를 쓰지 못하는 것도 아무런 문제가 되지 않을 것이다. 유세장에 나온 시민들과 조국 대표가 손을 맞잡고 눈을 맞추는 것만으로도 그 어떤 유세보다 더 큰 울림이 있는 유세전이 되리라 믿는다.

조국 대표의 모교인 부산 혜광고는 부산항을 내려다보는 산 중턱에 위치하고 있다. 몇 년 전 직접 가서 보니 부산항 너머 태평양이 보였다. 나를 안내한 부산 시민이 대한민국을 뒤흔들 큰 인물이 혜광고에서 배출된다는 이야기가 부산 시민들 사이에 널리 퍼져있다고 말했던 것이 기억난다. 나는 그 인물이 1987년 고문살해당한 박종철 열사라고 생각했었다. 그런데 박종철의 1년 선배 조국이 나타났다. 4년이 넘는 가혹한 고난을 이겨내고 고향에 돌아온 조국, 부산과 대한민국을 대표하는 인물을 또 한 사람 만나게 됐다.

교수 시절 조국 대표는 "욕심을 내는 자리가 딱 하나 있는데 롯데자이언츠 구단주다"라고 말한 바 있다. 가장 좋아하는 야구 선수로 최동원을 꼽는 조국 대표가 최동원의 자이언츠 유니폼을 입고 부산에서 유세하는 것을 상상해보라. 가슴이 뛰지 않는가. 한동훈 비대위원장의 급조된 '어게인1992' 유니폼 따위와는 비교도 안 되는 감동을 불러일으킬 것이다. 며칠 전 전주에서 조국 대표를 껴안으며 살아줘서 고맙다고 눈물을 흘리던 시민이 기억난다. 부산 시민의 심정도 전주 시민과 다르지 않을 것이다. 부산 유세, 생각만으로도 눈시울이 뜨거워진다. 나도 부산 유세전에 출전할 계획이다. 현장의 뜨거운 열기를 방송으로 담아낼 것이고, 기회가 된다면 찬조연설로 힘을 보탤 것이다.

조국 대표의 부산 유세전은 부산의 18명 민주당과 진보당 지역구 후보의 상승세에 큰 힘이 될 것이다. 2016년 총선에서 민주당이 얻은 의석은 5석인데 더 크게 민주당 바람이 불었던 2020년 총선에서는 3석에 머물렀다. 부산 평균 득표율은 상승했지만 몇 개 접전 지역구를 아깝게 놓쳤다. 미래통합당이 전국적인 참패 상황에 놓이자 보수세력이 부산만은 지켜내자고 총력전을 펼친 역풍의 결과였다. 이때 부산을 대표하는 민주당의 정치인이 이 역풍을 막아냈다면 5석 이상을 얻었을 수 있었지만 김영춘 의원으로는 역부족이었다. 이번 총선에서는 부산의 승리를 이뤄낼 정치인이 나타났다. 조국혁신당의 조국이다.

조국, 부울경 집중유세로
민주진보세력의 구원투수 역할 독톡히 해

현재 추세를 보면 2024년 총선에서도 2020년 총선처럼 민주진보진영의 압승이 예상된다. 국민의힘은 전국적인 대패가 확실해지면 D-3부터 수도권 선거는 후보자 개인의 역량에 맡기고 부울경 사수에 당력을 집중할 것이다. 한동훈 비대위원장이 선거 막판 부울경 집중 유세를 통해 '좌파 견제'를 외치고 다닐 것이다. 승기를 잡은 민주당은 이재명 대표가 부울경 접전지 지원 유세를 통해 보수세력의 막판 역풍을 막아내려 할 것이다. 거대 양당의 대표가 출전해 화력을 집중할 때 조국 대표가 등장해 민주진보세력의 구원투수 역할을 하는 것을 상상해보라. 1984년 최동원 선수가 한국시리즈 6차전 절체절명의 상황에서 구원 등판해 구원승을 이뤄내고 7차전마저 선발 등판하여 우승컵을 거머쥔 것을 기억하라.

윤석열과 한동훈이 불리한 선거 판세를 역전시키기 위해 6.29선언 같은 기만책을 펼 가능성이 있다는 관측이 있다. 한동훈이 윤석열을 밟는 흉내를 내며 민심에 호응하는 조치를 발표한다는 시나리오다. 그러나 이런 시나리오에는 "윤석열과 한동훈의 관계가 전두환과 노태우의 관계만큼이나 단단하다"는 전제가 필요하다. 전과 노의 관계를 생사를 건 군사반란을 함께한 강철 같은 관계로 전제한다면, 윤과 한의 관계는 단지 연약한 철사줄로 이어진 관계일 뿐이다. 윤석열은 '부하' 한동훈이 자신의 뒤통수를 치는 것을 경계하고 있다. 만에 하나 약속대련 방식으로 제2의 6.29조치를 발표하더라도 '조국-이재명 연대 카드'로 제압할 수 있다. 조국과 이재명의 연대는 절대다수 국민이 펼친 학익진을 든든한 뒷배경으로 하고 있기 때문이다. 윤과 한이 센가? 조국과 이재명이 센가? 국민들은 그 해답을 알고 있다.

조국혁신당의 첫 유세는 용산에서 시작됐다

2024. 3. 19.

비례대표 후보 전원,
용산 대통령실 앞 첫 유세전

　　　　　　조국혁신당 비례대표 전원이 용산 대통령실 앞에서 첫 유세전을 시작했다. 이태원 참사 현장을 찾아 헌화 묵념하며 총선 승리를 통한 윤석열정권 심판을 다짐했다. 나는 지난 17일 전상훈TV를 통해 조국혁신당이 용산 대통령실 앞에서 윤석열정권 심판 선전포고를 하는 것으로부터 첫 유세전을 시작하고 이태원참사 현장을 찾아 헌화 묵념으로 이어가자고 제안했다. 전상훈TV 커뮤니티의 설문조사에서 수천 명의 시민들이 첫 유세지로 용산 대통령실 앞을 압도적으로 추천했다. 당 지도부와 당원, 지지자들의 호흡이 일치하는 것에서 조국혁신당의 '압도적' 승리를 예감한다.

이재명 대표, 사과와 한라봉을 양손에 쥐고
심각한 고물가 사태 풍자한 퍼포먼스 유세

비례대표 전원 용산 대통령실 앞 유세전

이재명 민주당 대표가 원주와 춘천에서 양손에 사과와 한라봉을 손에 쥐고 지원유세를 했다. 사과 하나에 1만 원이나 하는 사상 초유의 고물가 사태에 시달리는 국민들의 민생고를 잘 표현한 퍼포먼스였다. 조국 대표가 망치선의 함장답게 날이 시퍼렇게 서서 용산 대통령실 앞에서 직격탄을 날리며 공격하자 본진의 항공모함 함장인 이재명은 국민을 어루만져주는 따뜻한 유세로 윤석열정권을 포위공격했다. 천천히 공격방향을 잡아가던 민주당이 오늘 이재명 대표의 유세를 계기로 속도가 붙었다고 판단된다. 물가고, 생활고에 시달리는 국민의 마음을 어루만져주는 정치지도자 이재명의 모습은 지난 2년간 윤석열정권에 의해 범죄자로 낙인찍힌 이재명의 이미지를 개선하는데 큰 도움이 될 것이다. 사과와 한라봉 유세는 현재까지 가장 인상적인 선거 퍼포먼스로 꼽고 싶다. 한동훈 비대위원장이 경동시장을 방문한 후 생닭을 들고 흔들어대던 낯선 풍경과 비교해보라. 어제는 이재명과 조국이 도주대사와 사시미수석으로 협공했고, 오늘은 사과유세와 용산유세로 협공했다. 민주진보진영의 학익진이 윤석열정권과 국민의힘의 포위망을 좁혀가며 십자포화를 퍼붓기 시작했다. 총선 압승의 청신호가 연일 켜지고 있다.

조국과 이재명 대표, 대파 한 단 손에 쥐고 유세해야

그럼 이재명 대표와 조국 대표는 내일은 무엇을 손에 쥐고 유세를 해야 할까? 대파 한 단을 손에 쥐고 유세하라고 조언하고 싶다. 오늘 윤석열 대통령이 양재 하나로마트에 물가점검 차 방문했는데 마트 직원이 대파 한 단 가격을 875원으로 안내했다. 이에 윤 대통령은 "875원이면 합리적 가격 아닌가"라고 말했다. 물가 문제가 너무 부풀려진 것 아닌가하는 표정이었다. 보기에 따라서 국민들을 도리어 힐난하는 듯한 반응으로 보였다. 이 영상을 본 국민들은 일제히 동네 마트의 비싼 대파 가격을 올리며 분노를 쏟아냈다. 875원이란 가격을 의심한 기자들의 추적취재 결과 하나로마트가 1주 전에는 2760원에 팔았고, 며칠 전부터는 1000원으로 팔더니 대통령이 오는 날에 맞춰 875원에 팔았다는 것을 밝혀냈다. 몇몇 할인쿠폰을 중복해야 875원으로 구입할 수 있다는 사실도 밝혀냈다. 10년 전 가격이 875원 수준이란 것도 밝혀냈다. 윤석열 대통령은 졸지에 '벌거벗은 임금님'이란 조롱을 받게 됐다. 민생토론회란 이름으로 친윤인사 지역구와 접전지를 돌며 관권선거, 선심선거 운동을 하던 대통령이 급기야 대형마트에서 고물가의 진실을 호도하는 퍼포먼스까지 벌이는 추태를 부렸다. 폭군과 간신은 이란성 쌍둥이다. '간신' 기재부와 농림부가 각본을 짜고 양재 하나로마트를 시켜 875원 대파를 전시한 후 '폭군' 대통령에게 갖다 바치는 혹세무민의 연극을 한 것이라고 의심할 수밖에 없다. 국민 모두는 이 사건 하나만으로도 대통령의 수준을 알게 됐고, 국정난맥상이 밑바닥 수준 이하라는 것을 알게 됐다. 윤석열 지지율이 상대적으로 높았던 50대 이상 여성들도 장바구니 물가마저 속이려 하는 정부여당에 크게 실망할 수밖에 없게 됐다. 대파 한 단이 또 한 번 선거판을 흔들어놓고 있다. 내일부터 야당의 대표는 물론 지역구 후보들도 대파를 손에 쥐고 유세를 하며 대파 이슈를 키워가야 한다. 선거판에 새로 등장하는 모든 이슈가 국민의힘 참패를 가리키고 있다. 그나저나 875원 대파 사러 양재 하나로마트에 가야겠다.

이재명, 더불어민주연합은 아군이며 조국혁신당은 우군

이재명 대표가 민주진보세력의 학익진을 철통같이 강화시

키는 고품격 메시지를 두 번이나 냈다. 조국혁신당과 관련한 기자의 질문에 "더불어민주연합은 아군이며 조국혁신당은 우군이다. 우군이 많은 것도 좋지만 아군이 더 많아야 한다"고 답했다. 오늘 미디어토마토 여론조사에서 조국혁신당 29.4%로 치솟고 더불어민주연합 18.0%로 정체되어 있는 것이 확인됐다. 국민의미래 31.7%. 더불어민주연합의 부진에 이재명 대표의 고심이 깊었을 것이다. 조국혁신당의 저돌적 공세가 민주당이 2월 침체기를 벗어나 3월 들어 공세로 전환하는데 큰 힘이 된 것도 무시할 수 없었을 것이다. 이런 고심 끝에 나온 표현이 "아군과 우군"으로 보인다. 선거운동사에 기록될 만한 품격 높은 정치언어다. 민주당 지지자들은 '몰빵'이라는 저속한 표현 대신 "더불어민주당의 아군인 더불어민주연합에 투표하자"는 품격 있는 슬로건을 쓸 수 있게 됐다. 축하드린다.

조국 대표의 18일 시사인 인터뷰를 교묘히 비틀어 조국혁신당과 민주당을 갈라치기하는 보수언론의 기사를 근거로 한 기자가 이재명 대표에게 입장을 물었다. 이 대표는 "조국혁신당 대표께서 그렇게 얘기했다고? 민주당이 싫어서 지지한다?"라고 되물은 뒤 "설마 그렇게 말씀하셨겠나 싶다. 오보가 아닐까 생각한다. 혹시 뭐 잘못 표현했거나 그랬을 것이라고 생각한다"고 사려깊게 답했다. 이 대표의 현명한 대처로 조국혁신당은 의도치 않은 피해를 입게 되는 것을 피할 수 있었다. 깊이 감사드린다. 조국혁신당을 '적군'으로 간주하며 공격하던 민주당 지지자들의 자숙을 요청한다. 품격 높은 정치언어로 양당의 학익진을 강화시켜낸 이재명 대표에게 조국혁신당원으로서 감사의 인사를 보낸다.

나는 조국 대표가 장안의 화제가 된 이유 중 하나로 '품격 있는 정치언어'를 꼽는다. 21대 국회 내내 국민들은 국회에서 들려온 '저질 발언'에 괴롭힘을 당했다. 2년 내내 계속된 윤석열 대통령의 '무대뽀 발언'에 지쳐버렸다. 인터뷰, 연설, 기자간담회에서 드러난 조국 대표의 품격 높은 언어와 절제된 자세, 몸에 밴 겸손과 타인에 대한 배려는 국민에게 깊은 인상을 심어주고 있다. 광주 충장로의 포효하는 연설문을 뜯어봐도 과격한 단어라고는 찾아볼 수 없다. 날선 공격의 메시지도 친근한 사투리를 활용하는 지혜를 발휘했다. 나는 품격 있는 정치언어를 구사하는 것이야말로 정치인들의 제1덕목이라고 믿는다.

야권 압승 전망을 가능케한 조국혁신당의 정권심판 구도

2020년 총선 투표율은 66%로 6공화국 최고기록이었다. 2016년 58% 대비 8%p나 상승했다. 2024년 총선 투표율을 나는 이렇게 예측해왔다. 윤석열정권 심판 투표 구도가 지배하면 야권 지지자들의 투표율 제고로 60%를 넘기겠지만, 이재명 대 윤석열의 2라운드(연장전) 대결 구도가 지배하면 투표율은 58% 이하로 떨어질 수 있다. 전자라면 민주당의 압승, 후

자라면 국민의힘의 선전으로 결론난다. 강서구청장 보궐 선거 이후 전자의 전망이 압도적이었다. 이준석 씨가 연말에 탈당한 것도 그 때문이다. 한동훈 비대위원장 취임 이후 국민의힘이 반격을 강화하자 흐지부지 사라졌던 후자의 전망이 다시 고개를 쳐들었다. 이런 상황에서 조국혁신당이 구원투수로 등판해 정권심판 구도를 더욱 명확히 함으로써 야권 압승의 전망은 완전한 대세가 됐다. 2월 민주당의 공천 잡음이 발생했을 때 국민의힘이 과반수를 차지한다고 전망한 일부의 주장은 60%를 고수하는 윤석열 반대 여론을 애써 감춘 혹세무민의 궤변이었다. 지금까지의 여론조사를 종합하고 향후 추이를 예측해보면 국민의힘은 현재 110석 정도에서 마지노선을 치고 농성전을 벌이는 가련한 신세로 전락했다. 낙동강변에 성을 쌓고 부울경 사수에 목을 매기 시작했다. 자 이제 드가자!

이재명, 대파를 손에 쥐고 연설했다

2024. 3. 20.

대파, 사과로 민생 파탄낸
윤정권 심판의지 표명

875원 대파로 선거판이 요동치기 시작했다. 이재명 대표가 오늘 인천 유세에서 대파를 쥐고 유세전을 펼쳤다. 인천 전통시장의 대파 한 단 가격은 5천원, 윤석열의 875원 대파는 전국 어디서도 찾아볼 수 없다. 나는 어제 이재

명 대표의 사과와 한라봉 유세와 윤석열의 875원 대파 쇼핑에 착안해 야당 대표와 후보들에게 오늘부터 대파를 손에 쥐고 유세할 것을 제안했다. 이재명 대표가 대파를 손에 쥐고 윤석열 대통령에게 포문을 열었다. 이재명의 메시지는 선명했다.

"이게 850원짜리냐. 파 한 단이 5,000원이다. 우리가 대통령, 국회의원을 뽑는 이유는 나라 살림을 잘 해달라고 맡기는 것이다". 민생을 파탄낸 대통령과 정부여당에 대한 심판의지를 '대파'와 '사과'로 형상화해냈다. 이재명 대표는 어제에 이어 오늘도 대형홈런을 쳤다. 조국 대표는 오늘 유세가 없었다. 유세가 시작되면 대파를 쥐고 연설하는 조국 대표를 만나게 될 것이라 확신한다.

발전도상형 정치인 이재명의 부활

2022년 대선 당시 나는 이재명 후보의 당선을 위해 여러 개의 캠페인 아이디어를 제안한 바 있다. 그때는 내 제안이 거의 받아들여지지 않아 많이 아쉬웠다. 2년 후 총선에 들어와서야 호흡이 맞기 시작한다. 비록 소속 당은 다르지만 총선 승리를 위해 호흡이 척척 맞아가기를 바란다. 2021년 말 유시민 작가는 이재명 대통령 후보를 "완성형이 아닌 발전도상형 인간"으로 찬사를 보냈다. 내가 대선 기간 중 관찰한 이재명 후보는 성남시장과 경기도지사 시절의 발전보다 더딘 발전을 보였다. 중앙정치무대 데뷔 무대가 하필이면 막중한 무게의 대통령 후보였기에 모든 행보가 살얼음판을 걸어가듯 무척이나 조심스러웠다. 시장, 도지사 시절이라면 돌파했을 것이 확실한 이슈들을 놓고도 좌고우면하는 태도를 여러 차례 보였다. 그 결과 대선 기간 내내 윤석열 후보를 추격만 하다가 결국 패배를 맞 봤다. 그가 이번 공천에서 개혁공천의 명분을 내걸고 물갈이 공천을 주도한 것은 대선에서의 머뭇거림에 대한 자기반성이 었을 가능성이 높다. 3월 총공세를 종로에서 시작한 이재명 대표는 윤석열정권 심판을 향해 전국을 숨 가쁘게 순회하며 거침없이 하이킥을 날리고 있다. 사과와 대파 유세, 아군과 우 군, 조국 대표 인터뷰를 갈라치기 소재로 활용한 질문을 오보 로 정리한 것 등등 숨 가쁜 유세와 기자간담회 현장에서 그는 선거운동사에 기록될만한 퍼포먼스와 명언, 기민한 현장 대응 을 선보이고 있다. '발전도상형 정치인' 이재명의 부활을 기뻐 하며 축하한다.

조국혁신당, 지방 유세의 첫 일정은 최대격전지 부산

부산의 아들 조국이 내일 부산으로 출격한다. 용산 대통령실 에서 첫 유세전의 포문을 연 조국혁신당이 최대 접전지가 된 부산에서 지방 유세의 첫 일정을 시작한다. 부산 유세 후 울산 시당 창당대회에 참석해 부울경 지역의 지지율 제고와 지역 구 접전지 승기 확보에 기여한다는 계획이다. 광주 충장로 연 설에 이어 부산 서면 연설은 정치인 조국의 또 다른 명연설이 되리라 확신한다. 나도 부산으로 달려가 현장 방송을 하고 기 회가 닿는다면 찬조연설도 할 계획이다. 지지율의 급상승세는 멈추지 않고 있다. 조원씨앤아이가 지난 16~18일 전국 유권자 2027명 대상 여론조사에서 조국혁신당 지지율은 30.2%였다. 최초의 30%대 돌파다. 국민의미래 35.3%, 더불어민주연합 19.2%. 조국혁신당에 비례 투표할 유권자의 76%가 지역구에서 민주당에게 투표하겠다는 의사를 밝혔다. 민주당은 나머지 24%를 설득해 지역구 투표를 이끌어내야 한다. 투표율 66%라면 전체 투표자는 2900만 명이며 조국혁신당은 870만표를 얻는다. 그중 210만 명이 민주당에게 투표할 의사가 없는 유권자다. 2900만 명의 7.2%에 달한다. 민주당 전 지역구에서 7.2%의 추가득표를 하면 5% 이내에서 접전하는 30곳 이상을 독차지하게 된다. 이 간단한 셈법도 외면한 채 조국혁신당을 줄기차게 비난하는 자칭 민주당원과 지지자들의 진짜 정체를 의심하지 않을 수 없다.

공천이 취소된 '난교 예찬' 장예찬이 어제 무소속 출마를 선언했다. 18개 전 지역구가 접전지가 된 부산에서 분전 중인 민주진보진영 후보들에게는 희소식이다. 수영구 선거에서 3파전 구도가 형성되면서 그동안 열세를 보이던 민주당 후보가 당선을 바라볼 수 있게 됐다. 국민의힘 대혼란의 출발점은 윤석열 대통령이고, 한동훈 비대위원장은 여당 프리미엄을 전혀 활용하지 못하는 '야당 심판, 운동권 심판'이라는 듣도 보도 못한 '야매 선거전략'으로 판세를 더욱 그르치고 있다. 윤석열정권의 운이 다했다고 볼 수밖에 없다.

황상무 회칼 테러 사건, 런종섭 사태 등이 여당의 자중지란 불러

'회칼 테러 망언' 황상무 시민사회수석이 사퇴했다. 망언 이후 닷새 만이다. 닷새씩이나 질질 끌면서 판세에 악영향을 최대한 끼쳤다는 것은 윤정권의 혼란상을 대변해준다. 황상무 수석의 사퇴 소식을 계기로 야당들은 "런종섭 도주대사 해임하고 귀국시켜라"는 목소리를 높이기 시작했다. 여당의 한동훈 비대위원장과 여러 후보들마저 "황상무 사퇴만으로 안 된다. 이종섭도 귀국시켜라"고 대통령을 압박하고 있다. 정부여당의 자중지란이 극단을 향해 치닫고 있다. 밤늦게 이종섭의 자진귀국 소식이 언론을 통해 보도되기 시작하다가 방산수출국 주재 대사들을 소집해 회의를 개최한다는 명분으로 이종섭 대사가 조만간 귀국한다는 뉴스가 타전되기 시작했다. 갓 부임한 대사의 귀국은 아무래도 어색하니까 방산수출국 주재 대사 회의로 귀국시킨다는 유치한 아이디어에 실소를 금치 못한다. 이종섭 대사 한 사람 보호를 위해 폴란드, UAE, 인도네시아 등에서 근무 중인 대사들을 불러들이는 웃지 못할 코미디가 펼쳐지게 됐다. 시간과 비용의 낭비에 국가적 망신살은 더 뻗치게 됐다. 2023년 재외공관장 회의는 3월 말에 열렸는데, 올해는 4월 총선 이후 열린다고 계획되어 있다. 방산수출 관련해 급한 일도 없는데 총선 기간 중에 여러 나라 파견된 대사들을 불러들이는 것은 손바닥으로 하늘을 가리려 하는 유치한 수작이다. 출국할 때는 눈을 피해 도주했지만, 귀국할 때는 인천공항에서 수백 명의 기자단과 수천 명의 국민들이 성대하게 귀국환영식을 열어 줄테니 이종섭 씨는 단 디 마음먹고 들어오기 바란다. 이종섭 씨가 귀국한다고 문제가 해결되지 않는다. 호주대사 직은 어떻게 할 거냐는 질문에 윤석열 대통령이 답해야 한다. 이종섭 씨의 귀국에도 불구하고 민심의 분노는 더 들끓게 될 것이며 국민의힘 총선 참패에 기름을 더 끼얹을 것이다.

나의 예측 실패에 대해 사과드린다. 이종섭 씨가 3월 10일 도주했는데 열흘 만에 귀국이 결정됐다. 이종섭 씨가 도주할 때 나는 길어도 100일, 짧으면 1주 안에 호주대사 직에서 쫓겨나 귀국할 것”을 장담했다. 그 후로도 여러 차례 장담했다. 예측이 3일이나 빗나갔다. 앞으로 더 정확하게 예측하기 위해 노력하겠다.

조국, 부산에 떴다! "이제 고마 치아라 마!"

2024. 3. 21.

조국,
"이제 고마 치아라 마!"

부산이 오늘 희뜩 디비졌다. 부산의 아들 조국을 만나러 온 시민들로 서면 거리는 북적였다. 그가 도착하는 순간부터 연설을 마치고 울산을 향해 떠나가는 순간까지 "조국! 조국! 조국!"의 연호가 이어졌다. 부산

시민들은 전국 여론조사 지지율 30% 돌파의 기적 같은 소식을 듣고 고향을 찾아온 조국 대표를 개선장군처럼 환대했다. 연설의 하이라이트는 단연 "이제 고마 치아라 마!"였다. 조국 대표의 포효는 용산까지 울려퍼졌다. 연설문을 요약하면 아래와 같다.

··◀ 조국 부산 서면유세 연설문 ▶··

사랑하는 부산 시민 여러분! (중략) 우리 역사상 가장 길고 엄혹했던 유신독재를 무너뜨린 부마민주항쟁의 위대한 힘처럼, 부산의 아들 저 조국의 결기도 더 단단해집니다. 저는 2월 13일, 저는 제 고향 부산에서, 조국혁신당을 만들겠다고 국민 여러분께 고했습니다. 창당 17일째가 되는 어제, 한 여론조사에서 비례정당 지지율 30%를 넘었습니다! 부산, 울산, 경남도 31.5%라는 기적 같은 지지를 보내주셨습니다! 억수로, 억수로, 감사합니다! (중략)

저 조국은, 전두환 독재정권 종식에 발화점이 된 저의 혜광고등학교 후배, 박종철 열사의 죽음을 잊은 적이 없습니다! 조국혁신당이 선봉에 서서, 민주주의를 파괴하고 민생을 파탄시키는 권력을 하루빨리 끝장내겠습니다! (중략)

조국혁신당은 윤석열정권의 핵심인사들의 범죄와 비리를 밝혀 정당한 징벌을 받도록 할 것입니다. 조국혁신당의 1호 법안, 한동훈특검법을 통해 윤석열정권의 황태자도 처벌을 받도록 하겠습니다! 채상병 사망과 수사외압 사건, 그리고 이태원 참사에 대한 철저한 진상조사와 책임자 처벌이 이루어지도록 모든 노력을 다하겠습니다. (중략)

무능력과 무책임의 극치입니다. 그리고 대파 한 단 가격이 875원이라고 생각하고 이 875원이 합리적이라고 생각하는 사람이 누굽니까! (중략) 윤석열 대통령에게 부산사투리로 경고합니다! 이제, 고마, 치아라 마!!!! (중략) 3년은 너무 길다!

조국 대표 도착 직전 나는 전상훈TV를 애청하는 부산 어르신 한 분의 호명을 받고 짧은 찬조연설을 했다. 3분 연설을 요약하면 아래와 같다.

저는 조국 대표의 서울대학교 3년 후배입니다. 조국 장관이 2019년 12월 26일 서울동부지방법원에서 구속영장 심사를 받을 때 1만 여 명의 시민과 함께 조국을 지키기 위해서 아침 9시부터 자정까지 나팔을 불고 촛불을 들고 조국을 지켜냈습니다. 조국이 4년 만에 부산 시민 앞에, 대한민국 앞에 부활해 나타났습니다. 우리가 모두 그를 살렸습니다. 김영삼 노무현으로 이어지는 야도 부산의 영광을 부산 시민들께서 다시 세워주십시오. 부산이 디비지면 대한민국이 뒤집어집니다.

대한민국이 더 이상 파괴되지 않기 위해 윤정권 조기 종식 필요해

이종섭 호주대사가 오늘 오전 귀국했다. 알리바이를 맞추려 방산수출 관련 주재국 대사들을 함께 불러들이는 무리수를 감행했다. 국민은 윤석열 대통령의 속셈을 훤히 꿰뚫어보고 있다. 대한민국은 외교와 통상으로 먹고 살며 성장하는 나라다. 런종섭 도주대사 사태는 윤 대통령이 자신에게 향하는 수사의 칼끝을 피하려는 목적으로 기획된 인사권 남용 국기문란 사태였다. 대한민국의 소중한 외교자산을 대통령 보호를 위해 썼다. 외교적 망신을 넘어 중차대한 국익 훼손으로 이어질 수 있다. 조국 대표가 총선의 심판을 통해 대통령을 레임덕을 넘어 데드덕으로 만들겠다고 언명한 것은 이 때문이다. 나는 주장한다. 대한민국이 더 이상 파괴되지 않기 위해서라도, 살아남기 위해서라도 총선에서 표출된 민의를 받들어 윤석열정권을 하루라도 빨리 종식시켜야 한다.

20일간의 전투가 시작됐다. 보병의 역할을 담당하는 시민들의 임무가 막중하다. 양당 대표의 생목 연설 만으로는 승리를 가져올 수 없다. 공중폭격만으로 전쟁의 승리는 결정되지 않는다. 탱크와 장갑차를 앞세우고 보병이 전진하여 적진을 점령해야 승리의 마침표를 찍는다. 승리의 깃발은 항상 보병이 꽂는다.

대세 상승기가 이어지고 있다. 자신감을 가져야 한다. 승리하는 편에 서 있다는 자부심을 갖고 표를 모아야 한다. 지난 대통령선거 때 이재명 후보에게 투표했던 시민 가운데 총선 투표를 포기하려는 시민들부터 다시 설득해야 한다. 국민의힘 지지자들의 사기는 바닥을 치고 있다. 대선에서 윤석열 후보에게 투표했지만 윤 대통령의 국정운영에 실망한 동료시민들에게 투표를 설득할 엄두도 내지 못하고 있다. 기세가 오른 진영은 투표율이 상승하고 기세에서 밀린 진영은 투표율이 추락한다. 이 기세를 20일간 지속적으로 이어가야 한다. 기세를 상승시키는 역할은 조국 대표와 이재명 대표가 담당한다.

느그들이 뭐라든 내 갈 길 간다!

남은 기간 특별히 유의할 일이 있다. 오늘 저녁 울산시당 창당대회에서 조국 대표는 당원과 지지자들에게 갈라치기 세력의 간계에 넘어가지 말 것과 신중한 언행을 당부했다. 3월 총공세가 시작된 후 지역구에 출마한 민주당 후보들의 지지율이 5%~7% 상승하고 있다. 상승의 원동력은 뭐니 뭐니 해도 민주당이다. 개혁공천을 통해 좋은 후보를 뽑았고 후보와 선거캠프들이 최선을 다해 선거캠페인을 펼친 결과다. 나는 조국혁신당이 민주당의 상승세에 그 어떤 기여를 했다는 공치사를 하지 않는다. 조국혁신당은 자신의 득표율을 높이기 위한 선거캠페인에 집중하고 있으며 그 에너지가 민주진보정당 지역구 후보들의 당선에 도움이 되기만을 바랄뿐이다. 조국 대표의 당부를 다시 한 번 가슴에 새긴다.

　내가 조국혁신당 지도부에게 건의할 것도 있다. 국민의힘과 보수언론이 조국혁신당의 몇몇 후보들을 타깃 삼아 집중공격할 것이 확실하다. 대처 방법에 대한 의견이다. 2011년 시민운동가 박원순 씨가 서울시장 보궐선거에서 민주당의 박영선 의원을 누르고 민주진영 단일후보로 선출됐다. 경선 승리 직후부터 한나라당과 나경원 후보의 네거티브 공세가 전방위적으로 펼쳐졌다. 선거 경험이 일천한 시민운동가 중심으로 꾸려진 박원순캠프는 이 공세에 크게 흔들리며 여론조사에서 빠르게 추격당하기 시작했다. 해명만 하다가 지친 박원순 후보는 민주당에 도움을 요청했다. 선거경험이 풍부한 베테랑들의 지원을 요청했다. 박원순 후보와 평소 교분이 있던 우상호 의원 등 86세대 의원들이 선거캠프에 긴급수혈된 후부터 판세가 싹 달라졌다. 공격이 최선의 방어! 나경원 측의 의혹제기에 일일이 해명하는 대신 나경원에 대한 공세를 시작했고, 결정적으로는 1억 피부과 사태가 언론보도를 통해 터지며 판세가 결정되며 승리했다. 조만간 개시될 조국혁신당 일부 후보들에 대한 무분별한 의혹 제기에 일일이 해명하지 말아야 한다. 조국 대표도 검란 과정에서 쓰라리게 경험했다. 조국 장관 지명자가 국회에서 하루 종일 기자회견을 열어 각종 의혹을 해명했지만 오히려 의혹은 눈덩이처럼 더 커져만 가지 않았던가. 의혹 제기에 구구하게 해명하기보다 조국혁신당의 "3년은 너무 길다"를 출력을 더 높여 확산시키는 것만이 유일한 해법이다. 느그들이 뭐라든 내 갈 길 간다!

조국철도 999! 나라를 9하는
9회말 9원투수!

2024. 3. 23.

조국철도 999!
다만 악에서 조국을 9하소서!

조국철도 999! 나라를 9하는 9회말 9원투수! 조국혁신당, 다만 악에서 조국을 9하소서!

조국혁신당의 기호가 9번으로 결정됐다. 당을 홍보하기에 최적의 번호라는 환호성이 터져나오고 있다. 9번으로 결정되자마자 9를 표현하는 밈과 짤이 인터넷 세상을 뒤덮고 있다. 핵심 콘셉트는 '나라를 9하는 조국혁신당'이다. 집단지성의 창조적 아이디어 대방출은 이제 시작일 뿐이다. 조국혁신당 조국 대표가 과거 교수 시절 인터뷰에서 "내가 욕심내는 자리가 딱 하나 있다"고 말한 바 있다. 부산의 야구단 롯데자이언츠의 구단주! 지난해 북콘서트에서 어느 부산 시민이 조국 대표에게 조국 이름이 새겨진 자이언츠 유니폼을 선물한 일도 있었다. 재벌이 되어야만 할 수 있는 프로야구단 구단주의 꿈은 단지 꿈이었으나, 기호 9번을 배정받은 정당의 대표 즉 9단주가 되었으니 절반쯤

조국혁신당 기호 9번으로 표현한 각종 밈과 짤

은 꿈이 실현된 셈이다. 조국 대표가 부산을 다시 방문할 때 자이언츠 유니폼이 다시 등장하는 것을 기대해본다.

조국, 제주도당 창당대회서
"극단적으로" 지원해 달라 사자후 토해

제주도당 창당대회 참석을 겸해 제주 유세를 진행하고 있는 조국 대표를 일부러 찾아서 인사한 제주도민이 있었다. 민주당 제주도당 위원장 위성곤 의원이다. 제주 시내 시장을 돌며 제주도민들에게 인사할 때 위성곤 의원이 나타나 조국 대표를 반갑게 맞아줬다. 내가 창당 초기부터 예상한대로 조국 대표가 전국 순회 유세를 할 때 해당 지역 민주당 후보들이 나타나 서로 인사를 나누며 건투를 비는 '사실상의 선거연대'다. 지난 대선 0.73% 석패, 심상정 후보의 2.4% 득표가 얼마나 긴요했던가. 제주의 3개 지역구 모두 민주당이 크게 우세한 상황이라 제주의 민주당 후보들의 절박성은 낮겠지만 접전지역구 민주당 후보들은 조국혁신당의 지역 유세가 큰 힘이 될 것이다. 앞으로 이런 모습을 우리는 매일같이 보게 될 것이다.

조국 대표가 제주에서 또 한번 히트 어록을 내놨다. 비례대표 경선 연설에서 "압또적으로"를 유행시켰는데, 제주에서는 "극단적으로"를 내놨다. 4.3평화공원에서 기자가 "어제 한동훈 위원장이 조국혁신당을 가리켜 극단주의라며 정상적인 정당 체계에서는 주류가 될 수 없다고 발언했는데, 어떻게 생각하느냐"라고 질문했다. 조국 대표는 "우리나라에서 정말 극단주의적 행태를 보이는 사람이 누구인지 반문하고 싶다. 한 위원장이야말로 극단적으로 긴 휴대전화 비밀번호를 갖고 있다"며 통렬하게 반박했다. 꿩 잡는 매의 풍경이 그려지는 통쾌한 순간이었다.

조국, 진화하는 거리 유세를 통해
대중정치인의 자질과 품격을 더 높여

본격 유세전에 나서는 조국 대표의 연설하는 모습이 바뀔 것으로 보인다. 광주와 부산에서처럼 연설문을 들고 읽으며 격정적으로 연설하는 대신 그저께 울산시당 창당대회와 어제 제주도당 창당대회 연설처럼 연설문 없이 즉석연설을 하는 방식으로 바뀌리라 본다. 기자회견문은 준비된 원고를 읽어야 하지만 거리에서 확성기 없이 수백 명의 시민들에게 연설할 때는 연설문 원고가 아니라 시민들과 눈을 맞춰가며 함께 호흡하는 것이 가장 중요하다. 거리 유세의 핵심은 청중들과의 소통이다. 부산 유세에서 조국 대표가 "사랑하는 부산 시민 여러분"이라고 말하자 시민 가운데 센스 있는 여성께서 "네~"라고 화답하는 아름다운 풍경을 기억하라. 여러 차례 출마한 경험이 있는 이재명 대표는 이미 이런 방식으로 전국 순회 유세를 벌이고 있다. '원석'인 조국 대표가 매일같이 진화하는 거리 유세를 경험하며 '보석'으로 빛나기를 기대한다.

조국혁신당의 연령대별 지지율에서 2030세대 지지율은 상승세에 있지만 주력인 4050세대에 미치지 못하고 있다. 신생 정당이자 진보정당의 정체성을 가진 조국혁신당은 현재보다 미래가 더 기대되는 정당으로 자리 잡아야 한다. 청년세대 지지율 제고가 필수적이다. 부산 서면도 젊음의 거리다. 전국 주요 도시 순회 유세는 젊은 세대가 많이 모이는 중심가가 될 가능성이 높다. 특히 서울이 중요하다. 홍대입구, 강남역, 대학로 등 젊음의 거리에서의 유세를 전략적으로 추진하는 것이 필요하다. 중년세대의 지지율을 더 상승시키는 원동력 가운데 하나가 조국 대표의 정치언어와 행동거지에 배어나는 품격이다. 대한민국 정치언어에서 언젠가부터 소멸됐던 '품격 있는 정치언어'를 복원시킨 것은 전적으로 조국 대표의 공헌이다. 최근 유세에서 이재명 대표도 품격 있는 정치언어를 구사하는데 힘을 쏟고 있다. 두 대표의 품격 있는 정치언어는 국민의힘 한동훈 비대위원장의 '깐족대는 정치언어'와 완전히 차별화된다.

조국혁신당의 원내교섭단체 가능성

때 이른 이야기일 수 있지만 교섭단체 구성 문제를 살펴보자. 조국혁신당이 20석 이상 획득하면 당연히 단독으로 교섭단체를 구성할 수 있다. 원내대표는 유일한 재선 의원인 황운하 의원이 맡을 것으로 보인다. 문제는 10석 이상 20석 미만의 의석을 획득할 경우다. 의석을 가진 서로 다른 정당이 합당을 하지 않고 교섭단체를 공동으로 구성할 수 있다. 2008년 제18대 국회 '선진과 창조의 모임'(자유선진당 18석, 창조한국당 2석), 2018년 제20대 국회 '평화와 정의의 의원 모임'(민주평화당 14석, 정의당 6석), 2020년 제20대 국회 '민주통합의원모임'(민생당 18석, 무소속 4석)의 역사적 사례가 있다. 더불어민주연합을 통해 당선된 후보 중 기본소득당, 사회민주당, 진보당 후보들은 총선 후 원래 소속정당으로 복귀한다. 조국혁신당 당선자들은 이들 진보정당 당선자들과 공동교섭단체를 구성하면 된다. 교섭단체를 구성하면 국고보조금, 국회 내 업무공간, 국회직 고위공직자 등 다양한 혜택을 누릴 수 있다. 교섭단체 구성 요건을 10석으로 낮추면 현재 추세라면 아무 문제가 없지만, 조국혁신당을 비롯한 진보정당 당선자가 20명에 미치지 못하면 교섭단체 구성은 어려워진다. 민주당으로부터 의원을 꿔오는 것은 역풍을 초래하므로 꿈도 꾸지 말아야 한다. 15석 이상을 목표로 최선을 다하는 수밖에 없다. 진인사 대천명!

9번 찍어 안 넘어가는 독재정권 없다!
조국열차 999, 윤석열차 멈춰세운다!

2024. 3. 24.

윤석열 국힘을
87.5석으로 대파하라!

　　　　　　　나는 오늘 SNS에 재미있는 글을 게시했다.

\#작전명: 대파 875(hammering 875)

\#작전목표: 윤석열 국힘을 87.5석으로 대파하라!

\#작전계획: 돌격부대 조국혁신호가 전선을 돌파하고, 본대 더불어민주호가 적진을 점령한다.

\#작전전과: 조국 + 민주 = 200~215석

대전시당 창당대회

조국 대표가 '대파 전쟁'에 본격 참전했다. 대전시당 창당대회에서 "윤석열정권은 좌파도 우파도 아닌 대파 때문에 망할 것"이라고 일갈했다. "부인(김건희 여사)은 주가 조작을 하더니 대통령은 '대파 조작'을 하고 있다. 너무 무능하다. 이번 총선은 윤석열정권을 극단적으로 심판하는 선거다. 조국혁신당을 극단적으로 지지해 달라"고 말했다. 조국 대표의 참전으로 대파는 총선의 핵심이슈로 더욱 부각될 전망이다.

"나 20대다! 조중동 메롱~"

대전에 이어 청주 중심가에서 열린 유세에서는 쎈스 만점의 "20대 여성청년"의 등장으로 분위기가 달궈졌다. "나 20대다! 조중동 메롱~"이란 재미난 문구의 손팻말을 준비해온 청년을 조국 대표가 연단으로 초대해 소개했다. 최근 한 여론조사에서 20대의 조국혁신당 지지율이 낮은 수치로 나온 것을 보수언론이 조롱 투의 기사를 내보내자 이에 빡친 청년이 반격하러 나온 것이다. 전상훈TV의 애청자인 어머니와 함께 대전에서 청주까지 왔다고 한다. 최근 여론조사에서 조국혁신당은 청년세대 지지율에서 거대 양당의 비례정당과 어깨를 나란히 하고 있다. 청년세대의 지지율 제고에 부심하는 조국 대표는 오늘 이 청년과 함께 찍은 사진을 페이스북에 게시했다. '청주의 아들' 신장식 후보는 조국 대표가 도착하기 전 유세현장에

©연합뉴스

도착해 고향사람들의 열띤 응원을 받았다. 그는 "신장식이 국
회의원이 됨으로써 청주 시민들은 국회의원 한 석을 더 가지
게 됐다"는 인상적인 연설을 했다. "유세를 득표로 연결하라"
여러 차례 출마한 경험이 있는 정치인다운 발언이었다.

한국의 정당들은 청년세대의 지지를 얻으려 노력하지만 소
기의 성과를 거두는데 계속 실패해왔다. 청년이 현실에서 직
면하고 있는 고통과 슬픔, 고립과 단절을 해소해주지 못하는
'라떼 정당', '꼰대 정당'의 본색을 벗어버리지 못하고 있어서
다. 청년들은 '출산파업'과 '정치무관심'으로 꼰대정치에 저항
하고 있다. 전 세계에서 당원들의 평균연령이 가장 높은 정당
이 '프랑스 공산당'이다. 2차대전 직후 서유럽 최대 공산당이
었지만 지금은 불과 수만 명의 노인당원들이 지키는 군소정당
이 되었다. 프랑스 공산당은 나찌 치하 레지스탕스 운동을 주

도했다. 종전 후 총선에서 원내 제1당에까지 올랐다. 그러나 소련 공산당의 지시만 맹목적으로 추종할 뿐 프랑스 인민들의 의견을 외면하며 서서히 몰락해갔다. 지금은 과거의 영광만을 추억하는 노인정당이 되었다. 우리나라 청년들은 기성 정당들에게 프랑스 공산당 같은 이미지를 갖고 있는 것으로 보인다. 최근 조국혁신당에 청년들의 지지세가 몰리고 있는 원인을 청년에게 희망을 주는 정당의 이미지가 있어서라고 보기 어렵다. 거대 양당의 꼰대 이미지 때문에 반사이익을 얻고 있다고 봐야 한다. 조국혁신당이 나라의 미래를 책임지는 정당으로 자리 잡으려면 청년세대 지지율 1위 정당으로 올라서야 한다. 총선 기간 중 청년세대를 겨냥한 정책공약도 발표하겠지만 지지율 상승에 당장 큰 도움이 되리라 보지 않는다. 청년세대와 격의 없이 소통하는 정치문화 개척, 청년정치인 육성에 당력을 기울여야 한다. 총선 이후 장기적으로 해결할 우선과제 중의 하나라고 본다.

유세 전 조국 대표와 후보단들이 오송지하차도 참사 희생자 분향소에 가서 헌화를 하며 추모와 진상규명에 대한 의지를 밝혔다. 정당은 시대정신이 부여한 사명을 다하는데 우선적으로 복무해야 한다. 그 다음에 표 계산을 해도 된다. 최근에 세월호 참사 유가족 대표들이 대거 입당한 것이 이를 상징한다. 세월호 참사 유가족들의 입당으로 조국혁신당이 더 많은 득표를 한다고 생각하는 사람은 없다. 조국혁신당은 세월호 참사,

이태원 참사, 오송지하차도 참사로 이어지는 대형 참사가 더이상 일어나지 않는 대한민국을 만드는데 진력하겠다는 의지를 담담히 밝힌 것이다.

조국혁신당, 서민, 노동자, 농민, 청년세대를 대변하는 제3당 역할 기대돼

어제 나는 "조국혁신당이 정치자금 부족으로 선거공보물을 전국의 모든 가정에 배달하지 못하는 일을 상상해보라"고 말했다. 후원금만으로 수십억 원의 선거자금 마련이 쉽지 않은 걸 알기에 막막한 심정이었는데, 오늘 조국혁신당이 특단의 대책을 내놨다. 50억 원 규모의 파란불꽃펀드 모금을 공지했다. 26일 오후 2시부터 8시까지. 펀드에 가입한 사람은 총선 후 두 달 이내에 원금은 물론 약정된 이자까지 돌려받을 수 있다. 총선 후 의석을 확보할 자신이 있는 정당만이 펀드 모집을 과감하게 한다. 의석 확보가 어려운 정당은 펀드를 모집해도 돈이 모이지 않아서 펀드 조성에 실패한다. 조국혁신당의 다부진 자신감이 파란불꽃펀드 조성 계획에서도 드러나고 있다. 목표한 모금액을 예정 시간보다 빠르게 채울 수 있으리라 확신한다. 여윳돈 있는 사람은 26일 오후 2시에 신속하게 접속하자. 50억 모금이 완료되면 조국혁신당의 공보물은 모든 가정에 빠짐없이 배달되고, 1회 5억 원 TV연설도 2차례 모두 할 수 있게 됐다. 비례정당이 비례 투표 3% 이상 득표 시 법정 선거비용의 한도액 52억 원 전액을 국고보조 받는다.

　조국혁신당이 이번 총선에서 돌풍을 일으켜 원내 제3당이 된다면 신물나게 오래 지속된 양당제를 타파하고 다당제로 나아가는데 크게 기여할 것이다. 점점 더 다원화되는 현대사회에 걸맞는 것은 양당제가 아니라 다당제다. 이는 정치학계의 공통된 의견이다. 미국을 보라. 양당제의 극단적 폐해가 완벽하게 드러나고 있지 않은가. 84세 바이든과 79세 트럼프가 대통령선거에서 재격돌한다. 누가 봐도 비정상적인 대선이 되어 가는데도 제3세력은 아무런 목소리를 내지 못하고 있다. 다원화된 현대사회의 다원적 의사를 존중하고 수용하는 정치를 해야 한다. 수백 개의 다원적 의사가 있으면 수백 개의 정당이 존재해야 하느냐는 반문을 하는 사람도 있다. 그렇다. 그러나 그중에 정치현실에 큰 영향을 미치는 주요 정당은 몇 개 이내로 추려질 것이다. 선관위에는 5천 명 이상의 당원을 보유한 정당만 등록될 수 있지만 단 100명으로 구성된 시민단체가 정당이란 이름을 걸고 활동할 수 있다. 활동을 잘하면 당원이 늘어나고 5천 명이 넘으면 선관위 등록 정당이 된 후 기호를 부여받고 선거에 참여해 전체 유권자로부터 평가를 받으면 된다. 청년세대들은 자신의 의사를 충실하게 대변하는 정당이 없는 것에 큰 불만을 가지고 있다. 며칠 전 부산 유세, 오늘 청주 유세 현장에 직접 가보니 지지자 대부분이 중년 이상이었다. 장애인을 비롯한 사회적 약자, 노동자, 농민들도 마찬가지 심정으로 정치를 방관하거나 불만만 토로하고 있다. 당면한 과제인 윤석열정권 조기 종식, 장기적 과제인 사회권 선진국을 조국혁신당이 22대 국회에서 제대로 수행하게 된다면 조국혁신당이 현대사회에 걸맞는 다당제 사회로 가는 길을 여는데 기여한 공로로도 높은 평가를 받게 될 것이다. 친일파 척결과 빨갱이 척결의 목소리만이 드높은 양당제를 박물관으로 보내야 할 때가 다가오고 있다.

9번 찍어 안 넘어가는 독재정권 없다!
기호9 조국혁신당!

2024. 3. 25.

디올 말고 9찍

조국 대표가 자신의 페이스북에 지지자가 만든 "디올 말고 9찍" 이미지를 올렸다. 모델 뺨치는 조국 대표와 9를 배경으로 삼아 "DIOR 말고… 9UCCI" "디올 말고 9찍(9번을 찍자)"이 쓰여

있다. 강호의 천재들이 요즘 9와 조국, 조국혁신당을 소재로 한 밈과 짤을 만드느라 바쁘다. "9번 찍어 안 넘어가는 독재정권 없다! 기호9 조국혁신당!"

조국 대표는 경향신문 인터뷰에서 "민주당과 조국혁신당은 상생 관계로

이미 들어섰다고 본다. 민주당 지역구 후보 중 친분이 있는 분들에게서 고맙다고 전화가 온다. 더불어민주연합은 조국혁신당과 일정한 긴장관계가 있는 것은 사실이다"라고 말했다. 민주당 및 민주연합과의 관계를 잘 표현해냈다. 민주당과의 합당할 의사는 없음도 재차 강조했다. 나는 이런 질문을 하는 기자들의 의도를 의심하지만, 조국 대표는 개의치 않고 일관된 메시지를 내고 있다. 정확한 대응이다. 선거 막판 민주당과의 합당설이 루머로 나돌면 조국혁신당은 꼼짝없이 큰 피해를 당할 수 있기 때문에 기자 질문이 나올 때마다 정확하게 입장을 밝히는 것이 옳다고 본다.

875원 대파 이슈를 전국적으로 확산시켜라

이재명 대표가 875원 대파 이슈로 전국적 확산에 나서고 있다. 오늘 창원에서 "875원짜리 대파 한 단이 합리적 가격이라는 윤 대통령 실언에 국민이 극도로 분노하고 있다. 이번에는 대통령실 정책실장까지 나서서 국민 눈가림을 하는 물가 억지 주장을 펼치고 있다"고 공세를 강화했다. 어제 대통령실 성태윤 정책실장은 KBS 인터뷰에서 "지난 18일부터 물가가 본격적으로 하락하고 있다"고 야당의 대파 공세에 방어선을 친 바 있다. 하지만 이 대표는 "18일은 대통령이 마트에서 875원 대파를 들고 합리적 가격이라고 말한 날이다. 대통령실이 대통령을 벌거숭이 임금으로 만드는 것 아닌가. 대통령 실언에 물가를 끼워 맞추는 꼴"이라며 폭군에 이어 간신까지 겨냥했다. 이재명 대표의 대파 이슈 전국 확산 노력에 박수를 보낸다.

런종섭 도주대사 이슈도 사그러들지 않고 있다. 급거 귀국의 알리바이로 의심되는 '방산협력 공관장회의'가 오늘부터 시작됐다. 이종섭 대사는 방위사업청장을 면담하며 나름 알리바이를 만들어가고 있다. 외교부는 방산 분야 업무가 민감한 만큼 자세한 내용을 알리기 어렵다며 입을 닫고 있다. 하지만 국민들은 다 안다, 이 모든 일들이 구라라는 것을. 회의 기간은 오늘부터 닷새라고 하지만 외교·국방·산업부장관과 공관장들이 모두 모이는 본회의는 딱 한 차례만 열린다고 한다. 회의가 종료되어도 이종섭 대사는 호주로 가지 않고, 조만간 열릴 한국과 호주 외교장관 회의 준비를 위해 국내에 머무른다고 한다. 알리바이 만들기 치고는 너무 유치하다.

호주의 뉴사우스웨일스주 상원의원은 MBC와의 인터뷰에서 "이종섭 대사를 한국에 머물게 하고, 호주와 한국 사이의 관계에 더 도움이 되는 사람을 그 자리에 파견할 수 있기를 희망한다"며 한국정부의 무례함을 직격했다. 런종섭 사태는 외교참사로까지 번지고 있다. 대한민국이 쌓아올린 빛나는 외교 금자탑이 무너질 위기에 처해 있다. 민주진보세력은 런종섭 이슈를 선거의 핵심이슈로 삼아 공세를 더욱 강화해야 한다. 대사직에서 해임되면 야권의 승리, 유임되면 윤석열정권의 폭망, 총선 승리의 꽃놀이패다.

오늘 더불어민주연합 후보와 당직자들이 용산 대통령실 앞에서 이종섭 도주대사의 해임과 구속수사를 촉구하는 기자회견을 했다. 기자회견 방식의 유세전이자 홍보전이다. 지금까지의 더불어민주연합 선거운동 중 가장 돋보인다. 더불어민주연합이 존재감을 드러내고 지지율을 높이려면 이런 선거캠페인을 지속적으로 펼쳐야 한다. 내가 더불어민주연합 대표라면 아예 용산 대통령실 앞에 자리를 깔고 해임될 때까지 철야농성을 하겠다. 이종섭은 조만간 해임될 것이다. 그러면 더불어민주연합이 공을 세우는 것 아닌가. 민주당의 반사체 정당이란 한계에도 불구하고 더불어민주연합이 이런 식으로 독자적 가치를 드러내야 득표력이 높아지는 것 아닌가. 국민의미래라는 비례정당이 어떤 식으로 선거운동하는지 국민들은 전혀 모르고 있다. 더불어민주연합도 똑같아질 수 없지 않은가.

접전 지역구 여론조사, 비례대표에서 조국혁신당과 국민의미래 선두권 기염

오늘 아침 뉴스공장에서 발표된 여론조사 꽃의 접전 지역구 여론조사 결과에 민주당 지지자들이 환호하고 있다. 조사된 전 지역구에서 민주당 후보들은 일제히 약진하고 승기를 잡아가는 것으로 조사됐다. 그런데 비례 투표 지지율 조사 결과에서 조국혁신당이 국민의미래와 어깨를 나란히 하고 더불어민주연합이 한참 아래에 위치한 결과를 내놓자 민주당 지지자들이 분통을 터뜨리는 이중적 태도를 보이고 있다. 더불어민주연합이 부진한 상태를 면치 못하는 것은 선거 판세에 전혀 존재감을 드러내지 못하고 있기 때문인데 왜 조국혁신당에 화살을 돌리는가. 동종의 비례정당인 조국혁신당에 비해 더불어민주연합이 전혀 존재감이 없는 선거캠페인을 벌이는 것 때문 아닌가.

구독자 수십 만 명을 자랑하는 대형 유튜버가 지역구는 1번 민주당, 비례 투표는 3번 민주연합 투표를 독려하는 포스터를 올렸다. 화투짝 1번 솔과 3번 사쿠라를 넣고 '1.3 광땡'을 잡으라는 메시지를 담고 있다. 이런 홍보물을 투척하며 투표를 독려하면 표가 쏟아지겠는가. 요즘이 어떤 세상인데. 아무리 급해도 기본적인 품위는 지켜야지. 대파를 흔들며 전국을 순회하는 이재명 대표와 254개 지역구에서 분전하는 민주당 후보들에게 이런 홍보가 무슨 도움이 되겠나. 다 이긴 선거 코 빠뜨리는 못난 짓 아닌가.

한동훈 비대위원장이 의정 갈등 중재자로 나서겠다고 말했다. 도대체 무슨 재주로 대학교수들까지 대거 사직서를 제출하는 이 국면을 중재할 능력이 있단 말인가. 한동훈 위원장이 중재안을 내고 윤석열 대통령이 수용하는 약속대련을 벌이며 선거판세를 뒤집을 수도 있다는 관측이 나온다. 민주당의 한동훈 담당 홍익표 원내대표는 물론 이재명 대표까지 나서서 정략적 차원에서 문제를 접근하지 말고 국민생명 보호 차원에서 대통령이 문제해결에 나설 것을 촉구하며 한동훈의 중재자 역할에 대해 미리 김을 뺐다. 한동훈 위원장은 결국 오늘도 헛심을 썼다.

오늘 총선 선거보조금(508억 원)이 각 당에 지급됐다. 더불어민주당(142석) 189억 원, 국민의힘(101석) 177억 원. 더불어민주연합(14석) 28.2억 원, 국민의미래(13석) 28.0억 원, 녹색정의당 30억 원, 새로운미래 26억 원, 진보당 10.8억 원, 개혁신당 9063만 원, 자유통일당 8883만 원, 조국혁신당 2266만 원. 황운하 의원 1명의 존재로 소액을 보조받은 조국혁신당은 내일 50억 원 규모 파란불꽃 펀드로 선거비용을 조달한다. 오늘 받은 선거보조금은 현재 상황의 지지율 순서대로가 아니다. 다음 총선에서 이 순위는 크게 뒤바뀔 것이다. 먼저 된 자가 나중 되고, 나중된 자가 먼저 된다.

파란불꽃펀드 54분 만에 200억 원 모금

2024. 3. 26.

'파란불꽃펀드, 54분 만에 200억 원 모금

조국혁신당의 '파란불꽃펀드' 모금이 오늘 모금 개시 54분 만에 200억 원을 넘어서며 조기 마감됐다. 20분 만에 100억을 넘어서더니 54분 만에 목표치의 4배가 넘어서면서 조기마감을 결정했다. 조국 대표의 용맹함과 조국혁신당의 분투에 감동받은 많은 국민들이 200억 원의 펀드 가입으로 뜨거운 응원을 보냈다. 원금이 보장되고 이자까지 받는 펀드라 할지라도 신생 정당에게 200억 원이 넘는 거액이 모인 것은 국민들이 승리의 희망, 미래의 희망을 보았기 때문이다. 조국 홀로 부산에서 창당을 선언했던 날로부터 불과 40일 만에 조국 대표는 제2야당의 지도자로 우뚝 섰다. 오늘 발표된 미디어토마토 여론조사에서는 조국혁신당(29.1%)이 1위에 첫 등극하는 기염을 토했다. 국민의미래 28.1%, 더불어민주연합 21.6%.

조국혁신당
파란 불꽃
펀드 시만

오픈 54분 만에
200억 돌파 마감!
민주시민 여러분의 성원에 감사드립니다

이용약관에 따라 최종참여금액 추후
개별 문자발송 예정

9
조국을 9 하겠습니다

패
지
을

펼
쳐

보
시
오
 ⓒ

총선 천하삼분지계, 촉은 조국혁신당, 오는 민주당, 위는 국민의힘

삼국지 속 제갈공명의 천하삼분지계를 떠올려보라. 서쪽 험지에 촉한을 건국한 유비는 제갈공명의 보좌를 받으며 강남의 패자인 오나라와 연대하여 불구대천의 원수인 중원의 패자 위나라를 끊임없이 공격한다. 촉은 조국혁신당, 오는 민주당, 위는 국민의힘이다. 촉은 끊임없이 위를 공격했다. 그 틈에 오는 부국강병에 힘썼다. 쇄빙선 망치선을 자임한 조국혁신당은 2월 창당 선언 이후 가장 날카롭게 윤석열정권에 공세를 퍼부었다. 창당 선언 후 불과 보름 만에 계란으로 바위치기라는 세간의 비웃음은 탄성으로 변했다. 그 보름이 민주당에게는 너무나 중요했다. 오늘 아침 뉴스공장에서 인터뷰한 이재명 대표는 2월 내내 공천 문제로 공격당하다가 "진짜 이러다 망하는 거 아니냐는 위기감을 느꼈다"고 토로할 정도로 민주당이 느끼는 위기감은 최고조에 달할 때였다. 민주당의 지지율이 떨어지고 당원, 지지자의 사기가 떨어지고 있을 때 갓 창당한 조국혁신당이 윤석열정권과 정면대결을 벌였다. 그 결과 민주당에 쏟아지는 비난 여론의 상당량을 조국혁신당에 돌려놓으며 민주당의 위기 극복에 도움이 됐다. 앞으로 남은 16일, 조국혁신당에게도 시련의 순간이 올 것이다. 그때는 '우당'인 민주당이 강력한 화력으로 지원해주리라 믿는다. 조국혁신당과 민주당은 순망치한의 관계다.

  총선에서 야권이 압승을 거둔다면 적벽대전에 비유할 수 있다. 촉과 오의 연합군은 동남풍과 연환계를 이용한 화공으로 위의 대군을 공격해 전멸시켰다. 적벽대전 승리의 비결은 촉과 오의 유기적 협력이었다. 양측을 대표하는 군사인 제갈공명과 주유가 갈등 속에서도 협력을 이뤄내 최후의 승리를 거머쥘 수 있었다. 지금도 끊임없이 분열을 조장하는 세력들이 있지만 조국혁신당과 민주당은 3월 5일 조국-이재명 회동으로 협력을 선언한 이래 현재까지 굳건하게 연대하고 있다. 정당이 자신의 이익을 챙기는 것은 당연한 일이지 나쁜 일이 아니다. 그 이익 챙기기가 국리민복을 위해서가 아니라 자당만의 이익이나 정치지도자의 사사로운 이익 추구라면 밝은 눈의 주권자들의 심판을 면치 못할 것이다. 더불어민주연합과의 경쟁은 큰 변수가 되지 못한다. 정권 교체를 최종 목표로 삼는 민주당에게 조국혁신당은 가장 필요한 우군이기 때문이다.

용맹하게 전투에 나서 화살을 많이 맞을수록 승리의 열매를 더 수확하는 법이다. 화살 10만 발이 필요하다는 연합군 총사령관 주유의 명령을 제갈공명은 흔쾌히 받아들였다. 제갈량은 안개가 자욱한 밤 짚단을 가득 실은 배를 직접 타고 나가 수전에 익숙하지 않아 겁을 먹은 위나라 군대가 쏜 10만 발의 화살을 수집하는 대담함과 지혜로움을 과시했다. 명령을 이행하지 못하면 목이 달아날 상황인데도 제갈공명은 침착하게 부여된 명령을 이행했다. 조국혁신당도 민주당도 화살을 이미 많이 맞았다. 기왕지사 같은 수의 화살을 맞고 각자가 목표한 성과를 이뤄내기를 바란다.

2024 총선 판세는 부울경에서 결정돼

이번 총선의 판세는 수도권이 아닌 부울경에서 결정된다. 수도권에서의 압승 기세는 확정적이기 때문이다. 부산 18곳, 경남 8곳, 울산 3곳 등 30개 내외 지역구에서 민주진보정당 단일후보들이 절반 가까운 의석을 얻는다면 매직넘버 200의 달성이 확실해진다. 조국혁신당이 부울경 접전지역 승리에 화룡점정을 찍어주기 바란다. 9회말 9원투수로 등판해 부울경을 9

하고 대한민국을 9하는 기적을 이뤄내기 바란다. 조국 대표가 자이언츠 유니폼을 입고 부산의 거리를 활보하며 부산 시민과 함께 야도의 부활을 부산갈매기 합창으로 노래하기 바란다.

이재명 대표는 제1 야당 대표다운 신중한 태도를 보이고 있다. 오늘 장윤선의 취재편의점 인터뷰에서 대승 가능성을 묻는 질문에 "거의 불가능하다. 민주당의 최대 목표는 151석 확보지만 만만치가 않다"고 답했다. "언제나 한 표가 부족하단 생각으로 1차 목표는 1당이 되는 것, 최대 목표는 151석임을 생각하라"고 후보들에게 공문을 보냈다. 오만함이 선거 전체 판세를 망친다며 민주당 후보들과 당직자들의 과도한 기대치 공개 발언을 사전 차단했다. 2020년 총선 막판 일부 인사들의 성급한 대승 발언으로 역풍이 불며 상당수 의석을 놓친 아픈 기억을 교훈으로 삼자는 취지다. 조국 대표도 각종 여론조사 호조에도 불구하고 "조국혁신당의 목표는 창당 선언 첫날부터 10석이며 지금도 변함이 없다"는 신중한 태도를 견지하고 있다. 두 대표의 신중함이 결국은 총선의 압승을 이뤄내는데 큰 힘이 되리라 믿는다.

수원정 지역구 이수정 후보가 점차 잠잠해지고 있던 '대파 이슈'를 다시 끄집어내는 큰일을 해냈다. JTBC 유튜브 채널과의 인터뷰에서 대통령의 875원 대파 발언에 대해 "875원 그거는 한 뿌리를 얘기하는 것이다. 한 봉다리(봉지)에 세 뿌리냐 다섯 뿌리냐가 중요하다"고 말해 논란을 불러일으켰다. 그 대통령에 그 후보다. 인터넷이 온통 이수정 후보의 '대파 한 뿌리' 발언을 조롱하는 밈으로 넘쳐나고 있다. 이재명 대표가 직접 출전해 이수정 후보의 발언이 '대파전쟁 시즌2'라고 공세를 취했다. "국민을 완전 우롱하고 농락하는 것 같아요. 이런 걸 가지고 염장 지른다고 그럽니다. 물가가 비싸 죽겠는데, 대통령은 875원 합리적인 가격이네 그러고…."

이재명 대표의 정치감각이 훌륭하다. 이수정 후보의 대파시즌2 발언은 폭발력과 인화력이 높다. 앞으로의 이슈 전개가 주목된다.

가벼운 조크를 통해 딱딱한 정치이야기의 분위기를 말랑말랑하게 만들어보자. 세계적인 패션브랜드의 '구찌'의 월드와이드모델로 조국 대표가 총선 이후 기용될 가능성이 있다. 조국혁신당의 기호가 9번으로 결정되자 어느 천재가 "디올 말고 9찍"이라는 멋진 포스터를 만들어 공개했다. 거기에 착안한 조크다. 과거 우리나라 현역 정치인이 상업광고 모델로 데뷔를 해 제법 히트를 친 적이 있다. 1992년 대선에 트렌치 코트 한 벌만 입고 단기필마로 대선에 출마해 꽤 높은 지지율(6.4%)을 기록한 박찬종 후보였다. 김영삼, 김대중, 정주영이 출마한 대선에서 이 정도로 많은 득표를 기록해 세상을 놀라게 했다. 대선 후 인기가 급등한 박찬종을 남양유업이 신제품 우유의 광고모델로 기용해 제법 큰 성공을 거뒀던 것을 기억한다. 내가 구찌의 글로벌 마케팅 임원이라면 총선 후 조국 대표를 글로벌 광고모델로 픽업할 것이다. 윤석열에 실망한 세계인들에게 대한민국에 진짜 멋진 정치인이 있다는 것을 알림으로써 무너진 국격을 회복하는데도 큰 도움이 되지 않겠는가. 다시 말하지만 이건 가벼운 조크다.

윤석열 대파大破 총선 개막!
시작부터 "부울경 접전"

2024. 3. 28.

윤석열 대파(大破)
총선 개막!

'윤석열 대파大破 총선'이 개막됐다. '875원 대파' 이슈가 핵심쟁점이 됐다는 것만을 말하지 않는다. 국민들이 윤석열정권과 국민의힘을 '대파大破' 할 수 있다는 자신감을 갖고 기세를 올리고 있다는 것까지 의미한다.

오늘 발표된 MBC의 부울경 여론조사는 이 기세를 입증하고 있다. 낙동강벨트를 중심으로 하는 20여 곳의 부울경 지역구가 선거 초반부터 접전지가 되고 있음을 알려준다. 호남을 주된 지역기반으로 삼는 민주당이 부울경에서 초반부터 기세를 올리는 선거는 이번이 처음이다. 3월초부터 매직넘버 200의 가능성을 주장해온 나도 믿기지 않을 정도의 판세가 펼쳐지고 있다. 남은 기간 한두 번 정도 불어닥칠 부정적 이슈와 판세의 출렁임에 야당이 물샐틈없이 대응한다면 4월 10일 놀라운 일을 보게 될 것이다.

조국혁신당은 부산 해운대에서 출정식을 열고 대구와 대전를 거쳐 서울로 유세를 이어가는 '동남풍 전략'을 시전했다. 적벽대전의 승리를 부른 저 유명한 동남풍! 조국 대표는 "부산에서부터 동남풍을 일으켜서 전국으로 밀고 올라가겠습니다"라고 출정을 선언했다. 조국 대표 판 '랑만의 정치' 선언이다. 국민의힘 텃밭 취급을 당하던 부울경에서도 판세가 디비졌다는 소식을 동남풍에 실어 전국으로 확산시키겠다는 전략이다. 조국혁신당의 지역 기반을 부울경에 확고하게 구축하겠다는 장기적 포석이다.

부산에서 출정식하고 대구 유세서
시민과 함께 민주주의의 축제 펼쳐

봄비의 축복을 받으며 고향에서 출정식을 한 조국혁신당은 국민의힘의 아성인 대구에서 시민들과 함께 따로국밥으로 점심을 함께한 후 도심까지 거리를 행진하며 시민들과 인사를 나눴다. 나도 함께 행진하며 고향 대구 시민들의 새로운 정치에 대한 뜨거운 열망을 직접 체험할 수 있었다. 대전에서는 20대 청년이 조국 대표와 나란히 연단에 섰다. 24일 청주 유세에서 "나 20대다! 조중동 메롱~" 손피켓을 들고 나왔다가 연단에 초대됐던 그 여성이 새 피켓을 들고 나온 걸 발견한 조국 대표가 다시 연단으로 불러냈다. "나 20대, 또 왔지롱 메롱~" 조국 대표가 직접 문구를 읽자 차분했던 유세장이 웃음바다가 됐다. 피켓을 뒤집자 더 큰 웃음이 터져나왔다. "대파가 싸다9? 그냥 싸다9를 콱!" 대파 이슈를 부각시키면서도 조국혁신당의 기호 9까지 버무린 재치 만점의 작품이었다. 다시 한 번 멋진 퍼포먼스로 조국혁신당 유세장을 축제로 만들어준 전상훈TV 애청자와 그 따님에게 박수를 보낸다. 선거를 민주주의의 축제라고 한다. 시민들이 저마다 손수 만든 피켓을 들고나오고 조국 대표는 그 피켓을 받아들고 기자회견을 치르다가 절정의 순간에 이르면 그 어떤 유세장보다 뜨거운 함성을 내뿜는다. 그래서 나는 이번 선거를 '파(Fa)'와 '축제(Festival)'를 결합한 'Fastival'로 부른다. 이 아이디어는 전상훈TV 애청자의 작품이다.

조국혁신당의 동남풍 출정식의 하이라이트는 서울 광화문 광장 세종문화회관 중앙계단에서 수천 명의 시민들이 함께한 가운데 펼쳐졌다. 확성기도 없이 진행하는 조용한 기자회견에 청중들은 호흡을 맞춰 침묵하며 지켜보다가 조국 대표의 힘찬 발언이 터져나오면 천지를 뒤흔드는 함성과 구호를 내뿜었다. 조국 대표 도착 전 내가 서울시당 위원장님의 권유로 잠시 청중 앞에 서서 함께 외칠 구호를 외쳐보고 핸드폰 라이트를 켜는 퍼포먼스를 안내하며 분위기를 끌어올릴 수 있는 역할을 했던 것은 길이길이 남을 아름다운 추억이 되었다. 마무리는 역시 '대파'였다. 기자회견이 마무리되고 폐회를 선언하는 찰나에 전상훈TV 애청자인 여성이 준비해온 대파 한 단을 조국 대표에게 건넸고, 조국 대표는 이를 힘차게 휘두르며 윤석열 대파 총선 승리를 다짐했다. "대파! 대파! 대파! 대파!"의 함성이 광화문광장을 뒤흔들었다. 이재명 대표가 첫 포문을 연 '대파 총선'을 조국 대표가 이어받으며 '윤석열 대파 총선혁명'의 기운을 모아낸 선거운동 첫날의 보람찬 풍경이었다.

조국 대표, 여권 유력후보 도장 깨기 선언

조국 대표가 오늘 부산 출정식 기자회견에서 '도장 깨기'를 선언했다. "국민들께서 TV를 통해 보고 싶지 않은 후보들이 있을 것이다. 조국혁신당은 그런 자들이 후보로 뛰고 있는 지역을 집중적으로 찾아가겠다." 유리한 지역구에서 조용하게 선거를 치러 안전하게 당선되는 달콤한 꿈에 젖어있던 국민의힘 후보들에게는 날벼락 같은 선전포고다. 윤석열 대통령의 최측근인 해운대 주진우 후보, 용인 이원모 후보 등과 동작 나경원 후보, 용산 권영세 후보, 공주 정진석 후보 같은 중진들은 모골이 송연해졌을 것이다. 조국혁신당의 도장 깨기 전국순회 유세는 이번 총선에서 가장 주목받을 선거캠페인이 될 것으로 확신한다. 조국혁신당이 참전한 2024년 총선, 그 어떤 총선보다 역동적이고 흥미롭지 않은가.

더불어민주당은 윤석열정권의 심장부인 용산에서 출정식을 열고 '윤석열정권 심판 열차'를 출발시켰다. 이재명 대표는

"윤석열정권 심판 열차가 국민 승리라는 최종 목적지를 향해 지금 출발한다. 나라를 망치고 국민을 배반한 윤석열정권을 민주공화국의 주권자가 심판할 때가 됐다"고 선언했다. 심판 열차의 다음 행선지는 임종석 사태로 주목받은 중·성동갑이었다. 이 대표와 임종석 씨는 연단에 함께 올라 포옹하며 단결된 민주당을 대내외적으로 알렸다. 서울의 격전지인 동작구로 이동해 격전지로 주목받은 한강벨트지역의 승기를 다졌다. 이 대표는 "반드시 민주당이 독자적으로 1당이 돼야 한다. 간절한 마음으로 읍소하건대 민주당이 딱 151석만 확보하게 해달라"고 호소했다. 유권자들이 민주당에게 "딱 151석"만 줄 방법은 없다. 표심을 결정하지 못한 유권자들에게 표를 줄 것을 민주당이 간절하게 호소하고 있음을 알리는 메시지다. 후보와 당원. 지지자들에게는 최근의 호조세에 들떠 교만한 태도를 갖지 않아야 한다는 메시지이기도 하다.

국민의힘 한동훈 비대위원장은 "정치를 개 같이 하는 게 문제"라며 선거운동 첫날부터 망언을 쏟아냈다. "우리는 정치개혁과 민생개혁, 범죄자들을 심판한다는 각오로 이번 선거에 나섰다. 범죄자세력이 여러분 같은 선량한 시민들을 지배하는 것을 막아야 한다. 이·조(이재명·조국) 심판을 해야 한다. 그건 네거티브가 아니라 민생이다"라고 말했다. 어제는 갑자기 국회의사당 세종시 완전 이전을 공약하더니 출정식을 연 오늘은 '이조 심판'을 전면에 부각시켰다. 수많은 선거캠페인을 경험했지만 2024년 총선 국민의힘 선거캠페인만큼 아비규환인 사례를 보지 못했다. 여당 대표가 저런 막말을 쏟아낸 사례도 본 적이 없다. 야당세력 심판이 민생이라는 억지주장에 공감을 표할 사람은 빨간옷을 입은 선거운동원들뿐일 것이다. 조국 대표는 이수정 후보의 '대파 격파' 뻘짓에 "계속, 계속 그렇게 하십시오. 잘 하고 계십니다. 박수 드립니다"고 일갈했다. 조국 대표는 "정치를 개 같이 하는 게 문제" 한동훈 위원장에게 "한마디로 말해서 조금 켕기나보다"라는 단칼 논평으로 반박했다.

조국혁신당의 도장 깨기에
국민의힘은 사색, 민주당은 반색!

2024. 3. 29.

조국, 도장 깨기
유세 본격화!

조국 대표가 출정식에서 약속한 '도장 깨기' 유세가 본격적으로 시작됐다. 어제 해운대에서 출정식을 하면서 해운대갑 주진우 후보를 겨냥한 제1차 도장 깨기를 한 바 있다. 오늘은 충청권 도장 깨기 유세가 펼쳐졌다. 천안, 아산, 서산으로 이어졌다. 해병 사건에 연루된 국방차관 출신의 천안갑 신범철 후보가 첫 대상이었다. 세월호 특조위 업무를 방해한 해양수산부장관 출신의 아산의 김영석 후보가 두 번째 대상이었다. 이토히로부미를 일본의 인재로 극찬한 서산의 성일종 후보가 세 번째였다.

조국혁신당이 신기원을 개척하고 있다. 아산의 민주당 복기왕 후보와 서산의 조한기 후보는 자신의 고장을 찾아준 조국 대표의 유세현장에 찾아와 포옹하며 환영해줬다. 서로 다른 정당의 후보를 지지하는 연설을 하면 선거법 위반이 되지만 이런 방식으로 반갑게 인사를 나눈 것은 아무런 문제가 없다. 국민의힘 문제 후보 지역구를 찾아 그들의 기세를 제압하고, 지역구 민주당 후보와는 훈훈하게 인사를 나누는 조국혁신당만의 선거캠페인, 역사상 이런 선거캠페인은 없었다.

런종섭 호주대사 면직, 황상무 테러 발언 등
여권의 악재 속 야권에 유리한 선거판세 조성

런종섭 도주대사가 결국 면직됐다. 내가 장담한 시간보다 며칠 더 걸렸지만 국제미아가 될 뻔했던 이종섭은 훗날은 어찌될 지라도 모국에 머무를 수 있게 된다. 축하한다. 3월 10일 인천공항 도주부터 귀국 그리고 면직까지 딱 20일 걸렸다. 그동안 윤석열 대통령의 지지율은 끝없이 추락했고, 2월에 잠시지지율을 벌어놨던 국민의힘 지지율 또한 강서구청장 보궐선거 당시 수준으로 떨어졌다. 인천공항 런종섭 사태는 먼저 '해병 참사'를 수면 위로 급부상시켰다. 공항에 가장 먼저 나타난 조국혁신당 신장식, 차규근 후보의 선전을 통해 조국혁신당 지지율 급상승을 일으켰다. 뒤이어 나온 민주당 의원단들과 조국혁신당 후보들이 윤석열 심판 제1차 학익진을 펼칠 수 있는 기회를 제공했다. 총선 판세를 가르는 핵심이슈로 3월 내내 작동했다.

국민의힘 한동훈 비대위원장은 이종섭 대사와 황상무 수석의 사퇴를 자신의 작품이라고 자화자찬했다. 한 위원장이 뭐라고 말하든 그 말을 믿는 국민은 빨간옷의 선거운동원을 빼고는 없는 게 현실임을 말해주고 싶다. 국민들은 한동훈을 양치기소년으로 취급하고 있다. 선거운동 개시 전날 긴급기자회견을 열더니 '의정 갈등 중재, 2000명 의대 정원 증원 축소'를 기대하던 민심을 배반하고 '국회 세종 이전'이란 낡은 공약을 새로운 공약처럼 포장해 발표했다. 이종섭 대사 임명이 알려지고 출국할 때 기자들의 쏟아지는 질문에 "대통령이 필요해서 인사를 했는데 당이 개입할 수 없는 일이다"라고 말하며 살아있는 권력의 눈치를 보더니만 이종섭이 면직되자 자신이 건의해서 면직됐다고 떠벌이고 있다. 양치기소년은 결국 망한다. 그게 세상의 이치다. 선거일까지 며칠 남지 않았다.

　한동훈이 '이조심판' 프레임으로 '정권심판' 프레임을 이겨먹으려 하고 있다. 사람은 무식하면 고집불통이 된다. 윤석열 대통령 국정수행에 비판적인 국민이 60%에 달하고, 이번 총선에서 야당에 투표해 정권을 견제하겠다는 국민이 50%가 넘는 상황에서 여당 대표가 '야당 심판'을 고창하는 것은 선거캠페인에 무식해서라고 밖에 말할 수 없다. 아니면 이재명과 조국에 대한 개인적 원한이 너무 깊어서이거나. 한동훈의 패착은 2022년 대선 당시 여당으로 대선캠페인을 벌이던 민주당 및 대형 유튜버들의 패착과 닮음꼴이다. 검찰개혁만 외치는 의원들과 유튜버들이 '윤석열 김건희 심판', 아니 더 나아가 '김건희 심판'을 메인 프레임으로 설정하고 선거전을 펼쳤던 흑역사를 기억하라. 그들은 쥴리의 사생활, 르네상스호텔, 7시간 녹취록 등등을 선거 승리를 부르는 보검인양 선거기간 내내 휘둘렀다. 결과는 패배였다.

재외국민투표 시작

재외국민투표가 시작됐다. 코스타리카 교민이 대사관에서 투표를 한 후 올린 '대파 투표 인증샷'이 SNS에 올라와 확산되고 있다. 어렵게 구했을 것으로 짐작되는 대파 한 단을 투표소 현판 앞에 올려놓고 찍은 투표 인증샷은 이번 선거를 상징하는 인증샷이라 할 만하다. 그 사진을 본 순간 눈물이 핑 돌았다. 이역만리 외국에 사는 동포의 나라사랑하는 절절한 마음을 느낄 수 있어서다. 높아진 국격을 불과 2년 만에 추락시킨 윤석열 대통령을 심판하겠다는 굳은 의지가 보인다. 토요일마다 열리는 촛불집회를 주관하는 '촛불행동'에서 "대파 한 단씩 들고 오세요" 공지사항을 띄웠다. 촛불 대신 대파를 들고 용산 대통령실로 행진한다. 프랑스혁명을 상징하는 '자유의 여신' 그림을 '대파의 여신'으로 패러디한 짤이 SNS를 통해 확산되고 있다. 윤석열 대파, 운명의 날이 다가오고 있다.

조국혁신당과 민주당 선거캠페인 지도부에게 촉구한다. 유세현장마다 후보와 선거운동원 지지자들이 손에 손에 대파를 들고 흔들며 선거캠페인을 펼치자. 윤석열정권 심판의 상징물로 '대파'가 최적이다. 격정적 연설보다 대파 한 단이 유권자들의 심판의지, 투표의지를 불러일으킨다. 더불어민주연합이 어제 국회 본청 앞에서 출정식을 한 사진을 봤다. 국회의원과 당직자들이 '몰빵'을 상징하는 식빵 조형물을 손에 들거나 얼굴에 인형탈처럼 쓰고 있었다. '대파선거'가 이슈로 부각된 상황에서 '몰빵선거'를 외치는 모습을 보고 실망하지 않을 수 없었다. 나는 민주당의 거대한 지원을 받는 더불어민주연합이 선거 기간 내내 여론조사 수치로는 조국혁신당에 뒤지더라도 투표함을 열면 두 당이 거의 비슷한 득표를 하거나 약간 앞설 것이라고 내다봤다. 전상훈TV를 통해 여러 번 이런 전망을 밝힌 바 있다. 조국혁신당 당원과 지지자 입장에서는 듣기 불편했겠지만, 오랜 전통에 빛나는 민주당의 힘을 결코 무시할 수 없다는 점을 누누이 강조해왔다. 하지만 나의 전망이 틀릴 가능성이 높아졌다. 더불어민주연합이 이런 무성의한 선거캠페인을 계속한다면 말이다.

조국 대표 TV연설
"내 마음을, 내 생각을 대신 말해줘서 후련하다."
2024. 3. 31.

국민들은 볼만큼 봤고
겪을 만큼 겪었다

부산을 다시 찾은 조국혁신당 조국 대표가 남구 경성대 앞 시민공원에서 기자회견을 열고 시민들과 만났다. 나는 오늘 인터뷰를 정치 입문 이후 가장 활달한 인터뷰, 자신의 그릇을 가장 잘 드러내주는 인터뷰로 평가한다. 그의 인터뷰를 유튜브로 보면서 손글씨로 핵심내용을 정리해봤다.

첫째, "반드시 하겠습니다". 이번 총선에서 원내에 들어가면 약속한 거 반드시 하겠다고 포문을 열었다. 그 순간 시민들의 환호가 터져나왔다. 정치인이 무언가를 약속하면 많은 시민들은 속으로 "표 받으려고 마음에도 없는 말 하네"라고 무시한다. 오늘의 환호는 그의 말이 마음에서 우러나오는 진실된 말이라고 하는 강한 믿음이 있다는 것을 상징한다. 반드시 해낼 것이라는 진실성을 그의 눈에서, 그의 행동거지에서, 그의 말에서 느꼈다는 뜻이다. 둘째, "한동훈의 비난에 답할 가치가 있겠습니까.". 한동훈 위원장이 이재명과 조국 범죄자 집단이 정치하는 것을 비난한 것에 대한 의견을 기자가 질문하자 조국 대표는 딱 한 문장으로 잘라 말했다. 한동훈 측이 싸움을 걸어오는 것을 일격에 제압하는 정치의 기술을 보여줬다. 셋째, "국민의힘의 읍소는 작전상 쇼, 엄살입니다". 김해에 출마한 국민의힘 조해진 후보가 윤석열 대통령의 사과를 주문하는 기자회견을 한 것에 대한 의견을 기자가 질문하자 조국 대표는 이렇게 단칼에 잘라 말했다. 조해진 후보가 민주당과 조국혁신당이 승리하면 나라가 망한다고 말한 것에 대해서도 "국민의힘이 승리하면 나라가 망한다. 국민들은 볼만큼 봤고 겪을 만큼 겪었다"고 되받아쳤다. 넷째, "윤석열 김건희, 무릎도 꿇고 수사도 받으세요". 조국 대표는 윤 대통령 부부가 국민 앞에 무릎 꿇고 사죄하는 것은 환영하지만 수사도 피하지 말고 받으라고 호통쳤다. 죄가 있으면 국민이 처벌 여부를 결정한다고 말했다. 모든 권력은 국민으로부터 나온다는 헌법정신을 강조한 발언이다. 다섯째, "국민들께서 조국혁신당을 알려주십시오". 기성 언론이 조국혁신당 기사를 보도하지 않는 것에 대한 기자의 질문에 언론이 다루지 않으면 국민들이 SNS를 통해 알려달라고 말하면서 "우리가 이깁니다"를 외쳤다. 여섯째, "윤석열정권에 기회를 이미 줄만큼 줬습니다". 인요한 국민의미래 선대위원장이 다시 한 번 기회를 달라고 한 발언에 대해 "우리 국민은 기회를 줄만큼 줬다. 인요한 씨의 주장은 부산식으로 표현하면 얍실하다"고 일갈했다. 일곱째, "민주주의 회복해야 민생회복 할 수 있습니다". 야권 정당과 지지자들이 민생에 관심 없고 민주회복이란 이름의 정쟁에만 관심이 있다는 비판에 대한 반론을 주문받자 조국 대표는 "부산 시민들은 현명하다. 민생회복 중요하다. 윤정권 심판을 통해 민주주의 회복해야 민생이 회복된다는 것을 시민들이 다 알고 있다"며 시민과 자신을 일체화시키는 명답을 내놨다. 여덟째, "YS의 용기와 결기만큼은 배우겠습니다". 김영삼 대통령 생가 방문 소감을 질문받은 조국 대표는 "YS의 박정희독재에 맞섰던 용기, 대통령 취임 후 하나회 척결과 금융실명제 실시를 이뤄낸 결기를 배우고 싶다"고 말했다. 경남중고 옆 대신동에서 김영삼키즈로 자랐다고 어린 시절을 추억했다. 마지막, "많이 딸립니다. 도와주이소". "조국은 합니다"로 시작해 "용기와 결기"를 다짐한 조국 대표는 "저희가 많이 딸립니다. 부산 시민 여러분께서 쪼금만 더 도와주십시오"라는 부산말씨의 훈훈한 마무리로 고향사람들과 일체감을 드높였다. 유시민 작가가 대선 기간에 이재명 대표를 "발전도상형 정치인이다"라고 호평했는데, 나는 요즘의 조국 대표를 "속성발전형 정치인"이라고 평가해주고 싶다.

"많이 딸립니다. 쪼금만 더 도와주십시오"라는 조국 대표의 호소에 시민들이 정치후원금과 파란불꽃펀드로 호응했다. 그 결과 오늘 1회 5억 원의 비용을 부담하는 TV연설을 볼 수 있게 됐다. 국민 모두가 지상파TV를 통해 조국 대표의 연설을 보게 된 것은 조국혁신당이 국민정당으로 발돋움하는데 큰 힘이 될 것이다. 조국 대표 지지 여부와 관계없이 국민 모두가 조국과 조국혁신당에 대해 주목하게 됐다. TV연설 주요 부분을 발췌했다.

••● 조국 대표 TV연설 주요 내용 ●••

사랑하는 국민 여러분. (중략) 저는 2월 13일 제 고향 부산에서 새로운 정당을 만들겠다고 국민 여러분께 보고 드렸습니다. 무도하고 무능하고 무책임한 윤석열정권에 맞서 싸우겠다고 했습니다. (중략) 광주에서 만난 한 어머니는 이렇게 말씀하셨습니다. "잘 견뎌줘서, 살아남아줘서 고맙다." 눈물을 왈칵 쏟을 뻔했습니다. "내 마음을, 내 생각을 대신 말해줘서 후련하다."

이렇게 말씀하시는 분들도 자주 만났습니다. (중략) 이제 국민의힘 위성정당을 따라 잡았습니다. (중략) 몇 퍼센트 몇 등 숫자보다 더 중요한 게 있습니다. 저와 조국혁신당의 목소리가 국민 여러분 가슴에 가 닿았다는 점입니다. (중략)

저는 흠결이 많은 사람입니다. 조국혁신당의 한계도 있습니다. (중략) 표현의 자유가, 민주공화국의 핵심 가치가 무도한 검찰독재정권에 의해 짓밟히고 있습니다. 조국혁신당은 입틀막 정권에 단호하게 맞서겠습니다. 국민 여러분들께서 하고 싶은 말 대신 하겠습니다. (중략)

민생경제는 파탄 직전입니다. 사과 하나, 대파 한 단 사려면 큰 용기를 내야 합니다. (중략) 윤석열 대통령은 전 정부 탓을 합니다. 재정건전성 타령만 합니다. 참 무능한 정권입니다. (중략) 대한민국 외교 운동장이 점점 좁아지고 있습니다. 평화는 멀어집니다.(중략) 눈 떠보니 후진국이 되는 데는 2년도 채 걸리지 않았습니다. (중략) 이번 총선에서 혼쭐을 내주겠다는 분들이 늘고 있습니다. (중략) 군부독재정권 시절 군화 신은 군인들이 앉았던 자리를 이제는 검찰 출신이 차지하고 있습니다. 이것이 검찰독재국가의 본질입니다. 스스로 살아 있는 권력이 되자 자신들이 관련된 범죄는 감추거나 못 본 채 합니다. (중략) 윤 대통령과 한 위원장은 자신들이 주장해 온 공정과 정의에서 늘 예외였습니다. 헌법이 허락하지 않은 특권층으로 군림하고 있습니다. (중략) 서울 한복판 이태원에서 159분이 숨졌습니다. 청주의 오송 지하차도에서 14분이 희생되셨습니다. 그날 정부는 없었습니다. 윤석열정부의 높은 사람들은 책임지는 법을 모릅니다. (중략) 윤석열정권의 무능력, 무도함, 무책임은 이 밤이 새도록 나열해도 끝이 없을 것 같습니다. 이 제 멈춰 세워야 합니다. 대한민국이 더 망가지도록 내버려 둬 서는 안 됩니다. 이것이 애국 시민의 명령입니다. 조국혁신당 이 하겠습니다. 윤석열 검찰독재정권을 멈춰 세우라는 국민의 명령, 받들겠습니다. 3년은 너무 깁니다. 더 강하게, 더 빠르 게, 더 선명하게 행동하겠습니다. 조국혁신당을 선택해 주십 시오. 9번 찍어 안 넘어가는 독재정권은 없습니다. 9번을 찍어 나라를 구해 주십시오. 감사합니다.

내 마음을, 내 생각을 대신 말해줘서 후련하다

"내 마음을, 내 생각을 대신 말해줘서 후련하다." 내가 꼽은 한 문장이다. 오늘 연설도 국민들의 마음과 생각을 대신 말해 줬다. 그래서 조국혁신당은 국민들의 큰 지지를 얻고 있다. 내 예상을 빗나간 부분도 있다. 개인사와 가정사에 대해 설명할 거라고 예상했는데, 빗나갔다. 그런 내 생각이 애초부터 틀렸 던 것이다. 이 연설은 당의 정책과 비전을 국민에게 밝히는 것 이지 개인사에 대해 해명하고 변호하는 것은 아니기 때문이다. 조국 대표는 "저는 흠결이 많은 사람입니다"로 자신의 부족함을 고백했다. "저에 대한 많은 오해가 있습니다"라고 변명하지 않았다. 조국을 흠결 있는 사람으로 생각하는 많은 사람들에게 진심을 다해 고개를 숙이는 모습을 보여줌으로써 고집불통의 오만한 윤석열 대통령과는 격이 전혀 다른 차원의 정치인임을 보여줬다.

1992년 민중대통령 후보 백기완 선생의 수행비서로서 TV연설을 하는 모습을 방송국 스튜디오에서 직관하며 벅찬 감동을 받았던 기억이 떠오른다. 오늘 나는 조국 대표의 연설로부터 32년 전의 감동을 다시 선물받았다.

재외국민 투표율 역대 최고! 국민은 투표가 마렵다

2024. 4. 2.

목숨을 건 도약,
사투(사전투표)로 실현하자

　　　　　　　　재외국민 투표로부터 대파 총선혁명의 바람이 불었다. 재외국민 투표에서 62.8% 사상 최고의 기록을 세웠다. 재외국민들은 대한민국의 현재 상황을 객관적으로 볼 수 있다. 윤석열정권의 학정에 탄식을 쏟아낸다. 국내 투표율도 70%를 상회하지 않을까하는 전망이 쏟아지고 있다. 국민은 진짜 투표가 마렵다. 66% 투표율에 민주진보정당들의 합계 190석의 압승을 기록한 2020년 총선을 능가하는 기록이 세워질 전망이다. 코스타리카 교민의 '대파 투표 인증샷'의 간절함이 국내로 상륙할 것이 확실하다. 박근혜정권을 평화적으로 탄핵한 촛불시민혁명은 세계 시민혁명사에 금자탑을 세웠다. 이번엔 2024년 총선에서 세계인을 깜짝 놀라게 할 선거혁명을 이뤄낼 것이다.

　사전투표로부터 심판의 민심을 드러내는 방법이 있다. 조국혁신당과 민주당 지지자들은 당의 컬러에 맞는 옷을 입고 투표하자. 투표 드레스코드를 블루로 약속하자. 조국혁신당은 군청색, 민주당은 파란색. 선거는 기세 싸움이고 투표도 기세 싸움이다. 조국혁신당의 사전투표 참여 캠페인의 슬로건이 사전투표의 줄임말인 '사투'로 정해졌다. 목숨을 건 도약, 사투(死鬪)의 의미도 내포한다.

조국 대표, 10석 목표 고수

조국 대표는 오늘 열린 인천시당 창당대회 연설에서 "여러 충고를 감사하게 생각하지만 의석수 목표를 기존의 10석에서 상향하는 것은 고려하고 있지 않다"고 말했다. 민주당 김민석 종합상황실장이 최근 교섭단체 기준을 하향할 의사가 있다고 밝힌 것에 대해 조국 대표는 깊은 감사의 인사를 전했다. 교섭단체 기준이 하향되지 않는 한 20석을 얻지 못한다면 10석, 12석, 15석 모두 본질적으로 큰 차이는 없다. 의석 숫자가 늘어날수록 기쁨은 그만큼 더 커지지만. 조국 대표가 창당 40일 만에 두 자릿수 의석을 얻기에 충분할 정도의 지지를 안정적으로 표출해주는 국민들에게 감사한다는 메시지를 반복하는 이유는 뭘까? 현재 확보한 지지율을 안정적으로 다지는데 최우선 주력하겠다는 전략적 판단이 엿보인다. 조직력이 상대적으로 취약한 신생정당은 바람으로 일어서지만 역풍에 무너지기도 쉽다. 의석 목표 상향 메시지가 낳을 수 있는 리스크 요인을 감안한다면 조국 대표의 '10석 목표 고수'를 충분히 이해할 수 있다.

조국 대표는 지금 새로운 표밭에 주목하고 있다. 최근 여러 인터뷰와 인천시당 창당대회 연설에서 보수텃밭 지역에서의 조국혁신당 지지율 상승세에 주목하고 있다고 말했다. 조국혁신당이 공을 들이는 부산을 원점으로 울산과 경남의 지지율이 상승하고 있고, 제대로 된 유세조차 진행하지 않은 TK지역과 강원도까지 지지율 상승세가 두드러지고 있는 것이 확인되고 있다. 10석 이상의 의석을 얻으려면 보수텃밭지역에서의 지지율 상승에 힘써야 한다는 당의 전략적 판단이 담긴 언급으로 이해한다. 나는 3월 11일 조국혁신당이 '블루오션' 표밭을 개척해야 한다고 주장한 바 있다. 보수텃밭지역에서 보수정당에 주로 투표해오던 중도무당층을 이번 기회에 조국혁신당 지지로 돌려세우는 노력을 해야 한다. 의석수 목표 초과 달성은 블루오션 개척에서 나온다.

조국 지지자 '표 모으는 일을 하자', '조국을 9하는 한강 9km 걷기' 등

나는 6일과 7일 오전에 조국혁신당 당원 및 지지자들과 함께하는 '조국을 9하는 한강 9km 걷기'를 진행한다. 왜 이런 일을 하는지 궁금할 것이다. 조국혁신당을 열렬히 지지하는 사람들은 당의 득표에 도움이 되는 그 무엇이라도 하고 싶어 한다. 그런데 정작 스스로 할 수 있는 일이라곤 자신의 카톡, 페북, 인스타 등 SNS에 지지하는 글과 사진을 올리거나, 대형 유튜버의 댓글창에 들어가 댓글을 쓰는 것 말고는 별로 없다. 김대중 대통령 말씀대로 담벼락에 욕이라도 하는 심정으로 뭔가를 한다. 하지만 이런 활동으로 3000만 명이 투표하는 거대한 총선에 영향을 끼칠 수 있을까? 유튜브와 SNS에서 활동하는 유권자는 전체 투표자에 비하면 10%도 안 되는 소수다. 그들 대부분은 정치 고관여층이다. 사전투표를 3일 앞둔 현재 이미 표심을 결정한 상태다. 우리의 표밭, 우리가 개척해야 할 블루오션은 유튜브 바깥의 현실에 있는데 레드오션에서 모여 와글와글대고 있는 형국 아닌가. 그래서 우리 지지자들이 조국을 9하자는 손팻말을 옷에 붙이고 봄나들이 나온 시민들로 가득한 한강변을 활보하자는 아이디어를 낸 것이다. "뭐라도 하자"로는 부족하다. "표 모으는 일을 하자"

관심 지역구 세 군데의 선거판세를 살펴보겠다. 서울 동작을, 서초을과 부산 수영구다.

여론조사 꽃의 발표에 따르면 동작을 지역구에서 오차범위 밖 열세였던 류삼영 후보가 나경원 후보를 추격해 오차범위 내 경합 중인 것으로 나왔다. 넷플릭스 정치드라마보다 더 재미있는 현실 드라마가 펼쳐지고 있다. 민주당 이재명 대표가 다섯 번이나 동작을에 지원 유세를 나오자 나경원 후보는 강자에게 당하는 약자 코스프레를 하면서 '동정표'를 호소하는 전략을 펴고 있다. 산전수전 다 겪은 사람답게 참 영악하다. 나경원의 방어선을 무너뜨리려면 조국 대표가 동작을에 출전해야 한다. 내일 조국혁신당의 서울지역 도장 깨기 유세의 첫 일정이 동작을 지역구의 이수역 광장에서 열린다. 조국과 나경원은 서울법대 82학번 동기다. 조국이 내일 동작에 떴을 때 나경원의 표정이 궁금하다.

서초을 지역구에서는 민주당 홍익표 후보가 국민의힘 신동욱 후보에 오차범위 밖 10% 내외로 뒤지고 있다. 오늘 재미난 뉴스가 있었다. 파란색 글씨가 새겨진 흰색 점퍼를 입고 선거운동을 하던 홍 후보가 오늘부터 민주당을 상징하는 파란색 점퍼를 입고 선거운동을 시작했다. 점퍼 하나 갈아입는 것으로 상승의 기세를 보여주는 베테랑다운 모습이다. 이 지역에서 재선의원을 한 쌈닭 이미지의 박성중 후보와 붙었다면 홍 후보가 중후하고 지적인 이미지로 판세를 주도할 가능성이 높았다. 하지만 SBS와 TV조선의 메인 앵커로 유명한 세련된 이미지의 신동욱 후보가 나서면서 홍 후보가 힘든 싸움을 하고 있다. 조국 대표가 내일 동작을에 출동하면서 서초까지 가면 좋겠지만 일정이 잡히지 않았다. 현재 관악구에 거주하는 조국 대표의 직전 거주지가 서초구였다. 조국 대표가 서초에도 조만간 출현하리라 믿는다.

'난교 예찬'으로 공천이 취소된 장예찬 씨가 무소속으로 출마한 부산 수영구의 현재 판세를 살펴보자. 수영구는 보수정당의 초강세 지역이다. 국민의힘이 대타로 세운 동아일보 논설위원 출신의 정연욱 후보가 장예찬 후보의 기세에 아직까지 고전하는 모양새다. 민주당 유동철 후보는 어부지리 상황에서 승리를 위해 분투하고 있다. 전국 대부분 지역구가 양당 대결이다. 부산 수영구는 공영운-이준석 후보가 출마한 경기 화성처럼 3자 구도다. 비록 지금은 열세지만 정연욱 후보가 기자밥 30년 내공으로 지지율을 점차 높여나갈 것으로 보인다. 정치신인인 민주당 후보가 단지 어부지리만 노리지 말기 바란다. 자신의 존재감을 부각시키는 득표활동에 집중해야 한다. 승리는 누가 던져주는 게 아니라 출마한 후보가 쟁취하는 것이다.

조국혁신당, 10석 플러스 알파 가능하다

2024. 4. 3.

조국혁신당
목표 의석수 10석+∞

　　　　　조국혁신당 조국 대표가 목표 의석숫자를 10석 플러스 알파라고 처음 밝혔다. 서울지역 도장 깨기의 첫 일정으로 동작을 지역구의 이수역 앞에서 기자회견을 겸한 유세에서 조국 대표는 국민들의 지지 열기가 그대로 유지된다면 우리가 목표한 10석에 플러스 알파를 달성할 수 있을 것 같다고 말해 지지자들의 열광적인 환호를 이끌어냈다. 2월 13일 창당 선언부터 어제 인천시당 창당대회까지 겸손을 강조하며 목표 10석만을 강조해오던 입장에서 진일보한 것이다. 연합뉴스가 메트릭스에 의뢰해 3.30~31 실시한 여론조사에서 조국혁신당이 25%로 지지율 1위에 오르는 기염을 토했다. 국민의미래 24%, 더불어민주연합 14%. 4일부터 새로운 여론조사 결과 공표가 금지된다. 조국 대표는 현재 확보한 지지율로 10석을 안정적으로 확보했다는 판단을 내리고 남은 기간 지지율 상승

조국 대표, 서울 동작을 유세

드라이브에 매진하겠다는 뜻으로 읽힌다. 민주당 김민석 상황실장이 원내교섭단체 기준을 20석에서 낮추겠다는 우호적 입장을 표명한 것에 대해 양당이 자연스럽게 화답이 왔다 갔다 하는 사이가 된 것에 감사한다고 말했다. 양당이 공식적 연대협약을 체결하지 않았지만 사실상의 연대를 통해 원원하는 관계라는 점을 우회적으로 천명한 것이다. 조국 대표는 서울지역 첫 유세지로 동작을 지역구를 찾은 이유로 국회선진화법 위반으로 기소되었지만 4년간 재판 결과가 나오지 않은 '빠루' 후보를 지목하며 4월 10일 이후에 TV에서, 신문에서, 언론에서 얼굴을 보고 싶지 않다고 말했다. 다만 동작을 지역구에서 분전 중인 민주당 류삼영 후보가 나타나기를 기다렸는데 끝내 모습을 보이지 않아 지지자들이 모두 아쉬워하는 분위기였다.

조국 대표를 연일 공격하고 있는 국민의힘 한동훈 비대위원장에 대해서는 "선거 상황이 안 좋은지 막말을 일삼는데 4.10 총선 이후에는 국회의원도 아닐 것이고 비대위원장도 아닐 것이다. 1호 법안으로 한동훈 특검법을 제출할 것이다. 이재명 대표도 당연히 동의하실 것이라 믿는다. 민주당과 힘을 합쳐 특검법 제출하겠다"는 되로 받은 것을 말로 갚아주는 화끈한 화법으로 응수했다.

조국, 이재명 제주 4.3 희생자 추념식 참가

조국 대표와 이재명 대표는 오늘 오전 제주 4.3 희생자 추념식에 참가했다. 한동훈 비대위원장은 오지 않았다. 이 대표는 유족 사연을 듣던 중 눈물을 흘리기도 했다. 그는 4.3 학살의 후예라 할 수 있는 정치집단이 국민의힘이라고 비판하며 "국가의 존재 이유 중에 제일은 국민의 생명과 안전을 지키는 것이다. 어떤 명목으로도 국가폭력은 허용될 수 없다. 국민이 맡긴 권력으로 국민을 살해하고 억압한 것에 대해서는 반드시 진상을 규명하고 언젠가 끝까지 책임을 물어야 한다. 그것이 우리가 국가 공동체를 이루고 함께 사는 이유"라고 밝혔다. 제주도는 3석 모두 민주당의 우세가 유지되고 있다. 조국 대표는 얼마 전 제주를 다녀온 바 있다. 두 대표는 선거의 유불리를 고려하지 않고 4.3 추념식에 다녀옴으로써 민주진보세력의 정체성을 분명히 하는 행보를 보였다.

　새로운 여론조사 공표가 금지되기 전날 민주당과 국민의힘은 자신들이 분석하고 있는 판세를 공개했다. 모든 선거에서의 오래된 관행이다. 한동훈 위원장은 "박빙 선거구는 전국 55곳, 그중에 수도권이 26곳이다"라고 선거판세가 나쁘지 않다는 취지로 말했다. 이재명 대표는 "전국 50개 정도의 선거구가 누가 더 많이 투표에 참여하느냐로 몇 십 표, 몇 백 표 많아봐야 천 몇 백 표로 결판난다"고 절박함을 강조했다. 두 사람의 말을 비교해보면 국민의힘이 호조세, 민주당이 열세로 느껴지지만 실제와는 많이 다르다. 한동훈 위원장은 수도권 박빙을 강조함으로써 부울경 지역에서의 위기론을 감추려 하는 속내를 내비친 것이다. 이재명 대표는 일관되게 단독과반수 151석만을 강조함으로써 표심 및 투표 참여 여부를 결정하지 못한 민주당 약지지층과 중도무당층에게 손짓을 하고 있다. 이 대표의 "투표해야 이긴다"는 말은 이런 속내를 뜻한다. 조국 대표는 10석 플러스 알파를 오늘 처음 공표하면서 조국혁신당 돌풍을 키워내겠다는 의지를 보였다.

한동훈, 참패 면할 최후의 카드 '읍소 작전'마저 거부

　한동훈 위원장의 "서서 죽겠다"는 발언이 화제다. 오늘 충북 제천, 강원 원주 유세에서 이렇게 말했다. "누가 저에게 과거 우리당이 계속했던 것처럼 선거 막판에 큰절을 하자는 제안을 해왔다. 지금 범죄자들과 싸우는데 왜 큰절을 하느냐. 차라리 서서 죽어야 한다." 한동훈 위원장이 국민의힘이 100석 이하 참패를 면할 수 있는 유일한 탈출구인 "읍소 작전"을 거부한 것이다. 이제 선거 끝날 때까지 큰절을 못하게 됐다. 알아서 배수진을 친 셈이다. 전국 각지의 국민의힘 후보들이 큰절을 하며 읍소를 하더라도 자기는 하지 않겠다고 버틴 셈이다. 과연 끝까지 버틸 수 있을까? 한 위원장의 오늘 발언은 득표전략 차원에서도 매우 잘못된 것이다. 국민의힘 지도부와 전국 후보들이 일제히 읍소 큰절을 하기 시작하면 등을 돌렸던 전통적인 지지층들이 재결집한다. "짠한 마음의 동정표"는 선거 막판 매우 위력적인 표심이다. 내가 볼 때 한 위원장을 비롯해 전당적 차원에서 읍소 작전에 들어가면 3% 정도 추가 득표를 하게 되고 10석 내외를 더 얻을 수 있다. 2020년 총선에서 미래통합당은 읍소 전략으로 100석을 겨우 넘어섰다. 그러나 선거의 문외한인 한 위원장은 그 알량한 자존심을 꺾지 않고 "돌아갈 다리마저 불태워 버렸다". 그는 "범죄자집단인 이·조세력 심판", 이·조세력에 대한 혐오감 확산 전략으로 선거를 완주하려고 한다. 이걸로 윤석열정권의 무능·무책임에 분노해 등을 돌린 전통적 보수지지층을 투표장으로 모을 수 있을까? 조국 대표는 오늘 "총선 이후에는 한동훈 씨가 국회의원도 아닐 것이고 비대위원장도 아닐 것이다"라고 일갈한 바 있다.

5일 사전투표를 앞두고 조국 대표와 후보단은 내일 오전 여의도 출근 인사를 시작으로 용산→송파→서초 등 서울 한강벨트를 달리며 서울 표심을 공략한다. 대선 시기 윤석열 후보와 3월 25일 한동훈 위원장의 출근 인사를 한 바로 그곳에서 조국 대표가 출근 인사를 한다. 조국혁신당의 탁월한 위치 선정이 돋보인다. 한강벨트 서울 유세는 표밭갈이와 '도장 깨기'를 겸하기에 관심이 높을 수밖에 없다. 조국혁신당이 살벌한 진영 대결로 숨막힐 것 같았던 이번 선거판을 즐거운 축제로 바꿔내고 있다.

사전투표일, 윤석열 대파의 전주곡 울려퍼지다
"대파, 투표소 반입 금지"

2024. 4. 5.

중앙선관위, 대파의
투표소 반입을 금지한다

중앙선관위가 사전투표일에 느닷없이 윤석열 대파(大破) 총선혁명의 전주곡을 전국의 투표소에서 틀었다. "대파를 정치적 표현물로 간주한다. 투표소 반입을 금지한다". 투표일 오전에 울려퍼진 이 해괴한 소리에 총선정국이 크게 요동쳤다.

서울에서 낙동강을 넘어 울산에 간 조국 대표는 오전 7시부터 현대중공업 앞에서 조선소 노동자들을 대상으로 출근인사를 했다. 첫 직장이던 울산대 앞 바보사거리에서 시민들과 만난 후 두 번째 유세지인 경남 양산으로 이동하던 중 "대파, 투표소 반입 금지"라는 해괴한 뉴스와 윤석열 대통령이 부산 강서구 명지1동 행정복지센터에서 사전투표를 했다는 뉴스를 접했다. 조국 대표의 지시로 긴급 대응방침이 정해졌다.

조국, '윤석열 대파 응징투표' 독려

오후 2시 양산에 도착해 언론인들과 시민들을 만난 조국 대표는 '윤석열 대파 응징투표'를 선언했다. 6일 부산에서 할 예정이던 사전투표 계획을 변경해 윤 대통령이 투표한 투표소에서 사전투표를 하겠다고 발표했다. 양산 일정을 마친 조국 대표는 명지1동 투표소로 달려가 투표를 했다. 투표 후 기자들에게 "내가 왜 사전투표 장소를 바꿨는가에 대해서는 이미 언론인들과 시민들이 충분히 미루어 짐작할 것이다. 이번 선거의 성격이 무엇인지, 그리고 조국혁신당이 총선을 통해서 이루려고 하는 것이 무엇인지 보여드리고 싶었다"고 말했다. 중앙선관위의 해괴한 방침에 대해서는 "마음 같아서는 사전투표할 때 실파, 쪽파를 들고 가고 싶었다. 대파 한 단 값이 875원이라고 믿는 대통령이 우리나라를 이끌고 있다. 앞으로 3년간 이끌게 내버려둬야 되겠느냐"고 일갈했다. 하필이면 그 지역이 대파의 유명한 생산지라는 사실이 알려지며 오늘의 각본 없는 정치드라마 '대파 투표'는 극적인 흥미가 더해졌다.

나는 윤석열 대통령이 '875원 대파' 이슈를 불러일으키고 국민의힘 이수정 후보가 이슈를 더욱 키워나가는 것을 보면서 이번 총선은 '대파'가 승패를 결정지을 것이라고 주장해왔다. 3월 20일 이재명 대표는 정치인 중 처음으로 대파를 쥐고 유세를 했고, 그 후에도 여러 차례 '대파 유세'를 진행했다. 3월

28일 광화문광장과 4월 1일 분당 야탑역에서 '대파를 든 조국 대표'가 등장하면서 대파 이슈를 이어갔다. 그러던 중 느닷없이 오늘 중앙선관위가 등장해 '대파 이슈'를 재점화시켰다. 대파와 연관된 일련의 사건이 이어지며 이슈가 커지더니 오늘로 대폭발을 일으키며 선거 막판 판세를 좌우하게 되었다.

부산 선거구 절반 접전 양상

부산 18개 선거구의 절반 이상이 접전지라고 한다. 오늘 발표된 여론조사 꽃의 부산 사상을 지역구 여론조사 결과 민주당 이재성 후보(50.1%)가 5선의 조경태 후보(42.2%)를 오차범위(±8.8%) 내에서 처음으로 앞선 것으로 나타났다. 부산의 여러 지역도 민주당 후보들의 상승세가 대단해 선거판이 들썩들썩하고 있다. 나는 지금부터가 진짜 승부라고 생각한다. 대형 유튜버들이 지금부터는 사하을 사례를 너무 띄우지 않는 것이 이재성 캠프를 진짜 도와주는 것이라고 본다. 이재성 캠프 스스로 마무리 득표전을 펼치는데 집중하는 것이 승세를 굳히는데 유리하다. 뒤지고 있을 때에는 외부에서 크게 응원가를 불러주는 것이 좋지만, 접전 상태에 돌입한 후에는 캠프 스스로 저인망식 마무리 득표전을 펼치는 것이 좋다. 2020년 총선에서 막판 역풍으로 민주당이 가지고 있던 2석을 잃고 3석만 겨우 이긴 것을 기억하라. 이재명 대표의 지휘방침대로 절박한 태도로 한 표 한 표를 구하는데 집중하는 것이 좋다. 어제 부산지역 국민의힘 후보들이 한 자리에 모여 큰절 읍소를 했다. 한동훈 위원장은 큰절 읍소가 필요 없다고 큰소리쳤지만 4년 전 큰절 읍소의 달콤한 맛을 잊지 않고 있는 부산지역 후보들은 이에 아랑곳없이 납작 엎드렸다.

이재명 대표가 3월 29일 발표한 지침대로 접전지에서는 백병전으로 승리를 마무리해야 한다. 지나친 공중폭격은 오폭으로 아군에게 피해를 입힐 수 있는 법이다. 현재까지의 모든 여론조사를 비교분석한 결과 현재 부산의 판세는 9대 9의 팽팽한 접전이 펼쳐지고 있는 것으로 보인다. 하지만 며느리도 모르는 접전 양상이라 최종 투표함까지 개표가 완료될 때에 이르러서야 당선자가 확정되는 선거구가 속출할 것이다. 부울경 접전지 후보들의 백병전 승리를 기원한다.

내일과 모레 조국혁신당 당원 및 지지자들과 함께 ’조국을 9하는 한강 9km 걷기‘를 진행한다. 6일 오전 10시에는 동작역에서 출발해 여의도까지, 7일 오전 10시에는 자양역에서 출발해 잠수교 세빛섬까지 조국혁신당을 홍보하는 작은 팻말을 점퍼에 부착하고 한강변을 걷는다. 많은 시민의 참여를 바란다.

대파혁명! 매직넘버 200 Go!
사상 최고 사전투표율 31.3%!
2024. 4. 6.

사상 최고 31.3% 사전투표율,
총선혁명의 대폭발 시작

                윤석열 대통령이 쏘고, 이수정 후보는 흔들고, 선관위가 다시 쏘아올린 대파가 선거판의 최대 이슈가 됐다. 역사상 이토록 흥미로운 선거는 없었다. 김대중 대통령이 제정한 국가홍보 슬로건 '다이나믹 코리아'를 실감하는 순간이다. 릴레이는 네 번째 앵커가 필요하다. 대파 릴레이의 네 번째 주자는 누굴까? 어제 윤 대통령이 역대 대통령 가운데 최초로 부인을 동반하지 않고 투표했다. 김건희 여사는 투표했을까? 대통령 부인이 투표하면 사람들의 눈에 띌 텐데 아직 감감무소식이다. 김건희 여사의 투표 화보가 나온다면 '대파 릴레이'의 마지막 주자가 될 것이다. 김건희 여사의 투표를 기다린다. 과연 나올까?

  사전투표율이 사상 최고치인 31.3%를 기록했다. 전국 사전투표소에 길게 늘어선 줄은 총선혁명을 향해 타들어가는 도화선이다. 저 도화선을 타고 들어간 민심의 분노는 4월 10일 매직 넘버 200 대파혁명 총선혁명으로 대폭발을 일으킬 것이다.

이재명, 조국, '속지 말자, 국민의힘 후보 읍소 전략'

오늘 수도권 접전지 지원 유세에 나선 민주당 이재명 대표는 "국민의힘 후보들이 읍소하더라도 절대 속지 말아야 한다. 그들의 눈물과 사과의 시효는 딱 4월 10일까지다, 악어의 눈물에 일말의 동정도 보내선 안 된다"고 선거 막판의 읍소 역풍을 사전차단하고 나섰다. 30~50곳에 달하는 접전지의 승패가 남은 기간 부는 바람에 따라 크게 변할 수 있다는 점을 강조하며 샴페인을 일찍 터뜨리지 말라는 경고를 연일 계속 내고 있다. 판세의 본질을 꿰뚫어보는 시의적절한 지휘방침이다. 이 대표는 오늘 모든 유세장에서 대파를 흔들며 대파 이슈를 확산시키고 있다.

조국혁신당 조국 대표는 오전에는 대전, 오후 서울 청량리, 저녁 강릉으로 이어지는 일정을 소화했다. 청년세대와 강원도 표심 등 조국혁신당의 '블루오션' 표밭 개척에 포커스를 맞춘 것으로 보인다. 조국 대표는 대전의 한 찻집에서 '조중동 메롱 ~ 청년'과 단독으로 만났다. 청주와 대전에서 "나, 20대다 또 왔지롱~" 피켓을 들고 조국혁신당 유세에 참여했다가 일약 스타가 된 청년이다. 두 사람이 만나는 영상을 보면 조국 대표가 청년의 팬이다. 청년세대 지지세 확산에 큰 도움이 되리

라 본다. 강릉 유세는 윤 대통령의 측근인 권성동 후보를 겨냥
한 '응징 투어'이자 지지세가 미약한 강원도에 조국혁신당의
바람을 일으키려는 시도도. 세대별로는 청년세대, 지역으로는
TK와 강원의 지지율 상승이 수반되어야 최근 상향조정한 목
표의석인 10석 플러스 알파를 달성할 수 있다.

 이재명 대표가 '읍소 역풍' 차단에 주력한 반면 조국 대표는
한동훈 위원장의 '비난을 역공'하는데 주력했다. 어제 한 위원
장이 조국 대표를 '히틀러'에 빗대 비난한 발언에 대해 "저보
고 히틀러라고 하는데 한 위원장이 거울을 보고 이야기하는
것 같다"는 특유의 화법으로 역공을 폈다. 유세 중 "누가 히틀
러에 가깝나"라고 물은 뒤 시민들이 "윤석열"이라고 대답하자
"제 말보다 시민들의 답변을 한 위원장께 들려드린다"고 말하
며 시민의 환호를 이끌어냈다. 그나저나 한동훈 위원장은 "무
릎 꿇고 읍소하느니 서서 죽겠다"고 한 다짐을 선거 마지막 날
까지 유지할 수 있을지 궁금하다. 자신을 제외한 전국 모든 접
전지 후보들이 읍소전략으로 돌아섰는데 당의 대표는 무슨 꿍
꿍이로 '이조 심판'을 고수하는지 알다가도 모를 일이다.

조국의 투표 독려 "99.9% 투표율을 생일선물로 받고 싶다"

 조국 대표의 오늘 메시지 가운데 내가 주목한 것은 투표 독
려 메시지였다. 청량리에서 생일축하 노래를 선물받은 조국

대파를 들고 윤석열 정권의 실정을 질타하는 조국 대표

대파를 들고 유세하는 조국혁신당 비례대표 후보들

대표가 "제가 정말 받고 싶은 선물은 따로 있다. 사전투표율이 39.9% 되는 것, 본투표에서 전국 유권자들의 99.9%가 투표하는 것이다"라고 말했다. 기호9를 연상시키는 홍보성 멘트의 측면도 있지만 투표율에 따른 당의 유불리를 따지지 않고 주권자의 선거 참여 그 자체를 독려한 메시지였다. 선거전문가들은 70% 이상 투표율이 나온다면 노인세대들이 대거 투표에 참여하는 것을 의미하기 때문에 고전하고 있는 국민의힘에게 큰 도움이 된다고들 말한다. 실제로 그럴 가능성이 높다. 그러나 조국 대표는 투표율에 따른 유불리는 접어두고 투표율이 높아질수록 정치가 선진화된다는 자신의 신념을 99.9% 투표율로 표현했다. 공당이라면 "우리 지지자만 투표하러 나오세요"가 아니라 "아프지만 않으면 모두 투표하러 나오세요"라고 투표 참여 캠페인을 벌이는 것이 맞다. 정도를 걷는 모습이 믿음직하다. 조국 대표의 오늘 일정에는 시민들의 '대파' 선물이 이어졌다. 실물 대파부터 센스 만점의 대파 조형물까지. 조국 대표는 눈에 띄는 '대파'를 받아들고 기자회견 문답과 유세를 하며 대파 이슈를 계속 부각시켰다.

조국 대표가 어제 부산역 유세에서 민주진보진영 후보들이 금기시하는 발언을 해 화제를 모았다. "안녕하십니까 조국입니다. 저 구덕초등학교 나왔습니다. 대신중학교 나왔습니다. 혜광고등학교 나왔습니다." 지연과 혈연을 의도적으로 강조했다. 부산 시민들은 열광했다. "3년은 너무 길다"를 내걸고 가장 치열한 투쟁을 벌이는 조국 대표가 고향사람들로부터 더 큰 응원을 받고 싶다는 뜻을 이 발언을 통해 표출했다. 야도 부산의 부활, 10석 플러스 알파의 의석을 획득해 원내 제3당 진입을 목표로 한 조국 대표에게 지금 가장 절실한 것은 부산 시민과 조국의 일체감 형성이다. 부산 시민의 '압또적' 지지가 절실하다. 이 압도적 지지는 부산 18개 지역구 선거의 판세에도 크게 영향을 미친다. 부산 시민들은 '조국의 간절함'에 깊이 공감했을 것이다. 조국 대표만 비례2번으로 턱걸이 당선된다면 그의 목숨을 건 정치 참여가 빛이 바랜다는 것을 부산 시민들은 잘 알고 있다. 내가 조국 대표의 입장이 되었어도 고향 대구에 가서 유세를 하면 "서부초등학교 나왔습니다. 계성중학교 나왔습니다. 영남고등학교 나왔습니다. 대구의 아들 전상훈입니다"라고 나를 소개했을 것이다. '랑만의 정치'는 복원되어야 마땅하다.

TK지역의 사전투표율이 25.6%로 전국 꼴찌다. 극우세력이 퍼뜨리는 부정선거 음모론의 영향도 있겠지만 가장 큰 요인은 "재미가 하나도 없는 선거"에 TK유권자들이 흥미를 잃어서가 아닐까 싶다. 그 다음으로 낮은 제주도 마찬가지다. 3개 선거구 모두 민주당이 크게 우세하다. 대구와 제주는 선거흥행이 실패한 지역이다. 그럼 민주당이 압도하는 호남은 왜 1위일까? 조국혁신당 돌풍 때문이다. 지역구는 민주당 완전우세지만, 비례 투표에서 조국혁신당이 1위를 달리고 있어서다. 호남인의 절반 정도는 지역구는 민주당에게 투표했으니, 비례 투표는 '검찰독재 조기 종식'의 쇄빙선이 되겠다고 다짐하는 조국혁신당에게 투표할 결심을 내비치고 있다. 조국혁신당의 남은 과제 중 하나는 TK지역에서 흥행을 일으키는 것이다. 조국혁신당의 전국정당으로 발돋움하려면 TK지역의 지지율 제고가 필수적이다.

청년유권자가 흥미 느낄 참신한 선거캠페인 필요해

지난주 토요일 촛불집회에는 수백 명의 시민이 대파를 흔들며 용산 대통령실로 행진하며 여론의 큰 관심을 불러일으켰다. 어제 선관위의 '파틀막' 조치로 대파가 다시 이슈의 핵으로 떠올랐는데, 나의 기대와는 달리 촛불행동 지도부는 '대파 행진'을 준비하지 않았다. 시민들에게 대파를 들고 집회에 참여해달라고 공지하지 않았다. 2년 내내 해오던 평소와 다를 바 없는 집회와 행진으로 되돌아갔다. 촛불행동 지도부가 "집회 대파 반입 환영"을 오늘 아침에라도 공표했다면 수천 명의 시민들은 저마다 대파와 대파조형물을 들고 집회에 참여했을 것이다. 오늘 집회의 행진코스는 합정역에서 홍대로 이어지는 젊음의 거리였다. 청년들의 정치 참여를 불러일으키기 위해 준비된 행진이었다. 하지만 내가 현장에서 관찰해보건대 중년이 주축인 촛불행진에 청년들은 무관심했다. 대파를 저마다 흔들며 행진했다면 어땠을까 상상해보라. "그래 대파를 들고 데모할만 하지"라며 관심과 지지를 보내지 않았을까? 오늘 '대파 행진'이 실행됐다면 그 맵싸한 기운은 총선 압승으로 이어졌을 것이다. 안일하게 집회를 이끄는 촛불행동 지도부의 맹성을 촉구한다.

'조국 현상', 2024년 총선의 키워드

2024. 4. 7.

심판, 대파,
런종섭, 조국

내가 뽑은 이번 총선의 핵심 키워드를 열거하면 "심판, 대파, 런종섭, 조국"이다. 정치인 가운데 유일하게 '조국'을 포함시켰다. 4년 넘게 검찰독재에서 일방적으로 당하던 '지식인 조국'이 '정치인 조국'으로 국민의 심판을 받겠다며 '목숨을 걸고' 정치투쟁을 시작하자 '윤석열정권 심판' 총선 구도가 선명하게 부각되기 시작했다. 2심까지 유죄를 선고받은 조국이 가만히 웅크리고 있거나 정권에 선처를 부탁하는 대신 단기필마로 싸움을 시작하자 국민들의 입도 열리기 시작했다. 전두환정권에 의해 3년째 가택연금 상태에 있던 김영삼 씨가 1983년 5.18을 계기로 목숨을 건 무기한 단식투쟁을 시작하면서 민주화투쟁의 물꼬를 텄던 것을 기억한다. 미국에 망명한 김대중 씨는 1985년 2.12총선 직전 목숨을 건 귀국을 감행하면서 김영삼과 협력하여 2.12총선 신민당 돌풍의 주역이 됐던 사건을 기억한다. 김영삼의 단식과 김대중의 귀국이 국민들의 반독재 민주화 의지를 증폭시킨 것처럼 조국의 정치 참여는 국민들의 검찰독재 종식의 열망에 불을 당겼다. 나는 이를 '조국 현상'이라고 부르고자 한다. '박노해 현상' '서태지 현상' 'BTS 현상' 등을 연상해보라.

국민의힘, 한동훈 제끼기 전략으로 자중지란

'조국 현상'은 이번 총선을 관통하며 현실 정치지형 전반을 바꿔내고 있다. 특히 민주진보 야당들이 200석을 넘볼 정도의 압승 구도를 구축하는데 크게 기여했다고 판단한다. 내가 단지 조국을 지지해서가 아니라 누가 보더라도 '조국 현상'으로 불릴 만하다. '조국 현상'은 총선 이후 사그라질 단기 현상에 그치지 않을 것이 확실하다. 소년 시절부터 품고 있었으나 20대 시절 민주화운동에 참여했다가 투옥 등의 고초를 겪으면서 열성 DNA로 억눌러왔던 '정치인 DNA'가 총선투쟁을 경과하면서 '우성 DNA'로 확실하게 자리 잡은 것으로 보인다. 30대 이후 그를 지배해오던 '학자 DNA'는 '정치인 DNA'에게 자리를 내준 채 '열성 DNA' 본래 위치로 돌아갔다. 학자로 돌아갈 다리를 불사른 정치인 조국은 정치에서 끝을 보려 할 것이다. 그래서 '조국 현상'은 반짝 현상에 그치지 않을 전망이다.

오늘 뉴스의 단연 첫머리는 MBC 예능프로그램 '복면가왕 9주년 특집' 불방 소식이었다. MBC의 자체 결정이었다. 몇 달

전부터 9주년 특집을 준비했는데 특집의 콘셉트를 9로 정하고 제작을 했다고 한다. 하필이면 이번 선거 돌풍의 주역인 조국혁신당이 기호9번을 최근에 배정받았고 오늘밤 예정대로 9주년 특집방송을 방영하면 "MBC가 조국혁신당을 홍보한다"는 비난에다 윤석열정권으로부터 법정 제재를 받을 것이 확실시되었기에 선거 후 방영 결정을 내렸다. '입틀막', '파틀막'에 이어 '9틀막'까지 등장하는 파란만장한 총선판이 되었다.

국민의힘 한동훈 비대위원장의 어설픈 '이조 심판론'에 참패가 현실화되자 참다못한 국민의힘 중진의원들이 오늘 일제히 기자회견을 열며 "잘못했다. 반성한다. 앞으로 잘하겠다. 200석 거대야당 출현 막아달라"고 호소했다. "한동훈 제끼기 작전"을 사전협의한 것으로 보이는 나경원, 권성동, 윤상현 후보는 사실상 똑같은 논조의 기자회견을 중앙당사, 국회정론관, 지역사무소에서 열며 '분노한 민심 달래기'에 나섰다. 하지만 한 위원장은 오늘도 여전히 '조국식 사회주의'라는 색깔론까지 동원하는 등 무식한 고집불통 행보를 이어갔다. 도둑질도 손발이 맞아야 하는데, 당대표와 중진의원들이 막판 선거전략을 놓고 갈라지는 모습을 보노라니 한심하기 그지 없다.

여의도, 연남동, 옥수동 돌며
21세기 대한민국의 미래 청사진 밝히는 유세 펼쳐

조국혁신당 조국 대표는 한 위원장이 '사회연대임금제' 공약을 '조국식 사회주의'라고 비판한 것에 대해 "집권여당 대표의 입에서 '개폼 잡는다'라는 말이 격에 안 맞는 것 같다. 비판은 자유지만 다른 사람도 아니고 집권여당의 대표라면 언어 순화를 해야 하지 않느냐"며 참교육했다. 조국 대표는 "21세기 대한민국에서 저보고, 조국혁신당 보고 사회주의니, 빨갱이니, 종북이니 이런 말을 우리나라의 현명한 국민 누가 믿겠는가. 선거 앞두고 많이 급한 것 같다"고 일축했다. 한 위원장이 조국 대표를 집중공격하는 이유는 조국혁신당이 전체 선거 분위기를 달구면서 판세의 변화를 주도하는 것이 자신들에게 가장 큰 위협이라고 판단하기 때문이다.

조국혁신당은 오늘 하루 내내 여의도 한강공원, 연남동 경의선숲길, 서울숲, 옥수동 등을 훑으며 서울 시민들과의 만남을 이어갔다. 내가 어제 16명의 조국혁신당 지지자들과 함께 걷던 여의도 한강공원에 오늘은 조국 대표가 등장해 시민들의 뜨거운 환영을 받았다. 어제 행사가 마치 선발대 역할을 한 셈이 됐다. 조국 대표가 여의도에서 서울 시민을 만날 때 나는 13명의 시민과 함께 뚝섬유원지를 출발해 잠수교까지 9km 걷기를 하며 조국혁신당에 대한 홍보활동을 진행했다. 연남동 유세는 조국혁신당이 역점을 두고 있는 청년세대 지지율 제고에 많은 도움이 됐을 것이다. 서울숲 유세는 큰 인파가 몰리며 과거 대통령 후보들이 100만 명 모아놓고 유세하는 분위기가 연출됐다. 연남동 유세 중 진행된 기자회견에서 외신기자 2명이 대통령 후보 출마에 대해 질문을 했는데 조국 대표는 "나는 부족한 사람이다. 아직까지 준비되지 않았다. 자질도 없는 사람이다. 현재의 상황에서 매일 매일의 과제에 충실하고자 한다"는 현답을 내놨다. 지방 유세에서도 일부 지지자들이 "조국 대통령"을 외칠 때 조국 대표는 이런 말로 분위기를 전환한 바 있다. 그의 이런 신중하고도 품격 있는 태도가 역설적이게도 시민들이 조국 대표를 향해 더 큰 꿈을 꾸라는 열망을 가질 것을 촉구하는 이유라고 할 수 있다.

조국혁신당에서 오늘 "조국혁신당은 타 정당과 합당하지 않았습니다"라는 긴급공지를 내놨다. "유선과 구전을 통해 조국혁신당이 다른 정당과 합당했으니, 조국혁신당에 투표하지 말라는 허위사실이 유포되고 있습니다. 사실이 아닙니다. 조국혁신당의 비례대표 기호는 9번입니다. 9번에 투표해주시면 더 많은 조국혁신당의 인재들이 국회로 갑니다.". 조국혁신당을 음해함으로써 이익을 얻으려는 암흑의 세력들이 선거 막판 마타도어를 퍼뜨리고 있는 것에 대해 당이 쉬쉬하지 않고 정면으로 대응하고 나섰다. 이 세력이 누구인지 삼척동자도 안다. 다만 당에서 구체적으로 거명하지 않았기 때문에 당원으로서 나도 거명하지 않겠다. 총선 이후 결산할 때 이 사안에 대해서는 다시 들여다볼 기회가 있을 것이다.

윤석열 대파, 주사위는 던져졌다!
매직넘버 200!

2024. 4. 9.

조국혁신당 광화문광장에서
총선 선거운동 피날레

　　　　　　　'윤석열 대파 총선'으로 역사에 기록될 제 22대 총선의 공식선거운동이 끝났다. 조국혁신당은 광화문광장에서, 민주당은 용산역에서 승리의 축제를 마무리했다. 대세는 이미 결정났다. 민주진보진영이 '매직넘버 200'을 이뤄낼 것인가만 남았다. 투표일에도 온라인과 전화 선거운동을 할 수 있다. 마감시간까지 젖먹던 힘까지 다해야 한다.

조국, 총선 선거운동 피날레로 광화문광장서
윤정권 심판의 국민적 선택 호소해

　　민주당 이재명 대표는 4월 2일에 이어 오늘도 재판을 받았다. 재판을 마치고서야 용산역 유세장으로 달려왔다. 검찰독재의 칼날이 선거운동 마지막 날까지 마수를 뻗칠 것이라곤 상상하기 어려웠지만 검찰독재는 냉혹했다. 이 대표는 평소 재판 출석 때와는 달리 재판정 앞에서 국민의 심판을 촉구하는 장문의 성명서를 발표하며 윤석열정권 심판을 위한 투표를 호소했다. 마지막 유세에 참여하지 못하는 자신을 대신해 국민이 제1야당 대표 역할을 해 달라고 피를 토했다. 민주당 지지자들의 결집 의지는 이 순간 최고조에 달했다.

조국혁신당 조국 대표는 부산시청 앞에서 오늘의 일정을 시작했다. 시민이 선물한 독립군 태극기를 들고 애국가를 제창하며 총선 압승을 다짐했다. 2월 13일 창당 선언을 한 이래 여섯 번째 부산 방문이다. 대구에 도착한 그는 '영남이 바뀌는 결심을 하면 대한민국 전체가 바뀐다"고 호소했다. 조국 대표는 영남에서 일으킨 동남풍을 몰고 광주 충장로에 도착해 "대한민국 역사에서 광주의 선택은 언제나 정치적 변화의 출발이 되었다"며 창당 선언 후 네 번째 방문한 광주에 대한 강한 애정을 드러냈다. 부산, 대구, 광주를 거쳐 서울에서 마지막 유세를 하는 오늘의 일정은 조국혁신당이 어느 한 지역, 한 진영의 지지가 아닌 영·호남, 보수·진보를 막론하고 폭넓은 지지를 받는 정당이라는 의미를 담고 있다.

세종문화회관 중앙계단을 중심으로 광화문광장 전역에 1만여 명의 시민이 운집한 마지막 유세에서 조국 대표와 조국혁신당의 결기와 기세는 최고조에 달했다. 조국 대표는 국정 농단에 분노한 시민들이 박근혜정권을 조기 종식 시켰던 곳이

서울 세종문화회관 계단서 조국혁신당 마지막 유세 피날레

광화문광장임을 상기시키며 이번 총선에서 200석을 확보한
다면 대통령의 거부권을 거부할 수 있다고 강조했다. 확성기
를 사용하지 못하는 여건 속에서 지지자들은 조국 대표의 연
설과 표정, 몸짓 하나하나에 열광적으로 반응하며 승리의 축
제를 함께 만들었다. 조국 대표는 특히 마지막 순간에 광화문
광장을 쩌렁쩌렁 울리는 목소리로 윤석열정권 심판을 위한 위
대한 국민의 선택을 호소해 이번 총선 기간 중 최고의 환호를
이끌어냈다.

촌철의 정치유머로 '랑만의 정치' 복원해
국민과 즐겁게 나누는 선거 유세 축제 이뤄내

선거여론조사의 새 지평을 연 MBC 패널조사를 살펴보던 중 흥미로운 조사 결과를 발견했다. 조국혁신당 지지자와 더불어민주당 지지자들이 각각 민주당 이재명 대표의 직무수행을 어떻게 평가하는가였다. 민주당 지지자의 80%가 이재명 대표의 직무수행을 긍정적으로, 20%가 부정적으로 평가한다고 답했다. 조국혁신당 지지자는 81%가 긍정적으로 평가했고, 18%가 부정적으로 평가했다. 오차범위를 감안하면 양당의 지지자의 이재명 대표에 대한 평가는 거의 일치한다고 봐야 한다. 국민의힘 지지자는 80%가 부정적으로 평가했고, 개혁신당 지지자는 75%가 부정적으로 평가했다. 민주당을 탈당한 이낙연 씨가 창당한 새로운미래 지지자는 무려 87%가 부정적으로 평가했다. 선거기간 내내 민주당 일부 지지자들이 민주당의 단독 과반수 의석 확보를 위해 1.3콤비에 대한 몰빵 투표의 필요성을 홍보하는데 집중하기보다 조국혁신당을 공격하는데 집중하는 모습을 보여 왔다. 조국혁신당 지지자 상당수가 이런 공격을 매우 불쾌하게 받아들이고 있다. 공표 금지 기간 전에 발표된 여론조사까지 조국혁신당 지지율이 더불어민주연합 지지율보다 대부분 높은 것으로 조사됐다. 최종 득표율은 어떻게 나올까? 이번 선거의 또다른 관전 포인트다.

조국 대표는 짧은 정치 여정에도 불구하고 대한민국 정치사에 이름을 아로새길만한 승부사의 모습을 보여주는데 성공했다. '대파 투표, 응징 투표'로 출중한 정치감각까지 선보였다.

'압또적 지지', '느그들 쫄았제'. '이제 고마 치아라 마' 등의 촌철의 정치유머는 '랑만의 정치'를 복원해 국민들의 정치혐오를 완화시켜주는 청량제 역할을 했다. '정치인' 조국은 민주진보진영에게 이번 총선의 승리만이 아니라 다가올 대선의 승리에 필수적인 부울경을 비롯한 영남지역의 지지 기반 확장이라는 값진 성과를 선물했다. 그의 노력이 어떤 결실을 맺을지 내일이 기대된다.

조크를 담아 정치인 조국에 대한 평을 해보겠다. 선거에 임박해 정치에 입문한 신인들은 통상적으로 일주일에 한번쯤은 말실수와 행동실수를 한다. 나는 조국 대표도 이런 통과의례를 치를 줄 알았다. 아니 가벼운 실수를 범해주기를 바라기까지 했다. 나의 예상이나 기대와 달리 조국 대표는 심각한 실수뿐만 아니라 사소한 실수조차 거의 저지르지 않았다. 대구 시민의 말을 인용한 인터뷰가 중앙일보의 왜곡보도로 심각한 말실수로 번질 뻔 했으나, 이재명 대표가 조국 대표는 그런 말을 할 사람이 아니다라고 지원사격을 함으로써 중앙일보의 정정보도를 받아내는 것으로 싱겁게 끝났다. 사소한 실수도 거의 없었다. 사소한 실수로 발생한 노이즈를 노이즈 마케팅으로 전환시켜 조국혁신당의 메시지 확산력을 배가시킬 기회마저도 제공하지 않았다. 조국 대표는 품격 높은 정치와 정직한 마케팅만으로 10석 이상의 의석을 얻어낼 수 있는 기반을 닦았다. 여의도 정치권에서는 찾아보기 어려운 불가사의한 일이다. 선거

후에도 조국 대표는 여전히 똑같을까? '랑만의 정치' 신봉자인 전상훈은 그의 인간적 실수를 손꼽아 기다리다가 지쳐버리는 어리석음에 빠질 가능성이 높을 것 같다. 다시 말한다. 조크다.

총선 후 청년인재 육성을 위한 정치아카데미 설립하자

선거가 끝난 직후 나는 조국혁신당에 청년인재 육성을 위한 정치아카데미 설립을 제안할 것이다. 당의 간부와 공직선거 후보자를 단지 외부 영입인재로만 충원할 수 없다. 정치인재를 당에서 책임지고 육성하는 것을 기본으로 삼아야 한다. 특히 청년인재를 육성해야 한다. 보수정당이 정치의 주류를 차지한 한국정치의 여건을 감안하면 소수파 정치세력인 진보정당은 긴 호흡으로 인재 육성에 나서야 한다. 당장의 선거에 투입할 인재만이 아니라 10년 뒤, 20년 뒤의 조국혁신당을 책임질 청년인재들을 발굴하고 육성해야 한다. 소정의 인재 육성 과정을 마친 청년들을 당의 풀뿌리 간부와 지방선거 후보자로 기용하여 실전 정치능력을 배가시켜 제2의 조국, 제2의 신장식으로 길러내야 한다. 조국 대표는 오늘 광화문 유세에서 "끝이 아닙니다. 시작입니다. 조국혁신당은 유지해온 기세와 결기를 그대로 유지하며 내일 이후에도 똑같은 자세로, 똑같은 마음으로 행동할 것입니다"라고 말했다. 현재 과제 수행에도 누구보다 앞장서지만 미래 대비도 충실한 조국혁신당을 기대한다.

내일은 대망의 본 투표일, 2002년 대통령선거 당일, 노사모가 심혈을 기울여 진행한 전화·문자 선거캠페인 및 온라인 선거캠페인이 더 업그레이드된 양상으로 펼쳐지길 기대한다.

윤석열 대파, 주사위는 던져졌다! 매직넘버 200!

윤석열 대통령,
이제 고마 치아라 마!

2024. 4. 10.

심판의 날,
'윤대통령, 이제 고마 치아라 마!'

심판의 날이 밝았다. 취임 후 불과 2년 만에 대한민국을 벼랑끝으로 몰고 간 윤석열 대통령을 우리 주권자들이 심판하는 날이다. 무식 무능 무도한 권력을 대파하는 날이다. 나는 3월 14일 전상훈TV에서 "총선에서 압승한 조국, 이재명 두 대표가 총선 다음날 양당의 당선자들과 함께 용산 대통령실 앞에서 윤석열 대통령의 즉각 사임을 촉구하는 공동기자회견을 하는 멋진 광경을 상상해본다"고 말한 바 있다. 꿈꾸는 대로 이뤄지기까지 12시간이 채 남지 않았다. 투표마감까지 전화와 온라인을 통한 투표독려 활동으로 국민의힘의 보수표 재결집 시도를 무력화시켜야 한다. 윤석열정권이 대한민국을 후퇴시켜 낭떠러지 아래로 떨어지게 만드는 참극을 막기 위해서 입법부 국회부터 우선 절대다수 3분의 2 이상의 의석으로 확보해야 한다. 더 많은 의석을 얻으려면 더 많이 투표해야 한다.

2024 총선 67%로 최종 투표율 기록

  2024년 4월 10일 본 투표, 사전투표율 총선 신기록인 31.3%로 출발했지만 본 투표의 투표율은 예상과 달리 저조했다. 조국혁신당과 민주당은 투표율 비상경보를 발령하며 당원과 지지자들에게 투표 권유 운동에 참여해달라고 호소했다. 조국 대표는 SNS에 "아직 표가 부족합니다. 투표율이 1% 올라가면 검찰독재정권의 수명도 1% 단축됩니다"는 호소문을 올리며 투표를 독려했다. 최종 투표율은 67.0%로 집계됐다. 2020년 총선의 66.7%를 살짝 넘어섰다. 예상보다 1~2% 낮은 수치였지만, 6공화국에서 치러진 총선 가운데 가장 높은 투표율을 기록했다. "투표가 마렵다"고 호소하던 분노한 민심이 높은 투표율로 확인됐다.

  YTN이 아침 방송 자막에서 조국혁신당의 기호를 9번이 아닌 10번으로 표기하는 사고가 일어났다. YTN이 제작한 방송은 국회방송으로도 송출되었다. 고의냐 실수냐를 따지기 이전에 방송사의 잘못된 정보 제공으로 유권자와 조국혁신당이 입을 피해를 최소화하는 게 더 급했다.

  신장식 조국혁신당 수석대변인은 "투표 마감시각까지 모든 프로그램의 말미에 'YTN이 조국혁신당의 기호를 10번으로 잘못 송출했으며, 조국혁신당의 기호는 9번'이란 점을 방송을 통해 알려주길 바란다"고 요구했다. 조국혁신당의 적절한 대처로 YTN은 오늘 하루 종일 조국혁신당은 9번이라는 방송자막을 내보냈다. 전화위복이 된 셈이다. 예감이 좋다.

반성이 없는 정권, 반성이 없는 정치를 국민들은 표로 심판한다. 심판 의지를 투표로 표출한다. 반성하지 않는 정권은 반드시 망한다. 우리 현대사는 반성 없는 정권이 모두 망한다는 것을 분명히 보여주고 있다. 이승만정권, 박정희정권, 전두환정권 그리고 박근혜정권도 국민의 심판으로 막을 내렸다. 투표로 심판하기 어려우면 포기하는 것이 아니라 시민혁명을 일으켜 기어이 심판한 나라가 대한민국이다. 박근혜 탄핵에 따른 저 징글징글한 국론분열과 혼란 때문에 다시는 탄핵하는 일이 벌어지지 않으면 좋겠다는 의견도 많다. 투표를 통해 심판하는 것이 최선의 방안이겠지만, 권력자가 그마저도 무시할 경우에는 나라를 구하기 위해서라도 다시 시민혁명의 깃발을 높이 올릴 수밖에 없다. 윤석열 대통령은 이번 총선에서 확인된 분노한 민심을 겸허히 수용해야 한다. 그러지 않으면 또다시 대한민국은 격랑에 빠질 수밖에 없다. 윤 대통령의 기존 스타일을 봤을 때 격랑의 상황이 예고된다. 우리 국민 모두 두려워하지 않고 각오하고 있음을 알려둔다.

조국혁신당과 지지자들, 총선을 민주주의 축제의 장으로 꽃피워

이번 총선에서 가장 멋진 유세 장면은 대개 조국혁신당의 유세 현장에서 나왔다. 민주당과 국민의힘은 과거와 다를 바 없는 유세전을 전개했다. 조국혁신당은 확성기를 사용할 수 없고, 후보들은 기자회견 방식을 제외하면 연설·대담을 할 수 없는 상황에 슬기롭게 대처하는 신개념의 유세전을 펼쳤다. 지지자들은 손수 만든 피켓을 들고 유세장을 찾았다. 조국 대표는 그 피켓들을 받아든 채 기자들의 질문에 답변했다. 기자회견 문답이 잘 들리지 않으면 휴대폰을 켜고 유튜브 생중계로 조국 대표의 답변을 청취했다. 지지자들의 표정은 간절했고 또 화사했다. 조국혁신당의 유세장은 우리 모두가 즐기는 축제가 되었다. 조국혁신당과 지지자들은 이번 선거를 민주주의의 축제의 장으로 함께 만들어냈다. 구시대 선거문화의 굴레를 던져버리고 축제를 즐겼다. 즐기는 사람을 그 누가 이길 수 있으랴.

조국혁신당이 얻을 최종 의석수는 12석 플러스 알파로 보인다. 선거 초반부터 여러 차례 분석한대로 민주당의 조직력에 기반하고 있는 더불어민주연합도 선거 막판 흩어진 표를 모으며 조국혁신당과 비슷한 의석을 확보할 것으로 전망한다. 조국혁신당과 더불어민주연합이 사이좋게 15석씩 가져갈 것을 기대한다. 국민의미래 15석, 개혁신당 1석까지 총 46석의 비례대표 의석 분포를 전망한다.

대파혁명! 윤석열은 준엄한 민심 앞에 석고대죄하라

2024. 4. 11.

총선 대파혁명~
민주진보진영의 압승

총선 대파혁명! 민주진보진영의 압승으로 총선이 끝났다. 끝이 아니라 시작이다. 레임덕 상태의 윤석열 대통령을 데드덕 상태로 만들어 나라를 위기에 몰아넣는 검찰 독재를 조기 종식해야 한다. 이것이 국민의 명령이다.

조국혁신당은 12척의 조국함대로 무장했다. 민주당은 지역구 161석, 더불어민주연합 비례대표 14석을 얻었다. 연합 대오를 구축한 진보당 지역구 1석까지 합치면 민주당+민주연합의 의석은 176석의 항공모함 함대를 구성하게 됐다. 새로운미래 김종민 후보는 민주당 후보의 공천 취소로 엉겁결에 당선되는 행운을 얻었다. 국민의힘은 지역구 90석과 비례대표 18석을 합해 108석의 초라한 성적표를 받아들었다. 개혁신당은 이준석 대표가 지역구에서 기적 같은 승리를 거두고 비례대표 2석을 더해 3석을 획득했다. 22대 국회는 범 민주진보진영 189석

대 범 보수진영 111석으로 구성됐다. 21대 국회의 의석 분포와 거의 대동소이하다. 21대 총선 결과와 22대 총선의 가장 큰 차이는 불리한 여건의 야당에 위치한 민주진보진영이 압승을 이뤄냈고, 유리한 여건의 여당에 위치한 보수진영이 참패를 했다는 것이다. '매직넘버 200'은 달성하지 못했다. 내가 전망한 국민의힘 87.5석도 무산됐다. 여론조사 깜깜이 기간인 막판 엿새간 보수진영 지지층 유권자들이 소리 소문 없이 결집했고, 민주진보진영 유권자들은 사전투표 최고기록의 기세를 이어가지 못한 채 밋밋하게 6일을 허송했다. 유권자들을 탓할 수 없다. 정당이 모든 책임을 진다. 민주진보진영의 정치 고관여층 시민들은 압승 뒷끝에 묻어난 씁쓸한 아쉬움을 먼저 말한다. 나는 이런 태도에 대해 반대한다. 사상 초유의 압승을 즐겨야 한다. 아쉬움을 토로하기보다 레임덕 상태의 윤석열 대통령을 데드덕 상태로 몰아넣자고 서로를 격려해야 한다. 끝이 아니라 시작이라고 선언하고 행동해야 한다.

조국혁신당 당선자들, 대검찰청 출격해 검찰에 대한 국민의 명령을 경고해

12척의 돌격함대 조국혁신당이 총선 다음날 누구보다 가장 신속하게 움직였다. 조국 대표와 당선자 전원이 오후 2시 대검찰청에 출격해 '검찰에 대한 국민의 명령이자 마지막 경고'

를 발포했다. "국민들께서는 검찰이 왜 살아있는 권력을 수사하지 않느냐고 꾸짖고 계신다. 검찰의 서늘한 칼날은 왜 윤 대통령 일가 앞에서는 멈춰 서는지 묻고 있다." 조국혁신당에게 투표한 687만 명의 유권자뿐만 아니라 국민 모두가 공감하는 주장을 시원하게 쏟아냈다. 정치란 국가적 문제를 해결하는 것을 궁극적 목표로 삼지만 그 과정에서 상처 입은 국민의 마음을 풀어주는 일 또한 중요하다. 총선 다음 날 오후 2시라는 시간이 어떤 시간인가. 선거운동에 지친 후보, 당직자, 선거운동원들에게는 1~2개월 만에 맛보는 달콤한 휴식의 시간이다. 하지만 조국혁신당은 휴식을 잠시 미루고 격전지로 나왔다. 지지해준 민심에 보답하고, 상처 입은 민심을 위로하기 위해서 쉴틈없이 달려나왔다.

종합적인 선거평가는 훗날 진행하겠다. 선거 관련 데이터들을 모두 종합한 후 심층적인 분석을 하려면 시간이 꽤 소요될 것이다. 다만 이번 총선에서 내가 느낀 몇 가지 소회를 정리해보겠다.

조국혁신당이 획득한 의석은 12석이다. 조국함대 12척! 3월 3일 창당대회 현장에서 신장식 후보와 짧게 인터뷰했을 때 나는 그에게 "조국혁신당의 목표의석을 10석이라는 평범한 표현 대신 명량대첩에 출전해 나라를 구한 이순신함대 12척처럼 조국혁신당은 조국함대 12척을 목표로 한다"로 메시지 수정을 제안했다. 그 후 신장식 후보는 줄곧 조국함대 12척을 달라고 국민에게 호소했다. 국민들이 그 호소를 듣고 "위기의 대한민국을 9할 12척의 함대"를 진짜 만들어주었다. 이렇게 100년정

조국혁신당 당선자 12명, 대검찰청 충결해 국민의 명령을 경고하다

당 조국혁신당의 서사는 만들어졌다. 조국혁신당은 이번 총선
에서 운명과도 같은 숫자로 9와 12를 얻었다. 더불어민주연합
은 민주당의 막판 저력이 발휘되며 14석을 얻었다. 우당의 선
전을 축하한다. 22대 국회에서 개헌은 물론 선거법도 전면적
으로 고쳐 '비례대표 위성정당'이 사라지길 바란다. 더불어민
주연합과 국민의미래는 이번 선거전에서 전혀 독자적인 존재
감을 드러내지 못했고 입후보자들에 대한 관심도 매우 낮았
다. 물론 위성정당이란 태생적 한계 때문이다.

조국혁신당의 총선 후 싸움을 국민들은 계속 기대할 것

내가 전망한 국민의힘 87.5석은 결국 빗나갔다. 투표마감 직후 발표된 3대 지상파 방송사 출구조사 결과는 나의 전망과 거의 일치하고 있었다. MBC 85~99석, KBS 87~105석, SBS 85~100석. 전상훈TV의 실시간 개표방송을 시청하던 시민들은 "87.5석 전망이 들어맞아 전상훈TV가 성지가 되는 것 아니냐"는 탄성을 쏟아냈다. 월드컵 문어와 같은 반열에 등극할 뻔했으나 개표 결과 국민의힘은 나의 전망치보다 20석 내외를 더 얻어 108석의 '기염'을 토했다. 깜깜이 기간 중 보수지지층의 결집이 있었던 것은 확실해 보인다. 이에 대한 자세한 분석은 그 기간 중 조사했으나 공개되지 않았던 각종 여론조사 데이터들을 살펴본 후에 할 수 있을 것이다.

　이번 총선에서 지역구 득표 총합은 민주당 50.5%, 국민의힘은 45.1%였다. 2020년 총선은 민주당 49.9%, 국민의힘(당시 미래통합당) 41.5%였다. 민주당은 254개 지역구 중 250개 지역구에 후보를 출마시켰고, 민주당 후보와 단일화한 진보당이 2명, 새진보연합 1명이 각각 출마했다. 새로운미래 김종민 의원은 민주당 공천자의 공천 취소로 민주당 지지자들의 표로 당선됐다. 이렇게 254명의 표를 총합하면 대략 51%쯤 된다. 국민의힘 지역구 득표율이 4년 전보다 3.6% 높아졌다. 민주당이 1% 높아진 것에 비하면 높다. 이 숫자의 차이가 막판 10석 이상의 당락을 바꾼 것으로 보인다. 민주당은 막판에 지지세를 더 확장하지 못했고, 국민의힘은 젖 먹던 힘까지 내며 '동정표'를 더 끌어모았다. 부산 18개 선거구에서 민주당 후보들의 평균 득표율이

45%에 이르렀지만 1명만 당선되는 불운을 맞은 것도 이 때문이다. 민주당이 자체적으로 선거평가를 잘하기 바란다.

압승을 거둔 4월 11일, 조국혁신당과 민주당의 당선자 전원이 용산 대통령실로 출격해 대통령의 사임을 촉구하는 긴급기자회견을 개최하자는 나의 제안은 실현되지 않았다. 이 제안을 전상훈TV 3월 14일 라이브방송에서 처음 언급했고, 그 후 여러 차례 반복해 제안한 바 있다. 어젯밤 전상훈TV 개표방송에서도 이 제안을 다시 언급하려고 하다가 결국 포기했다. 새벽 5시에 이르러서야 대략 개표가 완료된 상황에서 그동안 고생한 후보들에게 더 고생하라고 부추기는 몹쓸 짓을 하는 것 같아서였다. 하지만 조국혁신당은 달랐다. 오후 2시 대검찰청으로 당선자 전원이 출격해 분노한 민심을 가감없이 쏟아냈다. 강철 체력을 자랑하는 나도 혀를 내두를 정도의 투지와 결기였다. 오늘 조국혁신당의 총선 후 첫 싸움을 본 국민들은 계속 기대할 것이다. 내일은 어디서 어떤 의제를 내걸고 싸울까? 4월 10일 발표해야 할 빚투성이 국가재정보고서를 총선 다음날인 오늘 발표한 비겁쟁이 기획재정부로 돌격하는 것 아닐까? 모레는 또 어떤 일을 벌일까? 국회가 열리면 진짜 어떤 일을 해낼까? 조국혁신당은 국민들의 기대를 받는 정당이 되었다. 1도 기대할 것이 없는 정당만 주로 보다가 기대할 것이 있는 정당을 이번 총선에서 우리는 12석의 원내 제3당으로 만들어냈다. 여기가 로더스다, 여기서 뛰어라!

조국 대표, 칼을 찬 선비 남명 조식의 후예답다

이재명 민주당 대표의 신중한 자세가 돋보인다. 출구조사 발표부터 민주당의 압승이 예고된 상황에서도 이 대표는 포커페이스를 유지하며 제1당의 책임감을 드러냈다. 오늘 오후 발표한 성명에서도 "당선자 여러분께 특별한 당부 말씀을 드립니다. 당의 승리나 당선의 기쁨을 즐길 정도로 나라 사정이 녹록치 않습니다. 선거 이후에도 늘 낮고 겸손한 자세로 주권자의 목소리에 귀를 기울여야 합니다"며 '샴페인 터뜨리기 금지'를 선언했다. 범야권 200석을 넘겼다면 이 대표가 훨씬 수월한 여건에서 정치를 할 수 있겠지만, 21대 국회와 비슷한 민주진보진영 189석으로 윤석열정권을 견제하는 것이 쉽지 않다는 것을 그의 표정과 성명에서 읽어낼 수 있다. 민주진보세력 본진의 총사령관인 이재명 대표의 건승을 기원한다.

선거 기간 내내 나는 조국 대표가 '칼을 찬 선비' 남명 조식 선생의 후예답다는 생각을 했다. 남명 선생은 조국 대표의 창녕 조씨 가문의 선조다. 그는 실천에 옮기지 않는 학문은 죽은 학문이라는 소신을 가진 분이었다. 선생의 별호는 '칼을 찬 선비'였다. 성리학자답지 않게 평소 칼을 차고 다녔다고 한다. 그 칼날에는 '내명자경(內明者敬) 외단자의(外斷者義)'라는 글자가 새겨져 있었다. '마음속을 환하게 밝히는 것은 경(敬)이요, 행동을 결단케 하는 것은 의(義)'라는 뜻이다. 선생은 성리학

외에도 천문, 지리, 의학, 복서, 병법에도 능통했다. 그의 문하에서 학문을 배운 제자들은 임진왜란이 발발하자 의병을 일으켜 전쟁의 승리에 크게 기여했다. 경상도 3대 의병장 홍의장군 곽재우, 합천의병장 정인홍, 고령의병장 김면을 비롯해 수십여 명의 제자들이 의병을 일으켜 왜군과 싸웠다. 곽재우는 남명 선생의 외손녀와 결혼한 외손사위다. 조국 대표는 학자시절에 나라의 주요 현안에 대해 소신 있게 발언하며 실천하는 학자였다. 정치인 조국은 이제 남명의 제자들인 의병장처럼 누구보다 용맹하게 싸우고 있다.

정치인 조국의 무운장구를 기원한다.

제7공화국 개헌으로
대한민국의 새시대를 열자

5.18 광주민중항쟁 44주년 기념일에 이 책의 원고를 최종 완성했다. 조국혁신당이 5월 17일에 '국회 개헌특위 설치 및 제7공화국 개헌 제안'을 발표했다. 이 제안의 핵심내용을 요약 정리하는 것으로 이 책의 에필로그를 삼고자 한다.

<국회 개헌특위 설치 및 제7공화국 개헌 제안> (요약)

조국혁신당은 제 7공화국으로 진입하기 위한 열 번째 헌법개정을 촉구합니다. 국민 여러분과 국회의원들께 우리의 미래를 향한 담대한 여정을 제안합니다.

헌법은 '나라가 돌아가는 근본 원칙'입니다. 국민의 삶은 이 안에서 이뤄집니다. 현세대와 미래 세대의 가치와 지향을 담고 있습니다. 그래서 대단히 중요한 규범입니다.

22대 국회에 개헌특별위원회를 설치하자고 제안합니다. 개헌특위에서는 제7공화국 헌법을 논의하게 될 것입니다. 조국혁신당은 7공화국 개헌에 반드시 담아야 할 최소한의 개정사항 7가지를 다음과 같이 제시합니다.

첫째, 부마민주항쟁, 5·18민주화운동, 6·10민주항쟁을 헌법 전문에 수록합니다.

두 번째, '수도는 법률로 정한다'는 조항을 신설합니다.

세 번째, 대통령 5년 단임제를 4년 중임제로 바꿉니다.

네 번째, 검사의 영장 신청권을 삭제합니다.

다섯 번째, '사회권'을 강화하는 일반 조항을 신설합니다.

여섯 번째, 동일 가치 노동, 동일 수준 임금을 명문화합니다.

일곱 번째, '토지공개념'을 강화합니다.

지난 한 세대 동안 대한민국과 대한국민의 역량은 넉넉히 입증됐습니다. 현행 헌법보다 국민의 권리를 더 인정하고, 국가가 국민을 더 지원하도록 규율하는 헌법을 가질 자격이 충분합니다. 여기에 더해 현재가 아닌 미래세대를 위해서 우리가 나아갈 방향에 대해 밝혀야 합니다.

그러기 위해 우리 정치적 상상력을 최대치까지 뻗어 보자고 요청합니다. '왜 안 되는지'가 아니라, '왜 해야 하는지'를 논의합시다. 국민 요구 사항은 더 다양합니다. 22대 국회가 열리면 국회와 국민 모두 개헌을 논의합시다.

저자

전상훈 全相勳

1967	2월 대구에서 태어나 서부국, 계성중, 영남고를 다녔다.
1985	서울대학교 정치학과에 입학했다.
1985	5월 광주민중항쟁의 진실을 알게 된 후 학생운동에 참여했다.
1988	제30대 서울대 총학생회장에 선출되어 활동했다.
1990	민중당 창당에 참여했으며,
1992	백기완 민중대통령 후보의 수행비서로 활동하였다.
2002	(주)이지스커뮤니케이션즈를 창업하여 21년간 대표이사로 재직하다가 2023년 12월 말 사임했다.
2014	6월 「세계사연표」, 2015년 3월 「한국사연표」를 발행했다.
2004	부터 현재까지 [연탄은행전국협의회] 이사로 봉사활동에 참여하고 있다.
2014	5월 세월호특별법 제정 거리 서명운동을 시민사회에 제안하고 실행했다.
2016-17	'시민나팔부대'를 창설하여 촛불시민혁명에 주도적으로 참여했다.
2017	6월 『촛불시민혁명 승리의 기록』을 집필하여 출간했다.
2024	총선 직후 'K정치혁신연구소'를 설립해 한국 정치의 혁신 방안에 대한 연구, 저술, 방송 활동을 하고 있다.
	정치·시사·인문 유튜브 채널 '전상훈TV'를 운영하고 있다.

조국의 승리

끝이 아닌 시작!

지은이 · 전상훈

펴낸이 · 박현숙

책임편집 · 맹한승
표지디자인 · 정태성
본문디자인 · 전진아

펴낸곳 · 도서출판 깊은샘
등   록 · 1980년 2월 6일(등록번호 제2-69호)
주   소 · 서울 용산구 원효로80길 5-15 2층
전   화 · 02-764-3018 | 팩   스 · 02-764-3011
이메일 · kpsm80@hanmail.net

초판 1쇄 인쇄 2024년 5월 20일
초판 1쇄 발행 2024년 5월 27일
ISBN 978-89-7416-268-9
값 20,000원